縄文化の構造変動

佐藤 宏之 編

六一書房

縄文化の構造変動

...... 目 次 ......

序　論

　　縄文化の構造変動 ―更新世から完新世へ―　　………………　佐藤宏之　　1

第Ⅰ部　資源環境と生態系の変動

　　第1章　更新世から完新世へ ―環境変動と生態系の構造変動―　…………　辻誠一郎　　13

第Ⅱ部　列島各地の構造変動

　　第2章　更新世末期の北海道と完新世初頭の北海道東部　………………　山原敏朗　　35
　　第3章　縄文時代早期の北海道　………………………………　富永勝也　　53
　　第4章　過剰デザインの石槍　……………………………　安斎正人　　77
　　第5章　信濃川流域における縄文化の素描　………………　佐藤雅一　　93
　　第6章　東海地方 ―集団管理から世帯管理へ―　………………　池谷信之　　116
　　第7章　近畿地方における縄文化の様相　…………………　光石鳴巳　　135
　　第8章　中国地方 ―帝釈峡遺跡群からみた縄文文化初頭の変動―　…………　竹広文明　　150
　　第9章　四国地方 ―旧石器時代終末から縄文時代草創期の石器生産を中心に―　　多田　仁　　165
　　第10章　列島西端における縄文文化成立期の様相　………………　杉原敏之　　180

おわりに

執筆者紹介

編者略歴

序論　縄文化の構造変動 —更新世から完新世へ—

佐　藤　宏　之

1　縄文化のプロセスに関するふたつのシンポジウム

　私は、かねてより安斎正人氏等とともに、構造変動論（安斎2003）の視点から、新しい日本の先史時代像を探求してきた。この試みは、後期旧石器時代前半期の二極構造論（佐藤1988）の提唱を皮切りに、通常の構造安定期と構造の不安定な移行期の繰り返しからなる、機能・システム・生態適応・進化・社会をキーワードとした旧石器時代歴史像の革新（佐藤1992）等を通じて実践してきた。その間、東北マタギや極東ロシア等の民族考古学研究（佐藤編1998・2004、大貫・佐藤編2005等）を通じて理解された狩猟民の行動戦略や思考法等も解釈に援用し加味してきた。最近では、幸い日本学術振興会の科学研究費補助金を得て、平成17年度から「日本列島北部の更新世／完新世移行期における居住形態と文化形成に関する研究」（平成17～20年度基盤研究（B）、研究代表者：佐藤宏之・東京大学教授）プロジェクトを実施している。当初の計画では、列島文化において特異な位置づけをもつ北海道を中心とした列島北部の文化的・社会的構造変動を明らかにすることを目的とし、手始めに、北海道富良野市に所在する土器出現期の東麓郷1遺跡の発掘調査を実施した。東麓郷1遺跡に続き2007年からは、北見市吉井沢遺跡で、後期細石刃石器群に相当する忍路子石器群の発掘調査を開始している。しかしながら、当初から予想されたとおり、列島北部の先史文化を対象とするためには、当然周辺の他地域との比較考古学的検討が必須となった。

　ところで、列島の後期旧石器時代の文化的影響範囲は、近年の周辺地域の研究の進展により、列島に限られることなく、環日本海地域を実体的な単位としていたことがますます判明しつつある（佐藤2000・2005a・2007a）。環日本海地域は、東アジアや東北アジア旧石器文化の地域単位のひとつであり、その下位の階層には、(1)「古本州島」（現在の本州・四国・九州）と (2)「古北海道半島」（現在の北海道とサハリン・千島列島南部）からアムール下流域を中心とした大陸部の地域及び (3) 朝鮮半島から沿海州南部にかけての地域という3つの地域文化（社会）が構想されよう。第2と第3の地域間の関係は、現在もほとんど資料が知られていないため不明瞭であるが、当初設定した「列島北部」とは、第2地域に包摂されるわけだから、当該地域の「更新世／完新世移行期」の構造変動を解明するためには、広く環日本海の他のふたつの地域との比較考古学的分析が必須となる。

このような研究の意図に基づき上記研究プロジェクトの一環として、2006年4月29・30日に、東京大学本郷キャンパスにて公開シンポジウム『縄紋化のプロセス』を開き、翌年の2007年4月28・29日には、同じく東京大学本郷キャンパスにて『縄文文化の成立―草創期から早期へ―』シンポジウムを開催した。『縄紋化のプロセス』シンポジウムのテーマは、上記の3地域における「更新世/完新世移行期」の開始と前半の状況を確認し討議することにあった（佐藤編2006）。続いて開催した『縄文文化の成立』シンポジウムでは、対象範囲を調査と研究が進んでいる列島に絞り、「更新世/完新世移行期」の後半段階から縄文文化の本格的な形成過程までを扱うこととした（佐藤編2007）。したがってこのふたつのシンポジウムは、対象となる更新世/完新世移行期という時間軸の前半と後半を扱ったひとつの連続した課題から構成されている。ふたつのシンポジウムの内容は、下記の通りである。

1．公開シンポジウム『縄紋化のプロセス』
　　2006年4月29日（土）・30日（日）　東京大学法文2号館1番大教室

　記念講演
　　Ⅰ．シェフカムート「アムール流域のオシポフカ文化：その古地理学・地域・層位・年代」

　研究発表
　　山田　哲「北海道地方」
　　鹿又喜隆「東北地方」
　　佐藤雅一「中部地方」
　　仲田大人「関東地方」
　　池谷信之「東海地方」
　　光石鳴巳「近畿地方」
　　多田　仁「四国・中国地方」
　　杉原敏之「九州地方北部」
　　雨宮瑞生「九州地方南部」
　　金　正培「韓国旧石器時代の終末期石器群」

2．公開シンポジウム『縄文文化の成立―草創期から早期―』
　　2007年4月28日（土）・29日（日）　東京大学法文2号館1番大教室

　研究発表
　　辻誠一郎「縄文草創期から早期にかけての古環境変遷」
　　山原敏朗「北海道東部における更新世/完新世移行期の石器文化」

冨永勝也「北海道函館市中野B遺跡」
　佐藤雅一「新潟県における縄文文化の胎動—縄文草創期〜早期の事例—」
　樋泉岳二「海から見た縄文文化の成立—東京湾の形成と海洋適応—」
　池谷和信「石器製作と土器製作の転換点—東海地方—」
　竹広文明「帝釈峡遺跡群における縄文文化初頭の様相」
　八木澤一郎「南九州の縄文草創期から縄文早期にかけての様相」
　安斎正人「過剰デザインの石槍」

　本書は、このふたつのシンポジウムの成果に基づき、論点を整理したうえで再構成し、新たに書き起こした論考を中心に編まれている。

2　縄文化のプロセスとは何か

　縄文化の開始、すなわち更新世／完新世移行期は、対照的とも表現可能な気候・動植物相・資源構造等の劇的な変動を背景として、列島に居住した人間集団の、居住・生業・行動・技術といった諸側面全般に及ぶ文化・社会・生活上の一大変革期に相当する。換言すれば、列島人類史に見られた最大の変化のひとつとも表現することが可能で、不安定な遊動型狩猟採集民社会から地域により密着した定住型狩猟採集民社会への移行を意味している。

(1) 後期旧石器時代（3.7〜1.5万年前）

　陸上に多くの水分が固定された氷期に相当する後期旧石器時代には、著しい海面低下に伴い列島は、古本州島と大陸から南に延びる古北海道半島に分断されており、日本海はこのふたつの陸地と朝鮮半島に囲繞されて、著しく狭まった古朝鮮海峡と古津軽海峡によってわずかに大洋とつながっていた。そのため大洋流が流入せず、黄河・アムール川等の大陸の大河が流下する閉鎖系水域となっていた。とくに、暖流の遮断の影響は顕著で、今日の東北地方日本海側に見られるような多雪地帯は形成されず、寒冷・乾燥を基調とする大陸性気候環境が列島を支配していた（佐藤2005b）。

　したがって、最終寒冷期（OIS2）開始期（2.5万年前）の古本州島東北部と古北海道半島西部に広がっていた寒温帯針葉樹林は、海洋性気候の卓越する今日の日本列島の基本植生には見られず、大陸型の乾燥気候が継続する今日のアムール下流域から沿海州にかけての植生にもっともよく類似することになる[1]（辻2004、高原2007）。同時に古本州島西南部に広がっていた温帯針広混交林とともに、基本的には相対的に食用植物資源に乏しいことが共通の特徴である。

　グリーンランドや南極等の大陸氷床、世界各地の深海底や湖沼堆積層のボーリングコアの解析によって、近年地球規模で明らかにされた過去11万年間の気候環境の変動は、もっとも衝撃的である。数十回に及ぶ寒暖の繰り返しは突然かつ急激に訪れ、完新世の現世では想像できないほ

どの不安定な気候環境下に列島はさらされていた（多田1997、佐藤2007b）。

　更新世の不安定な気候変動は、自然環境の長期にわたる安定を阻害するため、自然資源の構造的不安定さに結びついたに違いない。一般に現生狩猟採集民は、利用が予定されている資源の分布や出現の有無とタイミングといった将来的な資源の予測可能性に基づいて、それぞれ固有の行動戦略を開発し実行している。しかしながら、肝心の予測可能性が不透明になると、資源開発戦略のスケジュールを厳密に確立することが困難となる。したがって、特定の地域や空間を集中的・体系的に利用する定着的な戦略を採用するのに、更新世の列島の資源環境構造は一般には不利であったと考えられよう。とくに植物資源は、利用可能であれば本来もっとも安定した資源であるはずなのにもかかわらず、資源構造自体の不安定性と食用資源に乏しい更新世の植生というふたつの側面から、後期旧石器時代を通じてそれほど利用されなかったと思われる。

　一方移動により環境変動の影響を軽減することが可能な動物資源の場合には、探索行動に工夫を凝らせば利用は可能である。不安定な資源環境下では、特定地域を占有的に資源開発領域として利用するよりも、複数の異なる資源構造をもつ生態空間の間を、特定の利用資源の活用に絞って広域に遊動・回遊する戦略を採用した方が有利であることは、現生狩猟採集民の行動論研究からよく知られている。このような理由で、列島の旧石器時代人は、移動資源である動物（とくに中大型獣）を狩猟する広域移動戦略をもっぱら採用したのであろう。広域に移動しながら動物を狩猟する戦略と、一定の空間にとどまっておこなう漁撈や小型獣狩猟・植物採集戦略を、ひとつの集団の資源開発戦略に同時にシステム化することは相当に困難であるため、旧石器時代においては、漁撈と採集活動は基本的に低調であったと考えられる（佐藤2007b）。

　列島の中・大型哺乳類動物相は、古本州島が朝鮮半島に陸接していた中期更新世（30万ないし13万年前前後頃）の温暖期に大陸から渡来したナウマンゾウ―オオツノシカ動物群と、後期旧石器時代を通じて半島であった古北海道に、おそらく避寒のためにシベリアから流入したマンモス動物群（後期更新世後半の4.5～2万年前頃）によってその根幹が形成された。気候環境の変動に伴いこのふたつの動物群は、列島内で南北方向への移動を繰り返したが、少なくとも古本州島では2万年前頃に、古北海道半島では1万年前頃になると、多くの中・大型哺乳類が絶滅して、残された動物群によって今日の動物群構成ができ上がったと考えられている（高橋2007）。列島の現生陸生哺乳類動物相が、更新世に棲息していた多くの中・大型獣の絶滅による「引き算」であり、その要因を更新世末（1.0万年前）の大規模な環境変動と人類による過剰殺戮の相乗効果に求める伝統的な意見（後者の要因をとくに重んじる）に対し、上記した最近の研究成果によれば、むしろOIS3から2への気候環境の変動期（LGM、最終氷期極相期）に相当するため、環境変動要因を重視する意見が有力になりつつある（出穂2005、Izuho and Takahashi 2005）。

　この時期は、考古学的には後期旧石器時代前半期から後半期への移行期に相当し、典型的な二極構造が発達する前半期には、急速に発達した石刃技法によりサポートされる基部加工尖頭形石器に代表される大型狩猟具をもっぱら装備した人びとによる広域移動型の行動戦略が卓越していた。後半期になるとこの傾向は一変し、地域ごとに特徴を違えた石器群が分立する地域社会・領

域の中で、計画的で回遊的な資源開発戦略をおこなう行動戦略が各地の集団によって採用されるようになった（佐藤 1992・2005b）。

　後期旧石器時代の列島人が採用した資源開発戦略の根幹が動物の狩猟戦略にあるとするならば、前半期の広域移動型資源開発戦略の対象は中・大型哺乳類であった可能性が高く、それらが急速に姿を減じた後半期になると、人間集団は、より小型の動物群に狩猟対象の重心を移したと考えられる。当時狩猟対象になったと想定されている中・大型動物の多くは草原に群棲する草食獣であったと考えられるが、これらの草食獣の行動生態は、まばらに集合する群れの広域移動に一般的な特徴がある。生態学的にみてより小型の動物は、大型動物に比べてより狭い生息域を有しており分布密度も相対的に濃いことは、上記の推定と矛盾しない。LGM 以降の後期旧石器時代後半期の気候環境は、相変わらず不安定さを基調としていたが、大局的には向暖化の傾向を見せており、LGM 期よりは草原は減少し、更新世の森林環境がより拡大したと推定される。このことが資源生態の細区画化と生業領域の縮小・確立傾向に拍車をかけたと思われる。すでに現世とほぼ類同の、シカとイノシシを主な開発資源とする動物群相の狩猟に適応するため、後半期の旧石器人たちは、地域内を頻繁に回遊する行動戦略に移行することによって、次第に地域間の差異が明瞭化していったのであろう。

　古本州島において後半期に地域性が進行するのに対し、古北海道半島地域では引き続き細石刃石器群が盛行する。本来広域移動にもっとも適合した細石刃石器群の運用が晩氷期を通じておこなわれていた古北海道半島では、1 万年前まで更新世型の哺乳動物相が維持されていたからに違いない。このことは、後述する植生環境からも支持される。

　古本州島における後期旧石器時代後半期における地域性の進行は、後の更新世／完新世移行期における地域適応の背景を形成した。

(2) 更新世／完新世移行期（1.5 〜 1 万年前）

　更新世末になると気候環境は一変し、激しい寒冷期と温暖期が短期間に振幅する晩氷期を迎える。とくに晩氷期後半の寒冷化は大規模で、列島各地の先史集団の生業システムに深刻な影響を与えた。後期旧石器時代後半期に形成されていた各地域社会集団は、各々個性的な狩猟装備を備えていたことから、すでに生業システムの分化が開始されていたはずであるが、晩氷期の自然環境の激変に遭遇して、大規模な技術変容・革新を試行した。

　かつて「神子柴・長者久保文化」と呼ばれた「文化段階」は、移行期を画する文化の階梯ではなく、一時期流入した北方系細石刃石器群のような技術・文化情報に刺激されて、在地の集団が自らの伝統を個性的に発達させた結果、本州北部に長者久保石器群が、本州中央部には神子柴石器群が形成されたと考えられる（安斎 2003）。これらの石器群をもつ集団の文化的・技術的伝統は、その後の草創期を通じて、在地の集団に大きな影響を与えていた。

　後期旧石器時代後半期には主として細石刃石器群が展開していた古北海道半島では、晩氷期の開始と同時に「前期細石刃石器群期前葉」から「同後葉」に移行し、さらに晩氷期中に、「前期」

から「後期」に移行する（山田 2006）。「前期細石刃石器群」は、より広域に移動する戦略を保持していたようで、札滑石器群や白滝石器群のような一部の石器群は、古本州島に南下していた。一方広郷石器群や忍路子石器群のような「後期細石刃石器群」は、古本州島に南下することなく、古北海道半島内で、石材環境への適応戦略を深化させていた（Sato and Tsutsumi 2007）。「後期細石刃石器群」は、北海道において最初に確立する土器文化である早期中葉まで継続したと漠然と考えられているが、現在のところ、正確には、1.1～0.8万年前の年代値を有する考古資料は判然としない。北海道を含む北方地域では、晩氷期後半の寒冷期の影響が甚大であったことを示唆している。

細石刃文化の集団は、大型の植刃槍を装備して広域に移動しながら狩猟をおこなう旧石器時代以来の行動戦略を採用し続けていたが、一方で1.2万年前前後の測定年代値を有する帯広市大正3遺跡の爪形文土器群のような、定着的な資源開発システムを有する集団の存在も最近明らかとなった。大正3のような縄文草創期土器群は、古北海道半島においては、依然として離散的な存在にとどまるため、縄文早期中葉までの移行のプロセスは不明瞭である。この時期道南部では、長者久保石器群の北上も確認されており（安斎 2003）、少なくともかなり複雑なモザイク状あるいはリゾーム状の構造変動プロセスが存在したと予想できる。

大勢として旧石器時代的な行動戦略が継続していた古北海道半島とは対照的に、古本州島と南島地域では、いち早く土器文化が開始されている。草創期初頭の隆起線文土器群以前は、まだ土器の存在する遺跡はごく少数にとどまり、土器保有量も微少である（谷口 2004）。同時期東日本においては、細石刃石器群、大型尖頭器石器群等を主体とする石器組成が卓越するようであるが、一方西日本では、系統を異にする細石刃石器群を有する九州島を除いては、石鏃を主体とする石器群が卓越している[2]。この石器群にみられる東西差は、大勢としては草創期を通じて次第に均質化されていくようであるが、同時に進行した定住的生業システムの地域分化を反映した複雑な過程を経ている可能性が高い。

古本州島において、晩氷期後半の厳しい寒冷期（新ドリアス期）に相当するのは、草創期後半の爪形文・多縄文・押圧縄文期と考える意見が有力である。北欧で新ドリアス期直前に位置しているベーリング／アレレードの温暖期には、おおむね隆起線文期があてられている（谷口 2000、工藤 2005）。こうした対比は、主として年代値と列島内の古生態データが参照されているが、この対比がおおむね妥当だとすると、温暖期に相当する隆起線文期に比べて遺跡数が減少する爪形文・多縄文・押圧縄文期は、寒冷化が影響している可能性も考えられる。後者の時期に、列島で最初の集落遺跡が散見されるようになることも、あるいは関係するのかもしれない。ただし、環境要因は、重要ではあるがあくまでも、人類の文化や社会の構造を規制する外形的な要素に過ぎず、単純な因果関係に還元することはできない。地理的・地域的な生態環境に相対した当該人類集団の、文化社会的な伝統と経験知・技術知に基づく社会生態学的関係態こそが、解きほぐすべき考古学的課題となる。

晩氷期における古本州島と北海道（半島）の資源開発システムの異同は、植生の差異にもよく

反映されている。古本州島西側では、完新世の開始（1万年前）を境にして、寒温帯針葉樹林からコナラ亜属を主とする落葉広葉樹林への交代が完了していた（辻1997）が、北海道では、グイマツを主とする氷期の寒温帯針葉樹林からカバノキ・クルミ・ハンノキからなる広葉樹林、エゾマツ・ドドマツ等からなる針葉樹林、およびその混交林といった完新世型の植生に、後氷期（1.0～0.8万年前）を通じて徐々に移行し、その交代がおおむね完了するのは8000年前のことになる（小野・五十嵐1991）。ちなみに、この時期は、北海道最初の安定した土器文化となる早期中葉に相当する。

（3）縄文時代早期

更新世の環日本海地域の自然環境は、気候や動植物相に見られるように、相当程度共通する特徴を共有していたが、完新世になると一変し、大陸から切り離された日本列島は海洋性の湿潤気候となる。完新世の湿潤環境による針葉樹要素の脱落・置換によって成立した新たな縄文期の森林資源は、一転して堅果類等の植物資源が豊富となった。同時に増加した降雨量と降雨パターンの地域差が、生態系の地域差を拡大したことも見逃せない。氷期に陸化していた大陸棚が海没することにより、列島周辺では浅海域が著しく拡大したため、水産資源量も大きく増加した。定着的な狩猟採集戦略の採用による漁撈の本格化は、こうした生態要因の変化が重要な背景を形成している。地域生態系の細区画化と定住＝生業戦略の進行は、縄文時代の地域性の確立に大きく寄与した。

近年の研究の進展によれば、縄文時代早期の開始によって、日本列島の「更新世／完新世移行期」は終了し、本格的な縄文時代文化が開始されるとする意見が有力となっている（谷口2000）。縄文早期の開始期にすでに顕著な地域差が存在していることは明らかであるが、これは上記した環境の推移が背景条件を作り出していたに違いない。本論集では、この構造変動の具体像を描出することを目的としている。

ところで、環日本海地域で移行期の存在を連続して確実に考古資料で追えるのは、列島以外では、中国の一部（長江流域～華南及び華北）程度である（大貫2003）。縄文文化の北方起源の論拠とされてきたロシア極東のオシポフカ文化は、アムール中下流域の狭い範囲に一時的に展開した土器文化であり、列島との間の中間地帯でまったく見られないことが、今回のシンポジウムで明らかとなった（シェフカムード2006）。ロシア極東地域では、オシポフカ文化の後、8000年前の初期新石器時代初頭までの考古学的様相はとらえられていない。こうした完新世初頭の考古学的痕跡の欠落は、ロシア極東に限らず、北海道やサハリン、韓国、中国等の周辺地域でも同様である。日本列島における縄文化の構造変動を考えるにあたっては、常にこのことに注意を払っていかねばならない。

追記

脱稿後Firestone *et al.* 2007論文に接した。同論文の趣旨は、北米大陸における更新世末の気

候変動と大型動物の大量絶滅の主因を、12900BP（較正年代）に起こったと推定される「宇宙からのインパクト」に求める衝撃的な内容である。同時期の地層堆積中にイリジウムや微粒炭等が集密する層準を広く認め、それらの証拠から、彗星接近や隕石衝突等のカタストロフィックなイベントを想定する。このイベントが、当時北米大陸を広く覆っていた大陸氷床のひとつであるローレンタイド氷床の大規模な崩壊（ハインリッヒ・イベント）と急速な寒冷化（新ドリアス期）を引き起こした。一方彗星接近等により発生した衝撃波や熱波によって多くの動植物が焼き尽くされ、マンモス等の大型動物の狩猟戦略に依存していたクローヴィス文化の終焉と生業戦略の再構築を促したというシナリオである。

　まるで6500万年前に起こったとされる恐竜絶滅のシナリオにうりふたつのこのシナリオの正否は今後の研究の蓄積を待つしかないが、もしもこのシナリオが正しいとすれば、北米大陸に限らず、全地球規模での影響を考慮せざるをえない。

註

1) 東日本の更新世に広がっていた寒温帯針葉樹林にもっとも近い植生は、今日のアムール流域・沿海州に見られるが、この地域の食用植物質資源の貧弱さについては、すでに報告している（大貫・佐藤編 2005）ので参照されたい。
2) 最近の研究の進展によれば、従来草創期に属すると考えられていた西日本の大型尖頭器石器群の多くは、縄文早期以降の所産であった可能性が高くなった。

引用・参考文献

安斎正人 2003『旧石器社会の構造変動』同成社
出穂雅実 2005「マンモスハンター論総説（1）」『論集忍路子』Ⅰ号　13-27頁
大貫静夫 2003「中国南部―南嶺山脈の北と南―」『季刊考古学』83号　75-79頁
大貫静夫・佐藤宏之編 2005『ロシア極東の民族考古学―温帯森林猟漁民の居住と生業―』六一書房
小野有五・五十嵐八枝子 1991『北海道の自然史―氷期の森林を旅する―』北海道大学図書刊行会
工藤雄一郎 2005「本州島東南部における更新世終末期の考古学的編年と環境史との時間的対応関係」『第四紀研究』44巻1号　51-64頁
佐藤宏之 1988「台形様石器研究序論―関東地方を中心に―」『考古学雑誌』73巻3号　1-37頁
佐藤宏之 1992『日本旧石器文化の構造と進化』柏書房
佐藤宏之 2000「日本列島後期旧石器時代のフレームと北海道及び九州島」『九州旧石器』4号　71-82頁
佐藤宏之 2005a「北海道旧石器文化を俯瞰する―北海道とその周辺―」『北海道旧石器文化研究』10号　137-146頁
佐藤宏之 2005b「日本列島の自然史と人間」『日本の地誌　日本総論Ⅰ（自然編）』80-94頁　朝倉書店
佐藤宏之 2007a「日本旧石器文化の課題」『季刊考古学』100号　19-22頁
佐藤宏之 2007b「縄文時代の狩猟・漁撈技術」『なりわい―食料生産の技術』[縄文の考古学Ⅴ巻] 3-16頁　同成社
佐藤宏之編 1998『ロシア狩猟文化誌』慶友社
佐藤宏之編 2004『小国マタギ―共生の民俗知―』農文協

佐藤宏之編 2006『縄紋化のプロセス　予稿集』東京大学大学院人文社会系研究科考古学研究室

佐藤宏之編 2007『縄文文化の成立—草創期から早期へ—予稿集』東京大学大学院人文社会系研究科考古学研究室

シェフカムード, I. 2007「アムール流域のオシポフカ文化—その古地理学・地域・層位・年代—」『縄紋化のプロセス　予稿集』1-20頁　東京大学大学院人文社会系研究科考古学研究室

高橋啓一 2007「日本列島の鮮新・更新世における陸生哺乳類動物相の形成過程」『旧石器研究』3号　5-14頁

高原　光 2007「第四紀の氷期・間氷期変動に対する植生変遷」『哺乳類科学』47巻1号　101-106頁

多田隆治 1997「最終氷期以降の日本海および周辺域の環境変遷」『第四紀研究』36巻5号　287-300頁

谷口康浩 2000「縄文早期のはじまる頃」『異貌』20号　2-36頁

谷口康浩 2004「日本列島初期土器群のキャリブレーション14C年代と土器出土量の年代的推移」『考古学ジャーナル』519号　4-10頁

辻誠一郎 1997「縄文時代への移行期における陸上生態系」『第四紀研究』36巻5号　309-318頁

辻誠一郎 2004「地球時代の環境史」『環境史研究の課題』40-70頁　総研大日本歴史研究専攻・国立歴史民俗博物館

山田　哲 2006『北海道における細石刃石器群の研究』六一書房

Firestone, R.B., A. West, J.P. Kennett, L. Becker, T.E. Bunch, Z.S. Revay, P.H. Schultz, T. Belgya, D.J. Kennett, J.M. Erlandson, O.J. Dickenson, A.C. Goodyear, R.S. Harris, G.A. Howard, J.B. Kloosterman, P. Lechler, P.A. Mayewski, J. Montgomery, R. Poreda, T. Darrah, S.S. Que Hee, A.R. Smith, A. Stich, W. Topping, J.H. Wittke and W.S. Wolbach 2007 Evidence for an extraterrestrial impact 12,900 years ago that contributed to the megafaunal extinctions and the Younger Dryas cooling. *Proceedings of the National Academy of Sciences of the United States of America*, 104(41): 16016-16021.

Izuho, M. and K. Takahashi 2005 Correlation of paleolithic industries and paleoenvironmental change in Hokkaido (Japan). *Current Research in the Pleistocene*, 22:19-21.

Sato, H. and T. Tsutsumi 2007 The Japanese microblade industries:technology, raw material procurement and adaptation. *Origin and Spread of Microblade Technology in Northern Asia and North America*, pp.53-78, Archaeology Press, Simon Fraser University, B. C. Canada.

第Ⅰ部
資源環境と生態系の変動

第1章　更新世から完新世へ —環境変動と生態系の構造変動—

辻　　誠一郎

1　はじめに

　更新世から完新世への環境変動は、20世紀前半にすでに認識されていたサイクリックな氷期・間氷期変動の最後のサイクル、すなわち寒冷な気候に見舞われた最終氷期から温暖な気候に特徴づけられる後氷期への急激な変化としてとらえられてきた。人の歴史を考えるときに、この更新世から完新世への環境変動が常に注目されてきたのは、この変動に寄り添うように、日本においては旧石器時代から縄文時代へ移行し、アメリカ両大陸においては先史モンゴロイド集団の新大陸への拡散と居住が展開したからである。地質・地形の研究分野では、更新世と完新世を画する事件として、その年代や変化の様式、陸上や海洋での生物相の変化を詳細にとらえようとしてきたし、それを引き起こしている原因と気象・気候学的な現象の解明に多くの労力を費やしてきた。昨今は大洋底堆積物や大陸氷床コアの分析を手段とするグローバルスケールでの現象・メカニズム解明に向けた研究が繰り広げられている。

　私はここで、昨今の大陸氷床コアなどの解析にもとづく先端の研究事例を紹介するのではなく、これまでに長い年月をかけて構築されてきた資料と、私なりに蓄積してきた生態系の内容にかかわる資料を見直すことによって、更新世から完新世への環境変動がどのような性格のものであり、これに連動する生態系の変動がいかなる内容をもつものかを明らかにしておきたい。とくに地球の急激な温暖化と、その最中での「寒のもどり」すなわち新ドリアス期とされてきた短期の劇的な寒冷化と生態系変動の実態を描き出しておきたい。そうすることは、生態系を構成するさまざまな環境構成要素のひとつの要素でもある人社会の変動を考える重要な足がかりになると思われるからである。

　考古学的な所見にもとづいて人社会に縄文化のプロセスが見られるように、環境構成要素の総体である生態系にも縄文化のプロセスがあることはここで強調しておきたいことのひとつである。そして、更新世から完新世にかけての急激な地球温暖化の中で起きた巨大な谷形成を誘導した環境変動が、生態系のゆるやかな変動を断ち切るように作動し、生物相の構成や相互関係に革命と呼んでもよい画期的な構造変動をもたらしたことも強調しておきたい。日本においてこの変動を、ヨーロッパでは古くから明確にとらえられてきた新ドリアス期と関連づけて議論することは少なかったが、ここでは改めて明確に対応するものとして議論しておきたい。日本では、気候

変動がすなわち生態系の変動を引き起こすと単純に考えられてきたが、生態系のさまざまな構成要素の中で大きな位置を占める生物群は、種分類群ごとにそれぞれ相当な環境適応能力を持っており、また、気候のみに環境適応しているわけではない。人社会ももちろんのことである。そこで、地球表層部で生起する地質現象にもっと目を向けなければならないことも事例を通して確認しておきたい。

2　地質からみた更新世から完新世の環境変動

(1) 沖積層層序とふたつの海進

　更新世から完新世の環境変動を解明するうえで、沖積層層序と編年の研究は重要な位置を占めていることは改めて言うまでもない。沖積層層序の研究は、軟弱地盤に立地する都市やさまざまな交通路構築の必要性の高まりと共に発展してきたが、1980年代初頭までに、とくに都市化の著しい関東平野において集中的に進められてきた。その成果は遠藤ほか（1983）に総括され、沖積層層序の枠組みの改訂が提案されている。ここで提案された沖積層層序を改めて見直しておきたい。

　沖積層という概念は、本来、洪積世に形成された地層の上に重なる沖積世に形成された軟弱地盤に与えられてきたが、編年研究によってその基底が30000年前後の年代を示すことが明らかになったために、洪積世末期から沖積世を通して形成された地層を指すようになった。今日では洪積世を更新世、沖積世を完新世と呼んでいるので、沖積層は更新世末期から完新世にかけての堆積物と呼ぶことができる。

　遠藤ほか（1983）は、関東平野のおびただしいボーリング資料を再検討し、この沖積層が「二重底」であることを示した。これは軟弱地盤の間に硬い地層が挟まれていることを意味しており、ボーリング時に実施される標準貫入試験においてこの硬い地層でN値が跳ね上がるように著しく大きくなる。これを貫くと再び軟弱地盤となり、深いところでは地下70mにもおよぶ軟弱地盤の底部に再び硬い礫層が現れる。地質断面図ではふたつの谷が投影され、ふたつはほとんど同じ位置に重なっている。すなわち、下位に位置する谷底が沖積層の基底をなす谷で、上位の谷ははるかに新しい時期の基底をなす谷であることが明らかである。彼らはこれを「沖積層の2段重ね構造」と呼んでいる。

　このような沖積層の2段重ね構造は、東海道新幹線に沿う沖積層が河成層―海成層―河成層―海成層―河成層という2サイクルの地層の累積からなることを明らかにした池田（1964）以降、1980年代までに関東平野で確かめられ、下段の地層は七号地層、上段の地層は有楽町層と呼ばれている。また、七号地層の基底をなす礫層を基底礫層の意味でBGと呼んできた。遠藤ほか（1983）はこれらを整理したうえで、上段の有楽町層の基底をなす礫層を完新統の基底礫層としてHBGと呼ぶことを提案した。すなわち、有楽町層は完新世の堆積物であることを認めたうえで、HBGを完新世の堆積物すなわち完新統基底礫層としたのである。HBGは Holocene Basal

第1表　関東平野中央部の更新世末期から完新世堆積物の層序と古環境（遠藤ほか 1988）

y. BP	主要テフラ		層　　序	岩　　相	海進海退等
0	1783 Asama-A 1707 Hoei (Fuji) ca 550 FA (Haruna)				
2000	Yu-2 (Fuji) S-18 (Fuji) Yu-1 (Fuji)		有楽町上部層	草本質泥炭層 洪水堆積物	沼沢増える 小海退
4000				木本質泥炭層 洪水堆積物	一部内湾残存 離水進行
6000	R-2 (Fuji) R-1 (Fuji) Akahoya			砂層レンズ卓越	縄文海進最盛期
8000			有楽町下部層	貝化石に富む泥層	縄文海進 （有楽町海進）
10000				砂礫層（HBG）	下刻
20000		UG 立川ロ AT ー ム 層	七号地層	汽水成砂泥層 砂礫層（BG）	七号地海進 下刻
30000		KP	立川段丘礫層II 立川段丘礫層I 海成段丘堆積物		

Gravel を略したものである。有楽町層は、HBG を基底礫層とし、主として海成の泥層・砂層からなり、河成の砂泥層によっておおわれる1サイクルの堆積物であるとしたのである。これまでに得られている放射性炭素年代によれば、七号地層最上部は約 14000 炭素年より新しく、有楽町層の基底は約 10700 炭素年より古い。すなわち、両層の境は上記のふたつの年代の間に入ることになる。

　以上のことは重要な意味を持っており、更新世末期の最低海水準にあたる最終氷期最盛期以降の海進はふたつに分けることができ、これまで漠然と呼ばれてきた縄文海進を明確にしなければならなくなった。その結果、七号地層を堆積させた海進を七号地海進と呼び、有楽町層を堆積させた海進を有楽町海進と呼ぶことにし、縄文海進を有楽町海進と同義としたのである。

　沖積層層序の改訂によって、更新世末期から完新世にかけての環境変動は、最終氷期最盛期の谷の形成によって示される基準面低下、七号地層基底礫層すなわち BG の堆積と七号地層本体の堆積によって示される気候の急速な温暖化、新たな谷の形成によって示される基準面の低下、有楽町層基底礫層すなわち HBG の堆積と有楽町層本体の堆積によって示される気候の急速な温暖化によって特徴づけられる。ここで、更新世末期の温暖化による七号地海進と完新世の温暖化による有楽町海進というふたつの海進が、HBG によって最初に覆われる谷の形成すなわち基準面の低下によって明瞭に区別されたことは注目すべきことである。この基準面の低下は、どのような気候変動を反映したものなのだろうか。次にそのことを考える重要な地質現象を取り上げるが、これまでの層序観を第1表に示しておきたい。

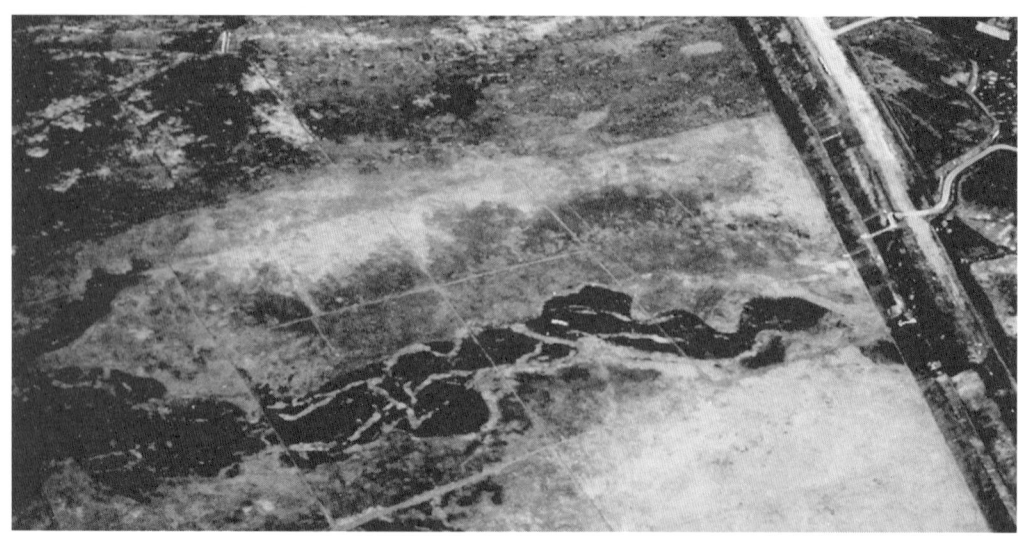

第1図　青森平野南部の大矢沢野田（1）遺跡における「縄文の谷」（中央の黒色に見えるのが谷を埋積する泥炭層）

（2）更新世と完新世を画する「縄文の谷」の発見

　1998年の春、青森平野南部で進められていた横内川遊水地施設工事現場において、更新世の扇状地形成の堆積物を深く切り込む谷とそれを埋積する完新世の泥炭層が発見された。谷の斜面にはおびただしい縄文前期中葉の円筒下層式土器が検出されたこともあって、この谷を「縄文の谷」と呼ぶことにした。また、この地域一帯にさらに縄文前期の土器包含層が広く確認されたことから、大矢沢野田（1）遺跡と命名された。この「縄文の谷」の発見こそ、更新世と完新世の境界、その境界の事件、すなわち寒冷化による基準面低下、新ドリアス期の様相を探る大きな手がかりとなるものであった。

　広大な遊水地を東西に2分するその「縄文の谷」は、黒色の泥炭層で埋積されていたために、上空からも明瞭にとらえることができた。第1図は、上空からとらえた谷の下部の平面を示したものである。遊水地は現在の地表から8mも掘り下げられているので、谷底まではさらに数mの泥炭層が埋積し、地表から約15m前後まで切り込まれていることが予測された。図の右手が谷の上流で、北方の青森湾の方向に切り込まれた谷であることがわかる。右手すなわち南側の垂直断面にはV字状の谷の断面形態と谷を完全に埋積する泥炭層の地層断面がみごとに露出していたのである。

　谷の両側に残る更新世堆積物の最上部には、図でも白色に見えるように軽石からなる火砕流堆積物が認められた。これは東北地方北部での更新世末期の重要な示標テフラにされている十和田八戸テフラに同定された。その年代は約13000炭素年である。このテフラから約10m下位には約24500炭素年の姶良Tnテフラが白色の薄層として確認されており、更新世末期の連続的な堆積物がこの地域一帯を埋め尽くしていたことがわかる。

　深く切り込む「縄文の谷」は、約13000炭素年の十和田八戸テフラが堆積して間もなく更新世

堆積物を侵食して形成された。したがって、「縄文の谷」は完新世堆積物の基底礫層すなわち HBG を基底にもつことが容易に推測される。

十和田カルデラの東麓において、この「縄文の谷」と同様の谷が各所で確認できるが、第2図の露頭の地層断面はその典型的なものである。この谷は、大矢沢でも認められた十和田八戸テフラが堆積した後、図のように深く切り込まれ、その谷に最初に堆積したのが約11000炭素年と測定された十和田二ノ倉テフラであった。さらに谷が埋め立てられる過程で約8600炭素年の十和田南部テフラ、続いて上部の白色軽石からなる約5050炭素年の十和田中掫テフラが埋積を促進していったことが明らかである。ここでの谷の幅はおよそ10m程度にすぎないが、深さは10m以上と見積もられるほど深く切り込まれている。先ほどの大矢沢野田（1）遺跡で確認された「縄文の谷」ははるかに下流域にあたり、

第2図　十和田カルデラ東麓、新郷村羽井内における「縄文の谷」（上は下半部に十和田八戸テフラが厚く堆積。下は同テフラが下刻された深い「縄文の谷」を十和田二ノ倉テフラ、十和田南部テフラ、十和田中掫テフラが順に埋積）

下流へいくほど谷の幅も深さも増大していることがわかる。

同じような谷の形成は、長野県軽井沢町の浅間火山東麓においても確認できる。南軽井沢には更新世末期に広大な泥炭地が形成され、森林をも埋没させた厚い泥炭層が認められる。その終末期に浅間火山を給源とする約13000炭素年の浅間板鼻黄色テフラなどの大量の火山噴出物が堆積したが、その直後に谷形成が引き起こされ、約11000炭素年の浅間総社テフラが谷を最初に埋積しているのである。東北地方北部で認められた谷形成と時期がほぼ一致していることは上下ふたつのテフラの年代から明らかである。

大矢沢野田（1）遺跡における「縄文の谷」や、十和田カルデラ東麓において確認できた谷は、いずれも谷の形態が一致するだけでなく、テフラによって形成時期が約13000～11000炭素年の狭い範囲に特定することができる。また、浅間火山東麓における谷の形成も、テフラの年代の一致から同じものと考えてよさそうである。これを平野部における沖積層層序に照らしてみると、七号地層と有楽町層の境界をなす谷に続くことは明らかである。すなわち、七号地海進と有楽町海進の間の基準面低下によって引き起こされた谷と同じものとみなすことができるのである。

それでは、このような広範囲に確認される谷形成は何が原因であったのだろうか。後で詳しく

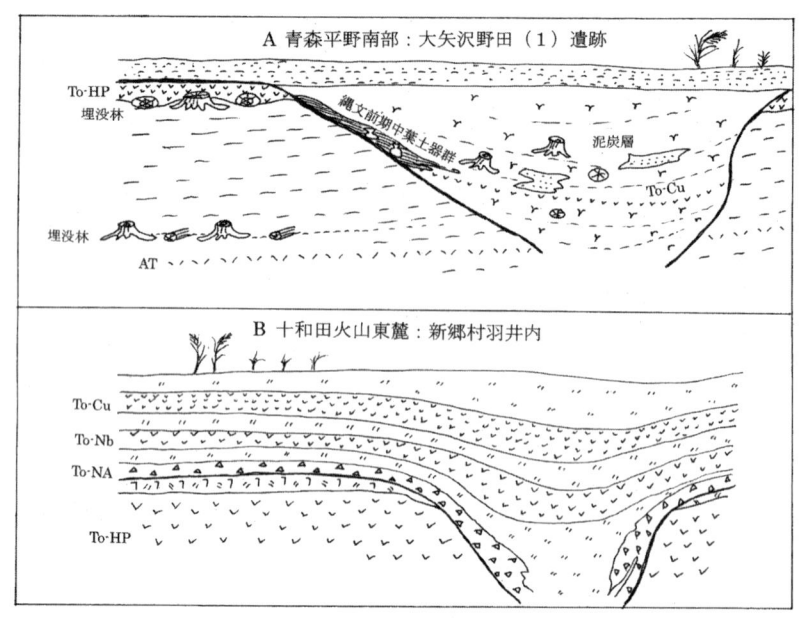

第3図　青森平野南部の大矢沢野田（1）遺跡および十和田カルデラ東麓の新郷村羽井内の「縄文の谷」の露頭スケッチ

述べるように、ヨーロッパでは1940年代までの20世紀前半において、すでに最終氷期最盛期すなわち最寒冷期から気候が温暖化し晩氷期を迎えたこと、そして寒暖の変動を繰り返しながら後氷期へと移行することが知られていた。この変動においてとくに注意を引いてきたのが晩氷期最後の小寒冷期である新ドリアス期であった。それは晩氷期においてもっとも大きな寒冷期であり、「縄文の谷」の形成にかかわる基準面低下の原因としては他に考えにくいのである。その生態系史における意義については最後の節で掘り下げて検討することにしたい。

3　気候変動・海面変動と海洋生態系の変動

（1）七号地海進と新ドリアス期

　沖積層層序と編年の研究によって、上で述べたような更新世末期の最終氷期最盛期から完新世すなわち後氷期にかけての気候の急速な温暖化と海面変動の概要が明らかになってきたが、このような気候変動・海面変動と海洋生態系とのかかわり、とりわけ人社会と密接なかかわりをもつ沿岸生態系とのかかわりについては、まだ良くわかっていないのが実情である。1970年代から盛んになった大陸氷床コアの安定同位体分析など多方面にわたる地球化学的な分析は、海洋における温度環境や海面変動、一方では氷河量変動を明らかにしてきたが、それらが沿岸生態系の動態や変動にどのようにかかわったのか、また、陸上生態系とどのようにかかわったのか、こうした問題に具体的に応える研究は意外に乏しいのが実情である。ここでは海洋生態系の動態や変動についてのこれまでの成果を概観しておきたい。

最終氷期最盛期という概念は最近ではあまり使われなくなってきたが、BGが海岸平野の地質断面図に最盛期の証拠である「二重底」の底辺として存在することから、安易になくしてはならないだろう。沖積層層序で述べたような七号地層の基底礫層の海側での最低レベル、もうすこし正確にいえば基準面が最大でどこまで低下したかという問題は、最終氷期最盛期の古地理を描き出すうえで最重要であった。それはまた、動植物や人集団の移動を可能にする陸橋形成とも関係するからである。この問題を解くためには、標準的な海面変動や氷河量変動とは別に、地域的に起こる地殻運動や、氷河量変動にともなうアイソスタシー変動、さらに海水量の増減が引き起こす地殻への荷重量に対するアイソスタシー変動（ハイドロアイソスタシー変動）の影響を読み解かなくてはならない。こうした研究は日本では比較的古くから着手され、1990年代初頭には、いずれについても相対的な海面変動量への影響が読み解かれるようになった。その結果、陸橋問題として注目されてきた対馬海峡と津軽海峡における最終氷期最盛期の相対的な海面変動量が計算され、当時の海面は現在よりそれぞれ100～120m、および106～116m低かったと結論づけられている（多田1995）。両海峡とも最深部の水深は約130mもあるので、陸橋は形成されなかったことになる。

　最終氷期最盛期の日本列島の地理的景観は、現在の海面をおよそ100m低下させてみると、ユーラシア大陸にくっついた半島のようであったことが浮き彫りになってくる。現在の東京湾の大半は陸域となり、瀬戸内海も全域が陸域となって、本州・四国・九州は連続一体となっていたであろう。注目すべきことは現在では広大な面積を占めている東シナ海のほとんどが陸地と化してしまうのである。このような海陸分布の変動は、現在のような太平洋側に勢力の強い黒潮暖流が、また、日本海側にその分流である対馬暖流が北上するといった海流分布をも大きく変えてしまうほど重大なできごとであった。

　大場（1984・1994）やOba et al.（1991）による日本海底堆積物の微化石分析や微化石の安定同位体分析によって、海洋生態系の動態に大きくかかわってくる海流分布の変動が明らかにされている（第4図）。それによると、最低海面期では日本海は湖のように閉鎖された環境であり、黒潮の分流である対馬暖流は流入していなかった。一方の北からの寒流である親潮が津軽海峡を経由して日本海に流入し始めた。その後の急速な温暖化にともなって東シナ海の海進が進行した。そして、約10000炭素年までにようやく対馬暖流が日本海に流入するようになり、有楽町海進すなわち縄文海進を通して大きな流れとなって日本海沿岸を北上するようになった。対馬暖流が本格的に日本海に流入するのは約8000炭素年と見積もられる。これによって、現在のような日本海における海洋水循環が成立し、日本海からの蒸発量と冬季の大陸からの高気圧によって日本海側における積雪量の増大がもたらされるようになった。

　七号地海進の最高レベルがどこまで達したかは、有楽町海進との間の気候の寒冷化すなわち新ドリアス期における基準面低下量を知るうえで重要であるが、具体的な資料は乏しい。遠藤ほか（1983）によれば、貝殻混じりの海成泥層は標高−10mまで確認されるとしているが、仮に荒川低地や中川低地の地質断面図から読み取れる約−20mを採用しても、完新統基底礫層の最低レ

ベルである約-40mを差し引けば、20mもの海面低下が見込めるのである。すなわち有楽町海進がスタートする直前に20mもの海面低下を誘導する気候の寒冷化があったと考えなくてはならない。気候の寒冷化と谷形成という地質現象を海面の低下量に置き換えてみると、驚くべき大きな値になってしまうのである。上で述べてきたような新ドリアス期の気候の寒冷化に原因をもとめなければ説明が困難な深く刻み込まれた谷形成を考えると、まったく不釣合いな数値だとはいえないのではないだろうか。

Dansgaard et al. (1993) が示したグリーンランド氷床コアの酸素安定同位体比と気候変動を第5図に示したが、暦年で約13000年から12000年前に位置づけられる新ドリアス期の急激な寒冷

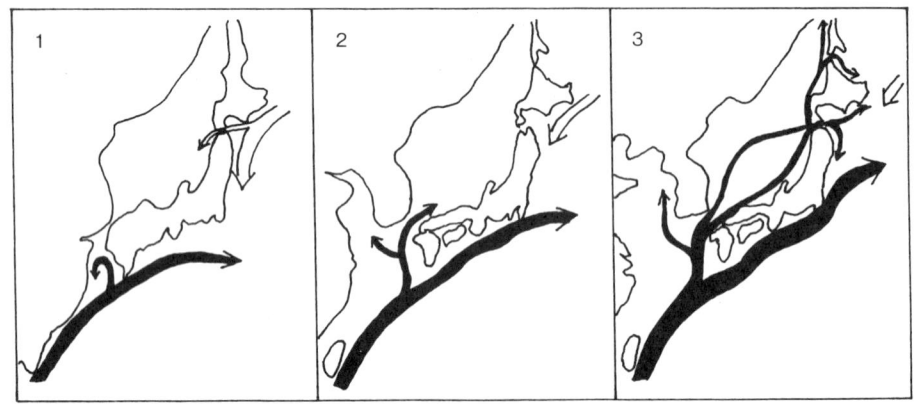

第4図 更新世末期以降の日本周辺の海流系の変動（大場1994）1：20000年前 2：10000年前
3：6000年前 黒矢印は黒潮と分流 白矢印は親潮

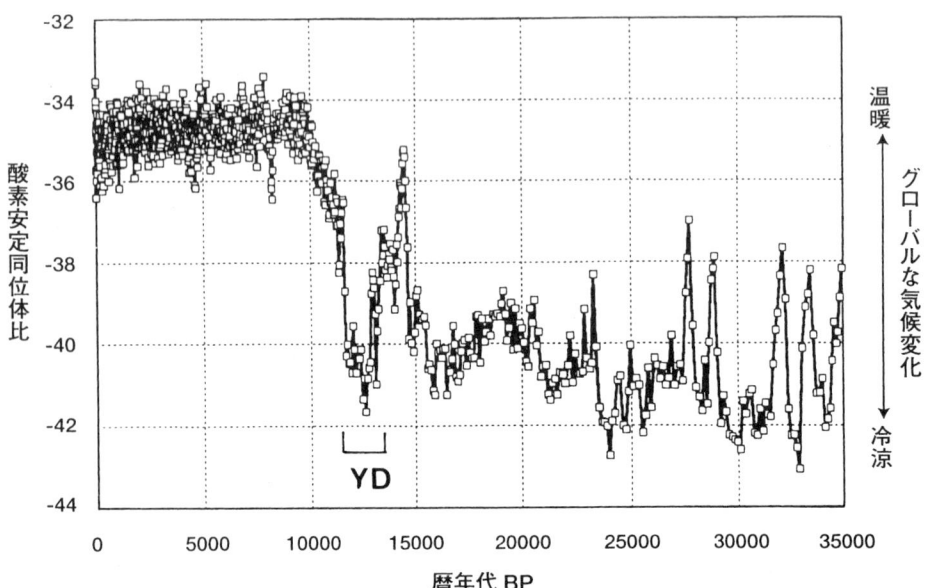

第5図 グリーンランド氷床コアの過去35000年間の酸素安定同位体比単位パーミル変動と気候変動
YD:新ドリアス期 （Dansgaard et al. 1993に加筆）

化と海面低下は海洋生態系にどのような影響を与えたのであろうか。日本列島周辺においては、まだ対馬暖流が日本海に流入する直前であることから、海洋生態系に与えた影響はさほど大きくはなかったかも知れない。むしろ七号地海進をもたらした急激な温暖化が一時的に停滞あるいは逆行した影響はどうであっただろうか。まだ検討の余地が多分にあるようである。

(2) 有楽町海進と海洋生態系

沖積層層序と編年研究にもとづいて遠藤・小杉（1990）や遠藤（1996）は第6図に示したような炭素年での過去11000年間の海面変動と海底面変動を描き出した。ここでは新ドリアス期より後の海面変動と海底面変動が描かれているが、興味深いのは、海面と海底の差異として読み取れる水深の変動が場所によって異なることである。縄文海進によって現在よりはるかに内陸までが海域となったかつての広大な内湾を奥東京湾と呼んでいるが、湾奥部では早くに水深が浅くなって、干潟環境が早い段階に形成されたことを示している。現在の湾岸部が干潟環境となるのは時期的に相当遅れることになる。

約9000炭素年以降の急速な海面上昇期においても、遠藤ほか（1983）は約8000～7000炭素年に関東平野南部では海成層をふたつの部層に区分できるほどの不整合が認められることを指摘している。たとえば大磯丘陵南部の押切川流域の下原層を川匂部層と小船部層に2分する不整合の存在や、房総半島南東部の夷隅川流域に分布する国吉層を下部層と上部層に2分する不整合の存在である。これらのことは海面が一様に上昇したのではなかったことを示唆している。静岡県

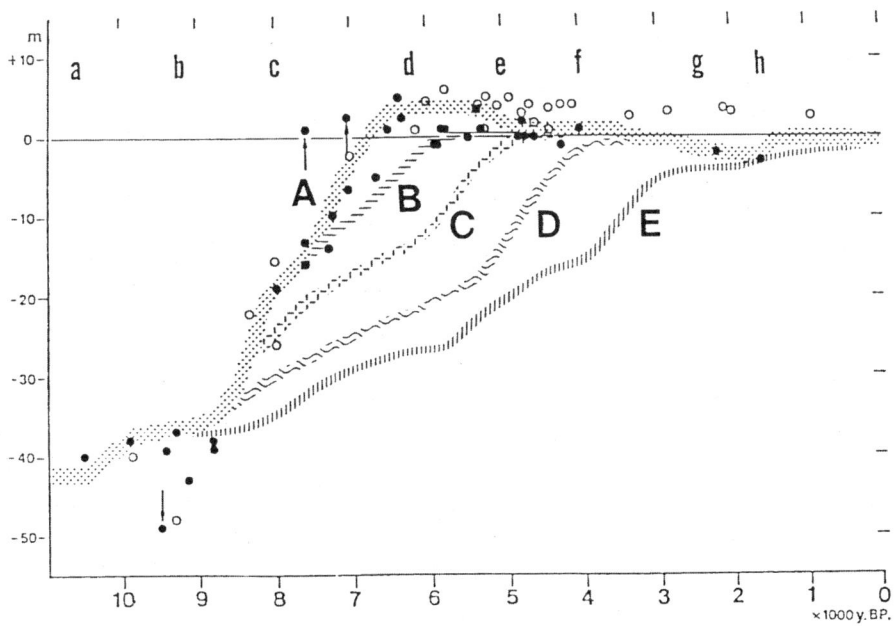

第6図　関東平野中央部における過去約11000年間の海面変動曲線（A）と海底面変動曲線
　　　（B：加須～栗橋　C：春日部　D：草加～三郷　E：東京湾岸）（遠藤1996）

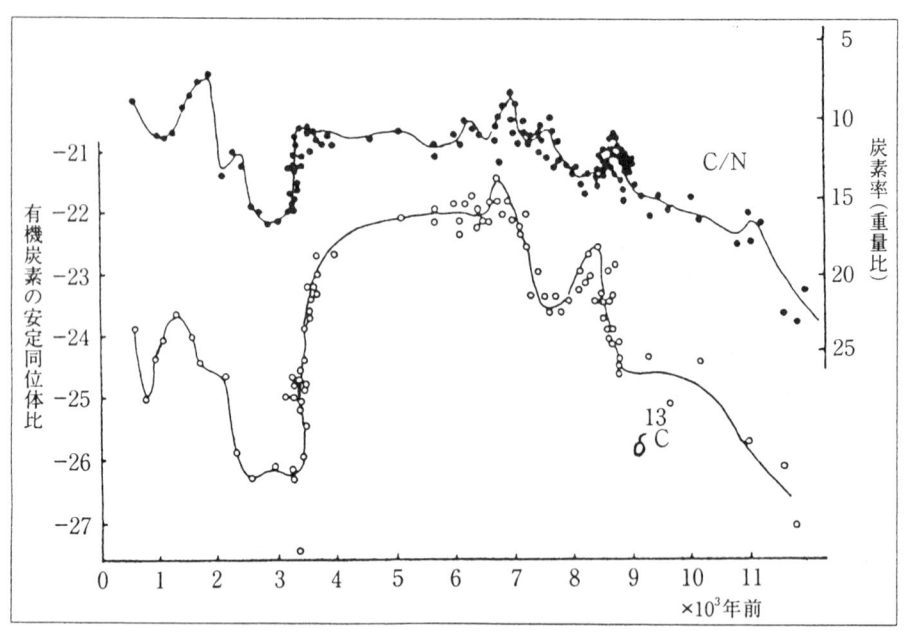

第7図　川崎市多摩川沖積低地における有機炭素の安定同位体比と炭素率の変動（中井信之による、井関1989）

　浜名湖河口部および多摩川低地での完新世堆積物の炭素安定同位体比や炭素・窒素比変動からは、同じように同時期の短期間の海面低下あるいは停滞期が中井信之によって指摘されている（井関1989）。有楽町海進すなわち縄文海進がゆるやかな曲線を描くように起こったかどうか、また、海進のピークがいつ頃であったのか、あるいはピークが1回だけであったのかについてもまだまだ検討の余地が残されているのである。海進の速さが沿岸海底の埋積をはるかに上回れば水深がつねに大きい沿岸環境に見舞われるし、海進が停滞あるいは海退に転じて埋積が上回れば一時的に局所的でも浅海の沿岸環境あるいは干潟環境に見舞われることになる。人社会にとっての安全で豊富な海洋資源がどのようなタイミングで準備されたかを有楽町海進の変動をとおして検討することは重要課題なのである。
　それにしても有楽町海進によって形成された海洋生態系は、七号地海進では見られなかった特異な生態系を含んでいることは特筆すべきことである。現在の大陸棚に描かれた等深線図からは、BG堆積期や七号地海進の時期では海が大きく内陸に入り込むか複雑に入り込むことはほとんどないが、有楽町海進では海岸線が大きく内陸に入り込むことになり、関東平野についてみれば、奥東京湾や奥鬼怒湾と呼ばれるような奥深く海が侵入した内湾や、九十九里浜沿岸のような沿岸流によって浸食が助長されるような内湾環境が作り出されたことであろう。このような内湾環境やその沿岸に形成される干潟環境は、その地形の違いに応じた独特な生態系を作り出した。人社会にとっての海洋生態系すなわち海洋への適応を考えるとき、このことは重要な要素といえるのである。
　ところで、七号地海進を経て有楽町海進の時期へと変遷する過程で、上述したように海陸分布

は大きく変化し、有楽町海進の最高レベルに達するまで、低海面レベルの時期の地形面は海面に飲み込まれ、結果として沖積層下に埋没してしまう。第8図に示されるように、最高レベル期とされる縄文前期では、海洋に適応した縄文人の貝塚分布は明瞭に読み取ることができるが、それ以前の縄文早期の沿岸域に形成された貝塚は沖積層下に埋没しており、膨大な遺跡・遺構が確認できていない可能性が多分にあることに留意する必要がある（樋泉1999）。

縄文前期に形成された貝塚の分布をみるかぎり、内

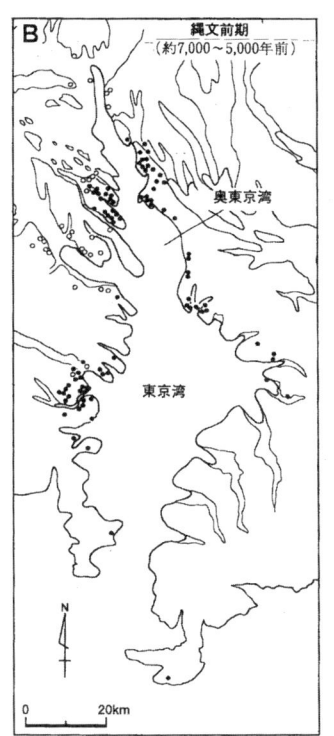

第8図　縄文時代早期（A）と前期（B）の東京湾一帯の古地理変化と貝塚分布（●は海の貝主体、○は淡水と汽水貝主体）（樋泉1999）

陸側に深く複雑に入り込んだ有楽町海進は、内湾の沿岸生態系によってはぐくまれた資源を提供し、海洋への適応がみごとに達成されているといってもよいだろう。こうした海洋への適応が有楽町海進のどの段階でどのようにして起こったか、またHBG段階ではどうだったのかを明らかにするには、海洋生態系の変動とともに、沖積面下に埋没した遺跡の資料が断片的にでも得られないかぎり、具体像を描き出すことは容易ではない。

4　植生史からみた陸上生態系の構造変動

(1) 北欧における晩氷期・後氷期の生態系の構造変動

晩氷期から後氷期の気候変動は、スウェーデンやデンマークを中心に、泥炭地での花粉分析による研究によって1940年代までに大筋が明らかにされ、1950年代においてはイギリスをはじめとする周辺域において広範に確認されるようになった。よく知られるブリット・セルナンデルの気候帯区分である。この気候帯とは時間軸に沿った気候変動にもとづいて区分された時期のことである。その到達点が第9図のIversen（1941）によってまとめられた模式変遷図である。記念すべき図であるので、あえて和訳せずに引用した。北欧の大半は最終氷期に大陸氷床でおおわれていたため、急激な温暖化によって大陸氷床が大きく後退する晩氷期まで泥炭の堆積する生態系

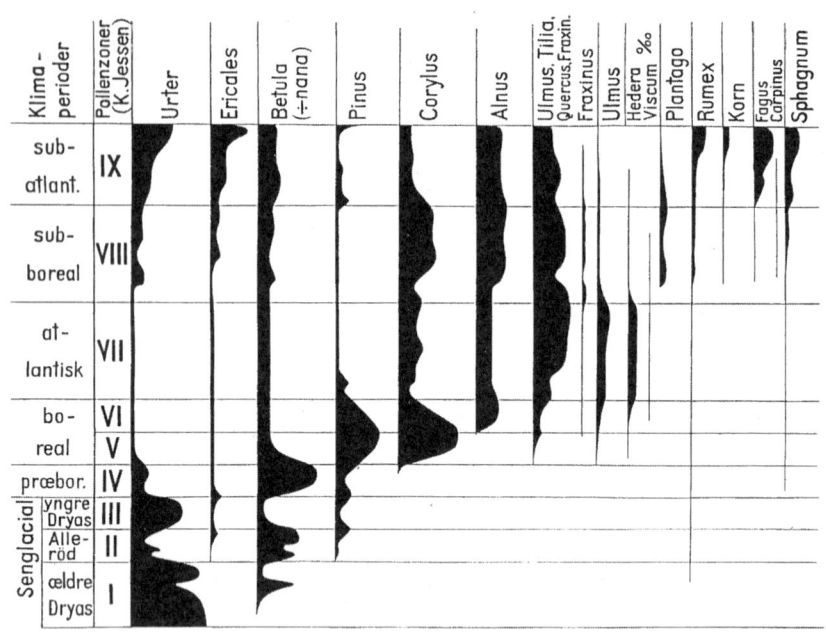

第9図　北欧の花粉分析の結果にもとづく植生史のシェーマ（完新世はユトランド、晩氷期はベーリング海のデータによる）（Iversen 1941　原語はデンマーク語であるが、記念すべき最重要論文であるので原図のまま引用）

はなかった。したがってこの地域では晩氷期をさらに下位まで連続的にさかのぼることはできなかった。

　北欧ではバイクゼル氷期と呼ばれる最終氷期のうち、最後の約15000～10000炭素年が晩期バイクゼルとして区分され、古いほうから古ドリアス、アレレード、新ドリアスという3つの時期に細分された。ドリアスとはチョウノスケソウ属というバラ科の1属の学名で、氷河周辺の岩礫地にパッチ状に群生する植物群である。この存在が厳寒の寒冷気候を特徴づける植物とされたため、寒冷期に対してこの名前が付けられた。すなわちアレレードとは、大陸氷床が後退して温暖化を遂げた時代の中でもとりわけ温暖な時期として画された。図からも明らかなように、後氷期最初のプレボレアル以降の植生は貧相な晩氷期とは大きく異なっていて、環境変動の大きさと生態系の変動の大きさが早くから理解されていた。

　日本では、Nakamura（1952）が八甲田山や尾瀬ヶ原での花粉分析によって後氷期の花粉帯を設定したのが最初であるが、L帯とされた晩氷期までを連続的にとらえたのはTsukada（1957）以降であり、中部山岳地帯の志賀高原や尾瀬ヶ原、野尻湖での資料が加えられ、塚田（1967）によって改訂が加えられた。ここで晩氷期のL帯、後氷期のRⅠ、RⅡ、RⅢa、RⅢbという花粉帯区分が確立された。その結果、晩氷期では亜寒帯針葉樹が卓越していたが、後氷期になってそれらは一気に衰退・消滅し、ブナやコナラ属を主とする落葉広葉樹林がそれらに取って代わったという劇的な生態系の変動が明らかになったのである。その後、各地で最終氷期あるいは最終間氷

期以降の変動がとらえられるようになって、新しい時期を迎えている。

(2) 日本列島と周辺域における陸上生態系の構造変動

　花粉分析による先駆的な研究によって、更新世から完新世へ、最終氷期から後氷期へ、陸上生態系を作っている森林植生は劇的に大きな変化を遂げたことが明らかになった。トウヒ属を筆頭にマツ属ゴヨウマツ類（単維管束亜属）やカラマツ属といった針葉樹類が優占する森林植生から、ブナやナラ類（コナラ属コナラ亜属）を主要素とする落葉広葉樹が優占する森林植生へと移行したのである。そして、針葉樹類優占の森林植生は、現在の亜高山針葉樹林や亜寒帯針葉樹林に対比され、落葉広葉樹優占の森林植生はまた現在の冷温帯落葉広葉樹林に対比され、気候変動にともなう植生帯の垂直的・水平的な移動で説明されてきた。このような風潮は今も優勢である。

　ところが、日本列島各地の更新世末期の種子や果実からなる種実遺体群や、立ち株など生育していた状態でテフラや土砂に埋没してしまった過去の森林の内容を検討していくと、たくさんの難しい問題が内在していることがわかってきた。花粉分析では種分類群まで掘り下げて同定することが少ないせいか、おおむね属の階級で変遷図などを描いてしまうため、種分類群の問題がみえにくいのである。種子や果実からは、たとえば最終氷期の針葉樹林をなす種分類群がアカエゾマツやヒメバラモミ、グイマツやカラマツ、チョウセンゴヨウやハイマツといった具合に、属は同じでも種の階級では違っていることはふつうである。また、同種であるのか同定が難しいものもけっして少なくない。要するに、安易に対比してしまっている現在の植生の類型と過去の植生とではずいぶん様変わりしており、そのうえ、かつては多系統群であったとか、系統進化が進行していることもある。森林がそのまま埋没したいわゆる埋没林は、現在との生理生態の違いや森林構造の違いなどを語ってくれる。

　そこで、こうした資料を総合して、現在の類型に近いであろう縄文前期の植生と、旧石器時代の約25000年前すなわち最終氷期最盛期とされる時期の植生を描いてみたのが第10図である（辻2001）。最終氷期の植生は、北から、

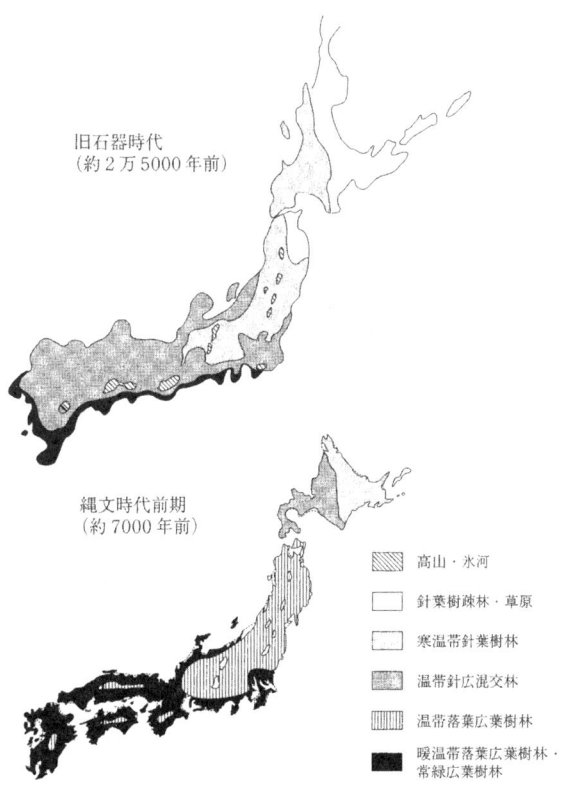

第10図　日本列島の旧石器時代（最終氷期最盛期）と縄文時代前期の植生の比較（辻2001）

針葉樹疎林・草原、寒温帯針葉樹林、温帯針広混交林、温帯落葉広葉樹林、そして暖温帯落葉広葉樹林・常緑広葉樹林に分けられている。面積で圧倒しているのは、北の寒温帯針葉樹林と南の温帯針広混交林である。縄文時代でこれらが見られるのは北海道だけであるが、厳密に言えば種組成は異なっていて内容は同じではない。

これまでほとんど使われなかった上記のような類型で植生を描いたのはなぜか。現在の中国北東部からシベリアにかけての大陸の類型が、復元された最終氷期の植生におおむね対比できたからである。このことは田端（2000）が「日本の植生帯区分はまちがっている」という刺激的な題目の論文でも指摘してきたところである。すなわち、最終氷期の植生は、海を隔てた大陸側に現存する植生に著しく類似していたのである。寒温帯針葉樹林はトウヒ属を主体にグイマツやハイマツなどの針葉樹をもち、温帯針広混交林はチョウセンゴヨウやカラマツの仲間をもつ。温帯落葉広葉樹林にはほとんどブナは見られず、ナラ類を主体とするといった具合である。当時は、ブナ主体の落葉広葉樹林や、カシ類などからなる常緑広葉樹林はほとんど見られなかった。その代わり、現在では局所に絶滅寸前の状態で生き延びているヒメバラモミやその系統群、チョウセンゴヨウといった針葉樹、あるいはダケカンバという落葉広葉樹が重要な位置を占めていた。なぜなのか。次の第5節でそれについて考えたいが、その前に、東北北部と関東平野の2カ所において植生の時間軸に沿った急変をみておきたい。

青森県の八甲田山の北東麓の田代の花粉群の変遷を第11図に示そう（辻ほか1983）。基底には約13000炭素年の十和田八戸テフラがあるので、縦軸は約13000年間の花粉群の変動である。横のラインを引いた層準が更新世と完新世の境界である。その境界までは、カバノキ属とトウヒ属・モミ属・マツ属が目立つ時期、カバノキ属優占とコナラ属の突然の出現開始の時期、突然のヤチヤナギ出現と針葉樹類が再び出揃う時期と3つの時期に分けることができる。これらは種組成から考えて北欧で見たような晩氷期の3つの時期に対比できるだろう。すなわち真ん中のコナラ属がいきなり出始めた時期がアレレード、そして、針葉樹が復帰したかのような最上部が新ドリアスということになる。ここでカバノキ属は、大陸側の大興安嶺などで典型を見ることができるダケカンバ林であろう。マツ属はハイマツ、カラマツ属はグイマツと考えられ、寒温帯針葉樹林であったと考えられる。ラインを引いた境界を越えて上位では、針葉樹は消滅し、カバノキ属の急速な衰退に対してコナラ属は急速に増大している。各地の花粉群の変動でも晩氷期の変動をこれほど見事に記録しているものはあまりない。

もう1カ所は、関東平野の北西部に位置する前橋台地である（辻ほか1985）。利根川に沿う前橋台地の崖の中部には前橋泥炭層と名づけられた厚さ約1.5mの黒色の地層が、浅間火山の岩屑なだれの堆積物とされる前橋泥流および河岸段丘礫層をおおって堆積している。泥炭層の中央には、旧石器考古学にも役割を果たしてきた約13000炭素年の浅間板鼻黄色テフラ（As-Yp）が挟まっている。また、上位の泥炭にも約11000炭素年の浅間総社テフラ（As-Sj）が挟まっている。すなわちこの前橋泥炭層は更新世末期から完新世に連続するものであった。

花粉群の時間軸に沿った変動は第12図のようであるが、八甲田山の場合とずいぶん様子が違っ

第1章　更新世から完新世へ

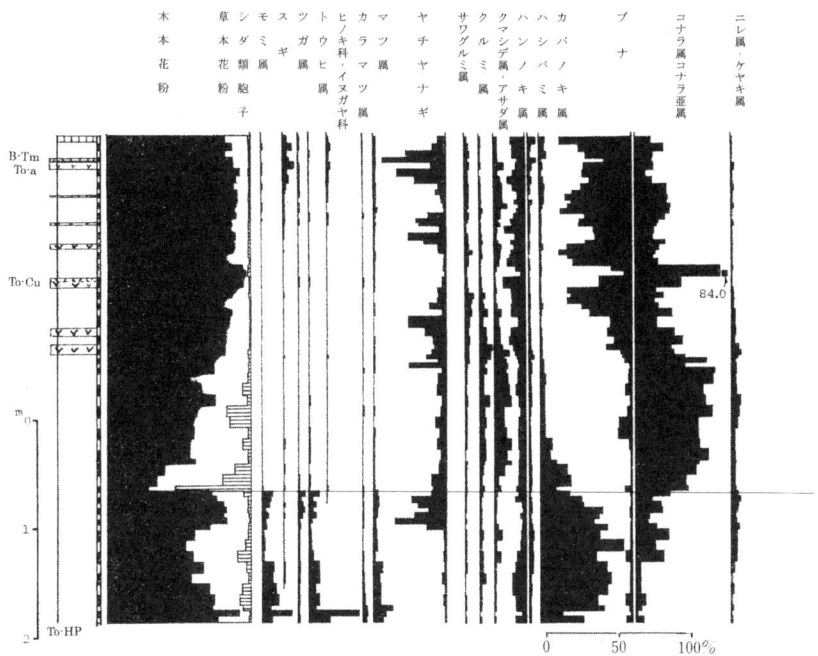

第11図　東北北部の八甲田山北麓の田代における更新世末期以降の花粉群変動図（辻ほか1983）

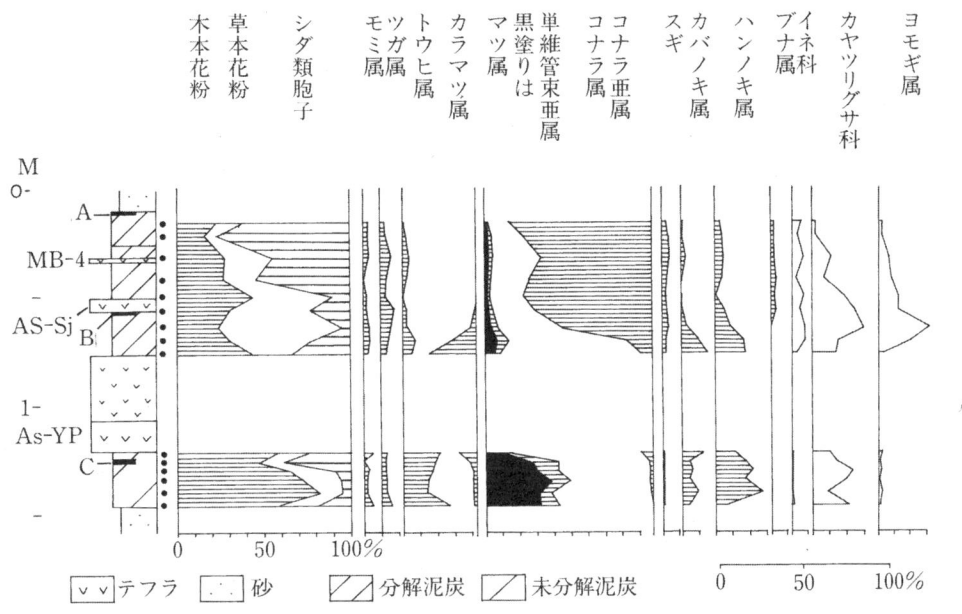

第12図　関東平野北西部の前橋台地における更新世末期から完新世初頭の花粉群変動図（辻ほか1985）

ている。浅間板鼻黄色テフラの下位では、マツ属とトウヒ属が優勢な針葉樹林時代である。チョウセンゴヨウやヒメバラモミの仲間が多産しているので、温帯針広混交林の1類型とみられる。テフラの上位では、カラマツ属とカバノキ属・ハンノキ属が最初に際立つが、勢い良く増大するコナラ属にすぐ圧倒されてしまう。このような傾向は、前橋台地の東に位置する二宮千足遺跡でも、また、西にひと山越えた軽井沢においても認められることで、前橋だけに限ったことではなかった。ひとつ考えられることは、前橋を合わせた3カ所とも浅間板鼻黄色テフラが厚く堆積しており、もとよりこのテフラを含む一連の浅間火山の軽石流期の活動は周辺の生態系に相当な影響を及ぼしたことである。すなわち、コナラ属の急激な増大は完新世の始まりだとして、それ以前の細かな変動が火山活動の影響を強く受けて特異なカラマツ優勢という火山体に特異な植生によって吸収されてしまった可能性がある。

　ここで、もうひとつ考えておかなくてはならないのは、浅間板鼻黄色テフラ上の堆積物が削剥されていることであろう。関東平野で確かめられた沖積層の2段重ね構造のうち、上段が堆積する前に巨大な谷が形成された。HBGが堆積する谷である。この谷形成期における中・上流域の削剥作用がいかなるものであったかは実はあまりわかっていない。谷状の地形内に堆積した堆積物のボーリングコアの分析結果にしばしば触れることがあるが、この時期に不整合を認めることはしばしばである。環境変動のめまぐるしい時期であるからこそ、地質現象の読み解きにはめまぐるしい環境変動を読み解く眼が求められるのかも知れない。

5　環境変動と生態系の構造変動

（1）地質現象をどうとらえるか—ボーリングコアと露頭

　これまでに日本列島の山岳地帯から平野にいたるまでの多数の地点から、更新世から完新世への環境変動、生態系の変動をものがたる資料が得られてきた。それらに共通することは、上述したように花粉群が更新世から完新世にかけて急激に変動することである。上では東北北部の八甲田山と関東平野の前橋の2例だけを示したが、いかに多地点の事例を出しても、おおむね語れることは同じである。もうひとつしばしば共通することとして、上でも述べたように、変動期であるがゆえに不整合が介在している可能性が指摘されることである。たとえば、平野で得られたボーリングコアにおいて、完新世堆積物がHBGから上位のすべてが揃った状態であったとすると、それは七号地層あるいは相当層が谷形成によって侵食を受けているということだから、更新世から完新世まで連続するはずはない。すなわち、更新世から完新世への環境変動という自然現象が堆積物に内在している。完新統基底礫層すなわちHBGの広範囲におよぶ発見は、この変動期における地質現象を探り出すという眼が成しえたわけである。

　地質現象はダイナミックである。地下深部についてはどうしてもボーリングコアに依存せざるを得ないが、表層部で起こっている現象は、浸食・堆積・埋積や、地盤変動・地殻変動など突発的・継続的なものまで実に多様であって、これらを正確に把握するには露頭調査が有効である。遺跡

の発掘調査はとりわけ優れた方法であり、それ自体が地質学の基礎というべきものだろう。本論で示したような青森平野南部で発見された「縄文の谷」やそれに相当する谷は、これまであまり着目されてこなかった現象であるが、すでに述べたようにそれらが更新世から完新世への移行期における基準面低下を直接ものがたっており、新ドリアスで起こっている現象を多面的に検討できる優れた露頭であることは言うまでもない。「縄文の谷」は、更新世と完新世の境界問題に触れるだけでなく、谷が刻み込んだ更新世の堆積物には過去の生態系がそのままパックされた埋没林が2層準にわたって確認でき、そのうち上位のものは十和田八戸テフラになぎ倒され覆いつくされた約13000炭素年のものであることから、青森県の英断によって県立の「埋没林公園」として全面保存されている。さらなる調査・研究が期待されている。

(2) 更新世と完新世の森林類型の違い

更新世末期における植生の類型のうち、寒温帯針葉樹林はエゾマツやトウヒといったトウヒ属やトドマツといったモミ属、さらにグイマツやハイマツをもっている。これらの一部は温帯針広混交林の要素にもなって、現在の北海道でも確認することができる。グイマツは現在では北海道にも自生せず、サハリン以北でしか見られない。ハイマツは高山帯の植物とされることがあるが、そもそも日本の高山帯は風の強い山頂周辺で成り立っていて、北方のサハリンへ行けば平地で高さ3m以上に斜上するという生活形を取っている。グイマツとともに海岸砂丘上に群落を作り、しばしば泥炭地にも群落がある。日本列島においてハイマツが残り、グイマツが消滅したのは、前者が地表を這うという生活形をとれたのに対して、グイマツは山頂周辺で地を這って生活することができなかったからと考えることができる。これらのことは、更新世末期ではあるまとまりを形成しえたが、完新世になって種分類群固有の生理生態によって別離し、新たなまとまりを形成しえたと理解できる。

温帯針広混交林は、チョウセンゴヨウやカラマツ、それに系統分類が難しいヒメバラモミやヤツガタケトウヒといったバラモミ節などの針葉樹、ナラ類などの落葉広葉樹と混生し、ときにはナラ類ばかりで構成されることもある。このような類型が更新世末期では関東地方から中部地方、さらに西南日本にいたるまで広範囲に成立していたのである。気温適応範囲は正確にはわかっていない。現在の分布が点的であるため、生理生態的なモードを自然界で調べられないからである。

これらふたつの類型（もっと細かく分けられる可能性もあるが）は、完新世において実質的には消滅した。北海道の西半分に分布するのは、もっとも特徴的だったチョウセンゴヨウをもっていない。現在、温帯林の典型だと言われるブナ林や常緑広葉樹林はどのような存在形態をとっていたのだろうか。ブナ林と呼べるほどの集団ではなく、レフュージアとして小さな集団で細々と生きながらえた可能性はある。

このようにみてくると、更新世末期の植生は更新世から完新世への移行において、消滅、拡散、逃避を余儀なくされ、新たな類型づくりを強いられた。更新世のさまざまなレベルの類型がそのままベルトコンベアーに乗って移動するような垂直方向への、また、水平方向への運動をしなかっ

たわけである。バラモミ節などは多系統から単系統になった可能性がある。また、新たに種分化を遂げた可能性もある。たとえば、山頂部に取り残されたハイマツについて言えば、山体ごとに遺伝的な固有化を遂げていった可能性がある。

　このような生態系の構造変動が引き起こされたのはなぜであろうか。

　ひとつは、更新世末期と完新世の気候の大きな違いである。現在、冷温帯落葉広葉樹林の典型とされるのはブナ林であるが、東北地方をみてみると明らかなように、ブナ林は日本海側の積雪の多い地域に限定され、奥羽山脈より東方の降水量の少ない地域ではいわゆる中間温帯林が取って代わっている。同じく暖温帯についてもそうであり、落葉広葉樹林と常緑広葉樹林が乾湿による偏った分布を形成しており、冷温帯においても暖温帯においても完新世に固有の地域的な多様性を生んでいる。更新世末期では、全般的な気温の低下に加えて、日本海の日本湖化による積雪・降水量の少なさが、ブナ林や常緑広葉樹林の成立を妨げ、大陸側での典型的な針葉樹林や針広混交林を成立させた。縄文化という視点に立てば、日本列島の自然の固有化、すなわち大陸側とは大きく異なる湿潤気候とそれにも深くかかわる海洋性気候による固有化によってそれは促進されたと言えよう。

　もうひとつは、更新世末期から完新世にかけて起こった急激な気候の寒冷化、あるいは基準面低下による気象・気候の異変などが、生態系の秩序を撹乱し、生態系のゆるやかな変化を断ち切ったという可能性である。たとえば八甲田山におけるダケカンバの異常なほどの生育、津軽西海岸ではダケカンバに代わってハンノキ属が完新世の初頭まで優勢なこと、このようなダケカンバやハンノキ属の優勢が北海道や関東地方においても確認できることから、寒冷化のショックが大きかったのではないかと推察される。全般に気候の温暖化傾向にあった晩氷期において、「寒のもどり」とも言うべき寒冷化と基準面低下、それによる深く切り込む谷形成、これらについてはこれまで掘り下げて議論することはなかったが、温暖化への方向性が一旦は断ち切られると仮定し、そこで生物社会や生態系の秩序が撹乱を受けた可能性などについて、検討する価値はあると思われる。

(3) 縄文時代を画する第1の画期と新ドリアス

　かつて私は縄文と弥生の比較環境論において「環境変動史の中で、相対的に目立った変化がみられる時期は重要である。一般に、寒冷な気候が卓越する氷期においては温暖化が重要な意味をもち、温暖な気候が卓越する間氷期ではその逆である。そのような事件とも言うべき変化がみられる時期は、ゆるやかな環境の移り変わりを断ち、大なり小なりそれまでの時期とは性格の異なる時期へと移りゆく出発点ともなるので、時系列を類型だててみるときには画期と呼んでもよい」とし、縄文時代を画する4つの画期を設定した（辻1988）。そのうち最初のものが縄文化の始まりを画する第1の画期であった。このとき明確に、七号地海進と縄文海進すなわち有楽町海進を画するものとしている。

　残念ながら、この第1の画期について、その後、具体的な現象として生態系の変動や地質・地

第1章　更新世から完新世へ　　31

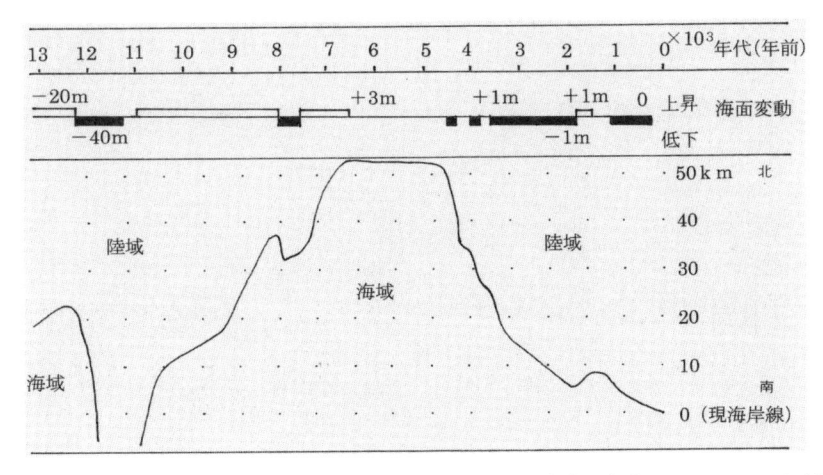

第13図　更新世末期から完新世の東京湾―奥東京湾の海面と海岸線の変動（小杉正人1989を大幅に改変）

形に現れる地球表層部での変動はあまり描かれていない。もっぱら大陸氷床コアの安定同位体比の変動から読み解かれた気候環境変動との関係性を年代測定による年代的対応に依存しながら議論することに終始してきた。このあたりで、人社会を含む可視的生態系に目を向けて、あるときにはズーム視しながら環境変動と関連しながら変動する生態系をとらえなおすことは意義のあることと思われる。

　すでに述べたように、東北地方北部でとらえられた「縄文の谷」は、ダイナミックにその形状をさらけ出しているが、それを引き起こしている要因としては急激で短期的な気候の寒冷化と基準面低下が考えられる。そのもっとも有力な候補は更新世の終末期であり晩氷期の最後の1時期である新ドリアスであることもすでに述べた。だとすれば「縄文の谷」はその期間のいつ頃形成されたのか、海面はどのあたりまで低下し後退していたのか、その頃の地理的空間構造はどうであったのか、人社会の痕跡である遺跡がどこにどの程度埋没している可能性があるのか、山頂部から海洋にいたるまで生態系はどのように連動していたのか、などメスを入れたことのない問題・課題ばかりがあふれ出てくる。私はすでに、更新世末期から完新世にかけての生態系の構造変動とそのメカニズム試論を上で述べたが、まだ実像としては見えてこないので、これからは優れた露頭や遺跡の発掘現場に期待をしてこの問題に真っ向から挑みたいと考えている。

引用・参考文献

池田俊雄 1964「東海道における沖積層の研究」『東北大学理学部地質学古生物学教室研究邦文報告』第60号　1-85頁

井関弘太郎 1989「海水準の変動」『弥生文化の研究』第1巻　148-160頁　雄山閣出版

遠藤邦彦 1996「沖積層をめぐる諸問題」『関東平野』第4号　85-94頁　関東平野研究会

遠藤邦彦・小杉正人 1990「海水準変動と古環境」『モンスーンアジアの環境変遷』91-103頁　広島大学

遠藤邦彦・小杉正人・菱田　量 1988「関東平野の沖積層と基底地形」『日本大学文理学部自然科学研究所研究紀要』第23号　37-48頁

遠藤邦彦・関本勝久・高野　司・鈴木正章・平井幸弘 1983「関東平野の沖積層」『あーばんくぼた』第 21 号　26-43 頁　久保田鉄工株式会社

大場忠道 1984「最終氷期以降の日本海―酸素炭素同位体比―KH-97-3、C-3 コアの解析を中心にして―」『月刊地球』第 6 巻　558-566 頁

大場忠道 1994「最終氷期以降の日本列島周辺の海流変遷」『先史モンゴロイドを探る』150-161 頁　日本学術振興会

小杉正人 1989「完新世における東京湾の海岸線の移動」『地理学評論』第 62 巻　359-374 頁

多田隆治 1995「日本とアジア大陸を結ぶ最終氷期の陸橋」『講座 [文明と環境]10　海と文明』31-48 頁　朝倉書店

田端英雄 2000「日本の植生帯区分はまちがっている」『科学』第 70 巻　421-430 頁　岩波書店

塚田松雄 1967「過去一万二千年間：日本の植生変遷史Ⅰ」『植物学雑誌』第 80 巻　323-336 頁

辻誠一郎・宮地直道・吉川昌伸 1983「北八甲田山における更新世末期以降の火山灰層序と植生変遷」『第四紀研究』第 21 巻　301-313 頁

辻誠一郎・吉川昌伸・吉川純子・能城修一 1985「前橋台地における更新世終末期から完新世初期の植物化石群集と植生」『第四紀研究』第 23 巻　263-269 頁

辻誠一郎 1988「縄文と弥生、自然環境」『季刊考古学』第 23 号　35-38 頁

辻誠一郎 2001「縄文的生態系と人」『NHK スペシャル日本人はるかな旅』第 3 巻　112-126 頁　NHK 出版

樋泉岳二 1999「東京湾地域における完新世の海洋環境変遷と縄文貝塚形成史」『国立歴史民俗博物館研究報告』第 81 集　289-310 頁

Dansgaard, W., Jhonson, S. J., Clausen, H. B., Dahljensen, D., Gundestrup, N. S., Hanmmer, C. U., Hividberg, C. S., Steffensen, J. P., Sveinbjornsdottir, A. E., Jouzel, J., Bond, G.1993 Evidence for general instability of past climate from 250yr ice core record. *Nature,* 364.

Iversen, J.　1941 *Landnam i Danmarks Stenslder.* Danmarks Geologiske Undersogelse, II Raekke Nr.66.

Nakamura, J.　1952 A comparative study of Japanese pollen records. *Res. Rep.,* Kochi Univ., 1, p.1-20.

Oba, T., Kato, M., Kitazato, H., Koizumi, I., Omura, A., Skai, T. and Takayama, T. 1991 Paleoenvironmental changes in the Japan Sea during the last 85,000 years. *Paleooceanography,* vol.6, p.499-518

Tsukada, M. 1957 Pollen analytical studies of postglacial age in Japan I. Hyotanike pond in Shiga Heights, Nagano Prefecture. *J. Inst. Polytech.,* Osaka City Univ., D8, p.203-216.

第Ⅱ部
列島各地の構造変動

第2章　更新世末期の北海道と完新世初頭の北海道東部

山　原　敏　朗

はじめに

　列島の最北に位置する北海道の人類文化は、最終氷期最寒冷期もしくはその直前の頃から本州以南とは一線を画し、北方の大陸文化との関連が強くなることが知られている。ヤンガー・ドリアス期から完新世開始直後にかけて考古資料の稀薄な期間があるものの、更新世末期から完新世初頭における考古資料の諸変遷は、大局的には本州と連動した文化的要素を増幅させていく過程として理解される。ただし、この島の東部においては、完新世開始後もしばらくは石刃や彫器等の石器が組成され、また北方との直接的なつながりをもつ文化も出現する等、一般的に認識されている縄文文化とは様相を異にするところが多い。更新世末期の北海道および完新世初頭の東部は、本州的文化とそれとは異なる文化とが交錯し、非常に複雑な様相を示す時空間である。

1　自然環境

(1) 地形環境

　最終氷期、北海道はサハリンとともに大陸から南へ延びる半島の一部を構成していた。更新世末期からの気候変動に伴う海水面の上昇は、この半島からまず南部の北海道を切り離し、その後しばらくしてサハリンを島化させることになったが、両島が時期を違えて島化する過程は、宗谷海峡(約−50m)と間宮海峡(約−15m)の深度差に起因している。北海道が島として成立する時期は、更新世末期の温暖期に対応する頃と説明されており（小野・五十嵐1991)、本稿の対象範囲内で起きた大きな環境イベントのひとつといえる。

　しかし、今日明らかになっている完新世開始直前の急激な寒冷化（ヤンガー・ドリアス期）が地形環境にどの程度の影響を及ぼしたのかという問題は、依然残されたままである。とくに、この寒冷期で再度生じたと推測される海面低下は、現状ではそれに関する詳細が必ずしも明らかでないものの[1]、状況次第では当該期の人類行動を考えるうえで重要な環境因子となる可能性がある。こうした更新世末期の地形変動と人類文化の動態との関連についてはその是非を含め、これまでほとんど議論されることはなかった。けれども、それが北海道の当該期研究において不可避な問題であることは明らかで、この方面の研究成果が切望される。

(2) 生物環境

　更新世末期における北海道の植生変遷は、地球規模で起きた寒暖の激しい気候変動と連動していたことが花粉化石分析等から推測されている。本島部ではグイマツ、ハイマツの優占林（富良野盆地）もしくは疎林ステップ（剣淵盆地）が広がっていたとされる最終氷期最寒冷期以降、トウヒ属、カバ属の増加で示されるようなやや温暖化する時期を経て、再びグイマツが増加する寒冷期が再来していた（小野・五十嵐 1991、五十嵐ほか 1993）。半島部（渡島半島）においても、この気候変動に連動した変遷が生じていたようであるが（滝谷・萩原 1997、川村・紀藤 2000）、提示されたデータからは半島部が、本島東部・北部より相対的に温暖であったこともうかがえる。地理的なスペクトラムの具体的様相は依然不明瞭なものの、地域間で多少なりとも異なる景観が成立していた可能性は考慮しておく必要があろう。

　最終氷期最寒冷期の北海道に棲息していた動物群は、本州以南の列島とは異なっていたらしいが、完新世に至る過程でそれら（とくに大型獣）のほとんどは姿を消し、かわって現生動物群の流入もしくは拡大が起きたと想定されている。また、その現象には更新世末期の気候変動が関与したことも示唆されている（高橋 2007）。しかし、当該期の動物相に関する情報はきわめて乏しい。断片的な証拠をつなぎ合わせれば、本地域の人類集団の主要な動物資源がシカ属であったことは予想されるものの（山田 2006）、たとえばヨーロッパの更新世—完新世移行期の研究（デネル 1995、Straus *et al.* 1996）にみられるような動物資源の変化とそれに対応した人類の生業戦略の動態を具体的に描き出すのはきわめて難しい状況にある。

　ヤンガー・ドリアス期以降、本島部ではカバ属、クルミ属が優占する段階を経てコナラ属が急増し、8000年前頃には現在の植生の原型が成立したと推測されているが（小野・五十嵐 1991）、このことは同様の年代値を示す遺跡から出土した植物遺体からもうかがえる（山田 1990 等）。海況変遷においてもまた、この頃現在と同様の状況が成立したとの指摘がある（大場ほか 1995）。こうした完新世的環境の成立が北海道の人類文化の動向に大きく関与していたことは疑う余地もなく、完新世に属する考古遺跡の発見数が 8000 年前をやや遡った頃から顕著となる現象は、これを如実に物語っている。

2　更新世末期の北海道の人類文化

(1) 旧石器文化

a　北海道の旧石器文化の特徴

　北海道における最終氷期最寒冷期以降の旧石器文化は、多様な細石刃石器群が展開していたことで知られている。筆者等は型式学的な組成を基にして、これらを後期旧石器時代後半期と呼称しているが（寺崎・山原 1999）、ここで対象とする資料はその後葉に位置づけられる石器群であり、おおむね本州の縄文時代草創期に相当する時期と推測している。AMS 年代測定値や地質年代を

第2章　更新世末期の北海道と完新世初頭の北海道東部　37

奥白滝1遺跡sb7-9

上白滝5遺跡sb6-11

上白滝2遺跡sb9

居辺17遺跡

元町2遺跡第8号ブロック

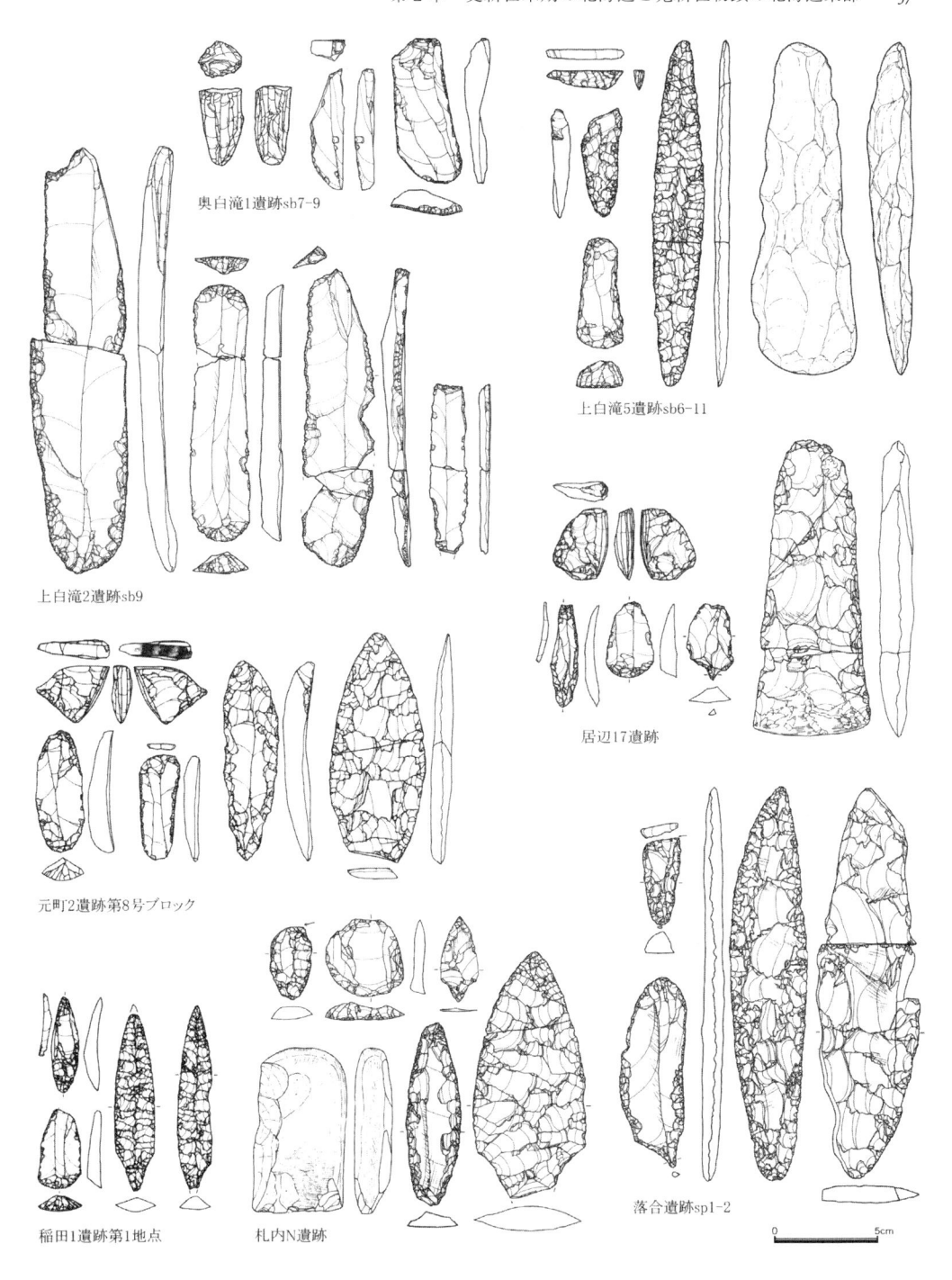

稲田1遺跡第1地点　札内N遺跡　落合遺跡sp1-2

0　　5cm

第1図　更新世末期の旧石器石器群（大矢編2000・2001、北沢編1992、北沢・山原編1997、長沼ほか編2001・2002、日本考古学協会1999年度釧路大会実行委員会編1999）

考慮すると、山田哲が想定するように 13500-10000yBP の年代幅に含まれる可能性が高いとは思われるが（山田 2006）、終末年代に関していえば、その検討を可能にする信頼性の高い測定値がほとんど提出されておらず、良好な出土状況によって得られた試料の分析を待たざるを得ないのが現状といえる。

この時期の旧石器文化の石器群は、細石刃、搔器、周縁加工左刃彫器（荒屋型と呼称される系統の彫器）等、以前からの主要石器を継承しながらも、有舌尖頭器や石斧等の新たな石器を組成することが特徴としてあげられる。また、これらの石器群間においては、石器型式やその組成および石器製作技術等の変異が非常に大きく、それ自体も当該文化の特徴のひとつとみなされる。

たとえば、細石刃製作またはその技術系統に帰属する資料が指標となる石器群だけをみた場合、細石刃核型式を代表させて列挙すると（第1図）、白滝型細石刃核（もしくは打面に擦痕をもつ舟底形細石刃核）（元町2遺跡第8号ブロック）、忍路子型細石刃核（居辺17遺跡）、広郷型細石刃核（上白滝2遺跡sb9）、紅葉山型細石刃核[2]（奥白滝1遺跡sb7-9）、小型精製（幅狭型）舟底形石器[3]（上白滝5遺跡sb6-11）等を組成する石器群に区分される。加えて、細石刃やその関連資料が組成していない有舌尖頭器石器群や木葉形尖頭器石器群もこの時期には含まれる。実際、当該資料が発見されている遺跡は、北海道の旧石器文化遺跡の大部分を占めており、そのことを考慮すると人口増加の可能性も示唆されるが、それについてはもう少し時間をかけて議論を詰める必要がある。

北海道では過去20年間で調査例が急増し、最近ではその成果をもとに石器群の細別が前述した区分以上に進んでいる（寺崎 2006、山田 2006）。とはいえ、論者等も認識しているように、これらの幾つかは、石器文化集団の相違というよりも、同一集団の石器製作または石器使用行動の相違を表現している可能性が高く、細別された石器群類型＝石器文化集団の単位という図式ですべてを語ることはできないと理解される（山原 1998）。とくに細石刃石器群の一部と有舌尖頭器石器群の関係は、そう理解する方が通時的にも、また周辺地域との関連を考慮した場合においても整合性がある[4]。

細石刃石器群や尖頭器石器群には、たとえば同種同形状原石での石刃製作技術の相違や周縁加工左刃彫器の特徴（山原編 2002、山原 2003）といったような原石形状や石材保有状況または生業差による変異とは考え難い要素、換言すればある石器文化集団独自のデザインもしくは行動規範に従った結果（つまりは文化表象）と理解するのがもっとも適当な要素がそれぞれに含まれている。これらの存在は、内容の異なる石器群間の関係を同一集団の異所表現として理解するうえでの大きな拠り所として評価されるが、同時にこれらからは文化表象的要素の異差性を確認することにもなる。したがって、そのような異所表現を伴う文化が複数存在すること、さらにはこれらの編年的細別をも想定することは可能と考えられる。ただし、細別可能な多層位遺跡の欠如や信頼性の高い年代測定値の蓄積の乏しさを踏まえると、現状での細別編年は今日までの研究状況からもっとも整合的に各石器群を秩序づける仮説として理解されるべきものであろう。

b 更新世末期の旧石器文化集団の居住・移動行動

北海道におけるヤンガー・ドリアス期直前の植生を考慮すると、温暖傾向にあるとはいえ本州

との比較でみれば寒冷環境下であったことには変わりなく、当該期の旧石器文化集団は依然広範囲の行動領域を有していたと想定されている（佐藤2005）。一方、本地域の通時的変化の視点からは、温暖化による資源量の増加が、寒冷期との比較において、当該集団に相対的な行動領域の縮小を促した可能性も想起される。十勝地域や石狩地域の石器群においては、前段階の石器群より近在の石材の割合が増加する傾向にあり（山原編2002、山田2006）、そのような変化があったことを支持する現象とも考えられている（山田2006）。

また、この時期には特定の黒曜石産地への依存度が高いことを含意する石器群も存在する。広郷型細石刃核は大型の石刃を素材とするが故に、その製作に適した一定サイズ以上の原石を安定的に供給する大規模黒曜石産地との強い結びつきを示唆する一例であるが、この種の石器は今日、環日本海周辺地域に点在することが知られている。そうした状況を踏まえ、佐藤宏之は当該期における大規模黒曜石産地を介在とする広域ネットワークと、それを可能にした広範囲の行動領域をもつ人類集団の存在を想定する（佐藤2002）。同様に、白滝遺跡群の発掘調査で多量に出土した大型両面調整尖頭器を伴う石器群もまた、遠距離移動の行動形態に対応した集団によって残された石器群の可能性がある。白滝遺跡群では大型両面調整石器の製作と遺跡外への搬出状況が明らかにされているが（鈴木2002）、それに対応する消費遺跡として直線距離で100km以上離れた位置にある帯広市落合遺跡スポット1-2（北沢1992）が想定されている（山原編2002、鈴木2002、高倉2003）。これらの様相からは、寒冷期の人類集団と同様の広い行動領域をもつ集団がすべてではないにせよ、存在していたと理解することも可能であろう。

以上のことを踏まえると、更新世末期における旧石器文化集団の居住・移動行動には、相反的ともいえるふたつの行動形態がともに採用されていたということになる。したがって、両者の関係が次なる課題になるかとも考えられるが、それに至る前にまずこの認識の是非を問うことが必要な手続きであろう。しかし、仮にそれを是認したとしても、ここで両者の関係にまで言及することは差し控えたい。たとえば、これらを温暖期とヤンガー・ドリアス期の集団間の行動差として解釈することは可能かもしれないが、更新世末期から完新世初頭の石器文化の動態と気候変動とが一定の対応関係をもちつつも、両者の転換期が常に一致する訳ではないヨーロッパの状況を参考にすれば（Straus *et al.* 1996、小野編1998）、直接的な因果関係だけですべてが説明される問題ではないとも考えられるからである。

(2) 本州文化との関係

a 更新世末期における本州からの初動波

本州において縄文時代草創期の初頭に位置づけられる神子柴・長者久保石器群は、従来大陸渡来の文化と理解されていたが、最近ではそれに異を唱える見解も多く示されるようになった。北海道とくに本島部の当該旧石器文化の石器群には、前述の石器群と関連する石器こそ含まれるものの、同一の石器群として理解される例はみあたらない。そのため、安斎正人は長者久保石器群を所有する集団の北上によって生じた北海道の旧石器文化集団との接触が本地域の石器群に長者

久保石群的要素を組成する結果を招いたと想定し、それを示す例として半島部に所在する大関遺跡の尖頭器石器群をあげる（安斎2002）。大関遺跡の資料が実際に本州的要素のみで構成されているかどうかは、関連情報が乏しく判断しかねるところではあるが、ヤンガー・ドリアス期直前の半島部に本州北部とも共通する景観が一部で成立していた可能性があることを踏まえると、本州集団の北上という想定は十分に可能性のある状況と思われる。

また、半島部においては本島部の石器群と一見同様とされる石器群が分布するものの、たとえば美利河1遺跡出土の広郷型細石刃核の特徴（佐藤2002）、神丘2遺跡A群に含まれる石器の型式学的特徴、大関校庭遺跡出土の忍路子型細石刃核を伴う石器群における周縁加工彫器の欠如等、個別にみれば本島部で一般的にみられる様相からはやや外れたような特徴も散見され、本島部と半島部とがまったく同質とはいい難い側面もある。これらは、一部に異なる生業戦略や集団表象の採用、もしくは異文化集団の流入が生じていたことを含意しているのかもしれない。安斎は神子柴・長者久保石器群が展開した頃の半島部を異系統文化集団間の接触帯ともみなしているが（安斎2002）、留意すべき見解と思われる。

b　更新世の土器文化－大正3遺跡－

このような様相が一部にありながらも北海道は、大枠では縄文時代草創期開始後もしばらくは旧石器文化が継続した地域として認識されていた。しかし、大正3遺跡から出土した草創期土器やそれに伴う石器群（第2図）の発見によって、その認識は真に再考を迫られることになった。

この遺跡は、小規模な段丘上に立地しており、出土状況からは草創期の一群が残された当時は離水後間もない河原状の場所であったと推測される。また、ここでは長期間の継続的な居住を示すような遺構は出土しておらず、屋外炉の存在を想起させる場所が一カ所確認されたにすぎない。土器の内面付着物から得られたAMS年代測定値は12100yBP±40 - 12460±40yBP（Beta-194626 - 194631）、12120±60yBP - 12470±60yBP（IAAA - 41603-41607）で、比較的まとまった値を示している（北沢・山原編2006）。

出土土器は乳房状突起をもつ丸底土器で、復元個体からは高さがおおむね11～20数cmの範囲内にあると推測される。爪形を含む幾種類かの刺突文で装飾され、口縁部下位に隆帯が貼付けら

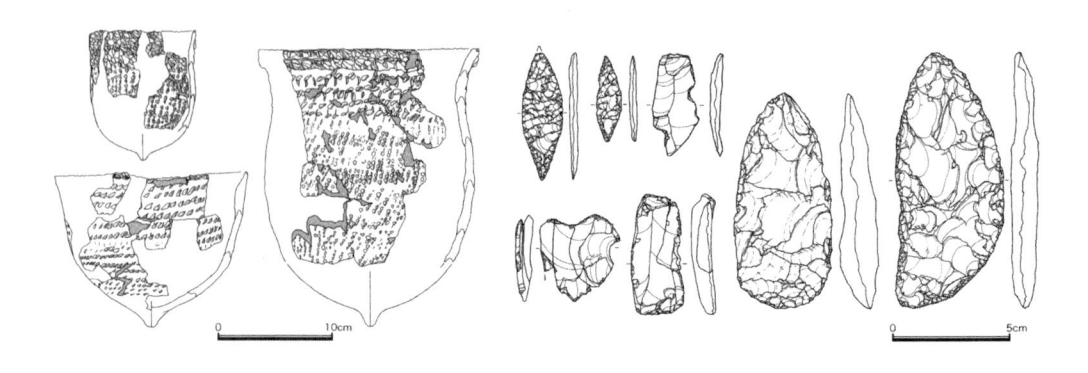

第2図　大正3遺跡出土の草創期土器と石器（北沢・山原編2006）

れた個体もみられる。土器の特徴は本州のそれと共通するところが多く、基本的には本州文化との関連で理解するのが適当であろう。ただし、文様構成等には独自の特徴もみられ、これと相似する例は本州の草創期土器にも見当たらないようである。また、土器の内面には大きさに関わらず炭化物の付着が観察され、煮沸具として使用されていたことが推測される。小型品も煮沸具として使用されていたことは、土器を調理用に限定するよりも動物性油脂の抽出（メドヴェージェフ 1994、梶原 1998）等、煮沸による利点を生かす目的で使用された道具として広義にとらえておく方が適当であろう。

石器は大小の尖頭器、両面調整石器、箆形石器、掻器、削器、彫器、錐、抉入部ある剥片等が出土しており、とくに小型尖頭器、彫器、抉入部ある剥片の出土量が目立つ。剥片類もまた多量に出土しており、この遺跡が一回性もしくは偶然性に起因して形成されたものでないことを示している。石器石材は黒曜石でほぼ占められており、原産地分析では置戸および十勝三股産という結果が示されている。このうち、置戸産黒曜石は肉眼観察による限り、大型両面調整石器に多用されていたようで、剥片の様相からは未成品で搬入されたものを加工していたことが推測される。一方、十勝三股産黒曜石は転礫で搬入された様相も観察され、これらは相対的に小型石器の製作に利用されていた傾向がうかがえる。

北海道において、大正3遺跡での発見以前にも更新世に遡る土器が出土したとの報告がなかった訳ではない。しかし、出土状況等の問題もあり、必ずしも意見の一致をみてはいなかった。その意味でもこの発見が与えたインパクトは大きい。さらに、この遺跡が本島部の内陸に位置すること、およびその出土量が一定期間内での継続的な遺跡利用（おそらくは回帰的利用の累積）を示唆することからは、更新世末期に土器を所有する集団が本地域のかなり広い範囲に展開していた可能性があることを印象づけることにもなった。ただし、土器の特徴には独自性も強く、直接的な植民集団の所有物と理解するよりも、むしろ北海道への最初の植民集団の流入もしくは在地集団の最初の土器の受容から幾分経過した時期のものと理解する方が適当と思われる。したがって、北海道における土器の使用開始の時期がさらに遡る余地は残されていることになろう。

なお、土器の出土はないものの、草創期に比定される石器群が白滝遺跡群においても発見されている（高橋ほか 2003）。大正3遺跡の石器群とは異なる特徴が幾つか看取され、両石器群をまったく同一のものとみなすことには慎重にならざるを得ないが、このふたつの石器群間に存在する変異もまた、本州と関連する文化を所有する集団が一定期間展開したことを暗示する現象と理解される。

c 更新世末期の人類文化に関する新たな問題

大正3遺跡における更新世末期の土器文化の発見は、我々にきわめて重要な情報を提示したといえるが、同時に新たな問題を浮上させることにもなった（山原 2006）。たとえば、既知の旧石器文化との関係は重要な問題のひとつである。

仮に、従来の歴史観に基づいて既知の旧石器文化石器群―大正3遺跡の資料群という編年序列を想定した場合、最近の年代観も加味すると、前者に属する石器群はすべて1500年程度の期間

におさまるということになる。換言すれば、この想定は、列島屈指の規模をもつ北海道の旧石器文化遺跡において、その主体を占める当該資料をこれまで以上に短命なものとすることと同義であると理解される。また、そのことは同時にそれ以降の約2000年間（本島部の場合、完新世初頭を含めると3000年間以上）は人類がきわめて稀薄な地域であった、もしくは人類の行動領域がすでに消失した土地にほぼ限定されていたという認識を許容することにもつながると思われるが、果たしてこのような想定は適当なのであろうか。

確かに、本島部における完新世開始直後の資料の稀薄さについては、現状ではそれを説明する材料に乏しい。しかし、相当量の出土例と多彩な内容をもつ当該旧石器文化石器群がすべて、更新世末期のごく短期間にのみ集約されるという想定は、あまりにも不自然であり、またそれを成立させうるような合理的な理由も見出し難いといえる。それゆえ、大正3遺跡の資料群と旧石器文化の石器群との関係については、前者が後者の一部と併存した、もしくは前者より後出のものが後者の一部に存在した、またはその両方が生じていたという想定を採用する方が現状では適当であろう。

大正3遺跡の当該資料群については海洋リザーバー効果の影響も考慮し、提示された年代値より多少新しく見積もって考えたとしても、ヤンガー・ドリアス期直前の温暖期間中に残されたものと理解される[5]。その前提に立つならば、これを残した集団がどのような由来をもつのかはともかく、本地域における温暖化が本州的要素を多分に含む文化の成立を可能にしたという説明は、想定可能な仮説のひとつとして考えられる。前述した長者久保石器群の北上を示唆するような様相も含めると、この頃北海道の人類文化に影響を及ぼすさまざまなレベルの波動が南方から到来していた状況が想起される。

ただし、北海道におけるヤンガー・ドリアス期の環境変化がかなり激しかったことを考慮すると、温暖期の環境に適応した物質文化もしくは生命維持戦略を寒冷期の到来によって放棄せざるを得ない状況が生じた可能性も考慮する必要がある。これまでに述べてきたこと、および後述する東部における完新世初頭の人類文化の様相を踏まえると、温暖期に試みられてきた適応方法がヤンガー・ドリアス期の到来により一旦撤回され、結果としてそれ以後の人類文化は新たなシナリオのもとで展開することになった、と現状ではとりあえず仮定しておきたい。大正3遺跡等の草創期資料群の発見があるとはいえ、それが直ちに本州と同じ文化変遷を辿ったとはいえない状況に依然囲まれていることは再認識しておく必要がある。

3　完新世初頭の北海道東部

(1) 北海道東部における完新世初頭の人類文化

北海道における更新世末期から完新世初頭の人類文化の通時的変化は依然明らかではなく、見かけのうえでは人類の行動痕跡が稀薄となる期間が存在する。ただし、半島南部では本州北部の縄文時代早期前葉に比定される押型文土器やそれに伴うとみなされる資料が発見されており（高橋編1992、阿部・領塚1996）、少なくともこの地域では、完新世の開始後の比較的早い時期から本

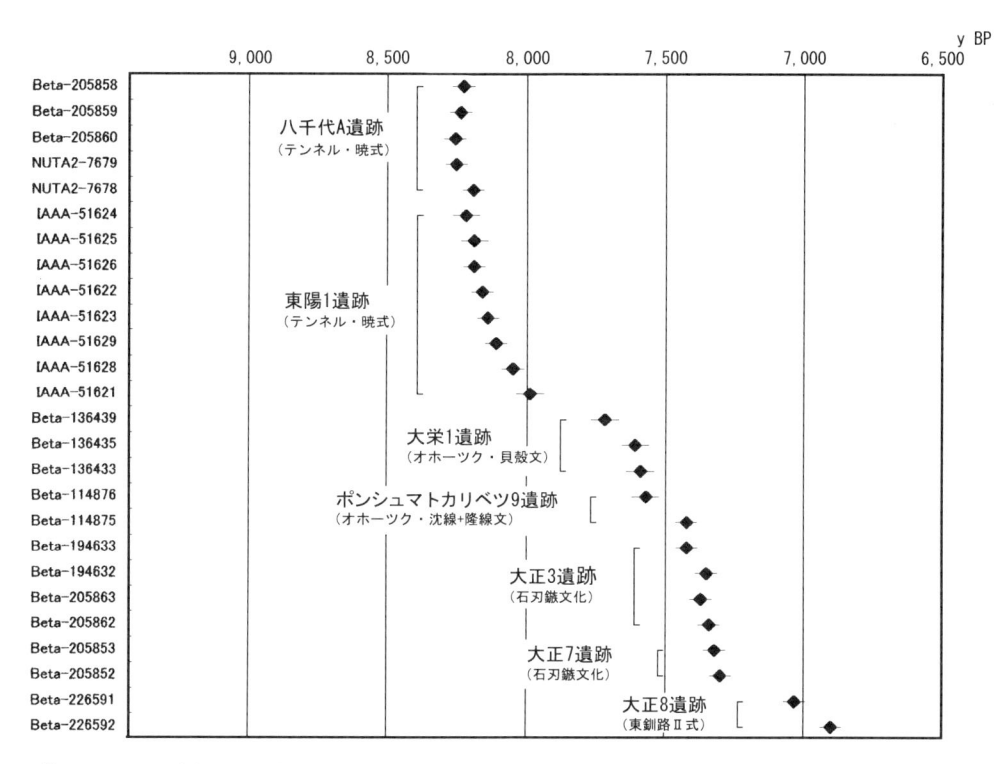

第 3 図　北海道東部の完新世初頭の人類文化に関する最近の AMS 値（遺構出土炭化物による測定値）
（北沢・山原編 2006・2008、高橋・影浦編 2006、中村 2005、松田ほか編 1999・2000 より関連資料を抜粋して作成）

州北部と同様の文化領域に含まれていたと考えられる。後続する貝殻文尖底土器、とくに物見台式土器の時期になると遺跡数は急増し、その分布は太平洋沿岸を経由して日高地域まで及ぶものの、現状では日高山脈を越えて出土した例は知られていない。

　一方、日高山脈の東側ではこの頃から人類の痕跡が再び顕在化し、テンネル・暁式土器群（西 1997）と呼称される平底土器を指標とする遺跡が多数発見されるようになる。この文化は、樽前 d テフラ層（ca.8000yBP）の上下でみられるが、最近の AMS 年代測定値のデータからみると、樽前 d テフラ層下位の年代については、その多くが 8300yBP—8000yBP の範囲にまとまるようである（第 3 図）。この時期、多数の居住遺構をもつ遺跡も複数発見されており、それは遺跡数の増加とほぼ同時に起きた現象であると現状では理解されるが、これを遡る可能性が高い完新世の人類文化の痕跡はきわめて乏しく、その意味で大正 6 遺跡から出土した資料群は稀少な一例である。

　大正 6 遺跡で発見された無文平底土器は、土器様式の枠組みとしてはテンネル・暁式土器群に含まれるものの、既知の資料とは異なる出土状況や資料の特徴が看取され、編年的にはより古く位置づけられる可能性が指摘されている（北沢・山原編 2005）。土器の内面付着物から提示された AMS 年代測定値は 9260 ± 40yBP（Beta-194635）、9550 ± 40yBP（Beta-194636）であるが、この値は既知のものより明らかに古く、考古学的調査に基づく検討結果とも整合的である。完新世開始後の比較的早い時期には、すでに半島部の集団とは一線を画する集団が、この地域で展開して

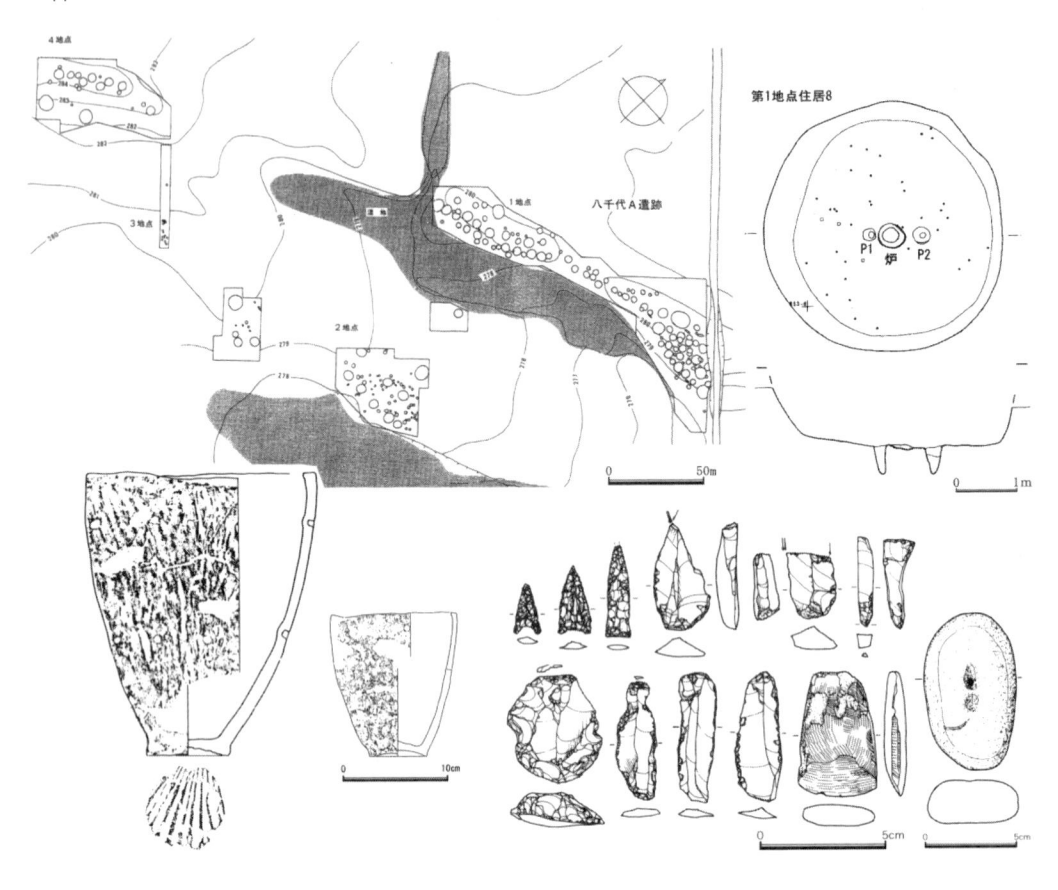

第 4 図　八千代 A 遺跡の遺構と出土遺物（北沢編 1990 に一部加筆）

いたことを示唆するものと思われる。

(2) テンネル・暁式土器文化の諸相

　さて、8000 年前を若干遡った頃のテンネル・暁式土器群を指標とする人類文化は、石鏃、石匕、磨製石斧[6]、および植物加工や漁撈に関連すると想定される礫石器等、完新世の列島文化と共通した石器を所有しているものの、石刃や石刃製石器（とくに削器、彫器の出土量が多い）が剥片石器の主体となる様相は大きな相違といえる（第 4 図）。完新世の開始後、植物資源の利用が増加するような環境に移行してきたとはいえ、今日と同様他の列島諸地域よりも寒冷環境であったことに起因するのであろう。磨製石斧やすり石等植物資源との関連が想定される石器の出土量の相対的な少なさも同じ理由が考えられる。

　この文化の土器は、容量の小ささ、装飾性の乏しさ、成形の粗さが特徴としてあげられるが、このことは換言すれば土器製作への労働投資の低さと理解される[7]。また、居住遺構は小型円形の竪穴（2〜4m が主体）が多く、ロームへの掘り込みも相対的に深いという特徴をもつが、同時に上部構造を支える柱の痕跡が細い、もしくは柱の痕跡が確認されない例が多いという状況も伴

う。居住遺構のサイズや付属設備の状況から推測される上部構造の軽量性は、継続的な周年定住を意図した家屋であったとはみなしがたい要素と思われる[8]。東部における完新世初頭の人類文化の成立にあたっては、半島部からの植民もしくは西方の文化の導入とする見解も一部にはあるものの、これらの諸相は半島部のそれとは明らかに異なるため、そのような見解には同意し難い。完新世的温暖環境に早くから適応していた半島部集団の行動戦略の一部を採用することはあったにせよ、基本的には以前から本地域を領域としていた集団による完新世環境への適応表現としてこの文化を理解する方が適当であろう（山原2005）。

十勝地域における石器製作の様相をみると、その中部の大規模河川に隣接する池田3遺跡（横山編1994、小河2003）や暁遺跡（佐藤・北沢編1985）でこそ石刃製作が確認されているものの、それより南方の遺跡では居住遺構の有無に関わらず、その痕跡がほとんど残されていないという現像が認められる。100棟を大きく超える居住遺構の存在（発掘調査範囲では103棟）が想定される八千代A遺跡（北沢編1990）においてさえ、当該文化に帰属することが明らかな石核や大型余剰剥片の出土がほとんどみられない。換言すれば、石刃に限らず一定サイズ以上の剥片類や石器のほとんどは、搬入されていた可能性が高いと理解される状況である。加えて、この遺跡では石器の使用痕跡も顕著で、個体単位での消費度合いの高さもうかがえる。

これらを踏まえると、当該文化の石刃製作は、遺跡間もしくは滞在地域間で分節的におこなわれる傾向が高かったと推測されるが、このことは当該文化を残した人類集団が、依然広域的な移動形態を採用していたことも示唆する。確かに、更新世末期との比較でいえば滞在地の固定化傾向や移動領域の相対的な縮小が生じていたことは想定されるものの、本地域の自然環境を踏まえれば、この地域に適応した行動形態として適当な説明と考えられる。したがってこの地域における竪穴住居の採用は、定住化を直接的に表現するものではないと思われる。私自身は、温暖化に伴う土壌凍結期間の縮小により居住・移動行動のスケジューリングと地下掘削作業との調整が可能になったことや、降水量の増加がこの地域における竪穴住居の採用理由に関与していたのではないかと考えている（山原2005）。

（3）石刃鏃文化とその周辺

樽前d火山灰降下直後の時期にはテンネル・暁式土器文化の新相[9]が位置づけられるが、これと同じか若干下る頃に出現する沼尻式土器は、文様だけでなく土器製作に関連する諸要素全体において、日高山脈以西との共通性が高い土器である。次段階の下頃辺式への移行も、おそらく西方と連動した現象であろう。一方、東部を中心に分布する在地色の濃い条痕調整平底土器のうち、東釧路I式土器は下頃辺式と重複する時期として理解され、また大楽毛式土器は西方のアルトリ式土器との関係で理解されるのが一般的であるが[10]、アルトリ式土器は石刃鏃文化に伴う浦幌式土器とも関連するとの指摘もある（林1984、大沼1999）。ただし、大楽毛式と浦幌式は条痕を残すことでは共通するものの、全体としては異質な要素の方が多く、前者はむしろ前述した土器型式との共通性が高い。既知の資料からみる限り、これらは同じ集団による製作物とはみなし難

いと考えられる[11]。

　また、沼尻式を含む条痕調整平底土器に伴う石器群では、すべての遺跡ではないものの、依然石刃や彫器等が組成されていたことが確認される。このうち、彫器は半島部南部に位置する中野B遺跡の平底土器の時期の遺構にも伴っている(高橋編1996)。短期間であるにせよ、この種の石器が半島部にまで達していることは、当該期の地域集団間において物質文化の共有化が双方向で生じていたことを示唆する。なお、これらの土器に伴う石鏃形態の標準は細長い菱形状のものに移行しているが、同様な形態が道内全域で観察されることは、そのことと関連する現象なのであろう。

　こうした西方集団との文化的共有性を増幅させている過程の中で、石刃鏃文化という大陸とのつながりが強い人類文化が現れることになる。石刃鏃文化は、端整な石刃・石刃製石器を装備する完新世初頭のエキゾチックな石器文化として早くから注目されてきたが(吉崎1956、加藤1963、佐藤1964、木村1976等)、その動態をめぐってはいまだに意見の一致をみていないところも多い。

　石刃鏃文化に伴う土器には型押文土器(女満別式)と絡条体圧痕文土器(浦幌式)が知られている。これらのうち、前者は大陸の土器との関連が、また後者は在地もしくは本州系の土器との関連が指摘されている(名取1955、大場・奥田1960、佐藤1964)。ただし、後者については、本地域内で編年的に近接すると考えられている先行土器型式との型式学的連続性が現状でも確認されておらず、その成立は不明瞭なままである。

　北海道における石刃鏃文化の編年的位置づけについては、その出土状況や土器の特徴から早期後葉の頃との理解が広まりつつある(沢1969、大沼1999、西2004)。大正3・7遺跡の石刃鏃文化遺構に伴う炭化物試料で得られたAMS年代測定値も7300yBP前後にまとまり、この理解を支持する結果となっている。これに加え、相対的に古い値を示す傾向がある土器付着物を用いての測定値も8000yBPまでは遡らず、オホーツク地域の貝殻文平底土器より新しい年代値となる傾向にあること(国木田ほか2007)、および先行土器型式の継続期間や後続する東釧路Ⅱ式土器に関連するAMS年代測定値(佐藤ほか1999、北沢・山原編2008)等を考慮するならば、新たな発見がない限り、この文化の継続期間については多少広く見積もっても8000yBPを超えることはなく、むしろ8000yBP—7000yBP間のうちの中葉から後葉と理解しておく方が現状では適当なように思われる

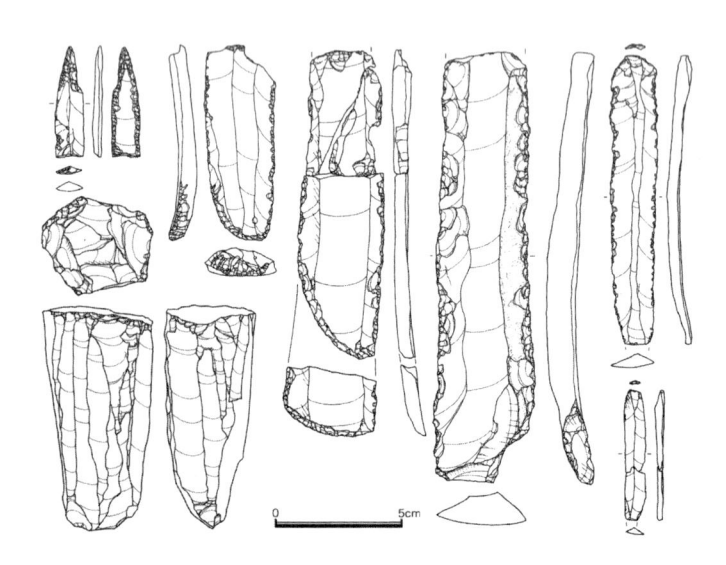

第5図　石刃鏃文化の石刃石器群(北沢・山原編2006)

(第3図)。ただし、石刃鏃文化に併存するとも考えられている、より在地的な文化については、依然良好な AMS 年代測定値の蓄積に乏しい。そのこともあり、石刃鏃文化集団と他の集団との併存の是非（西2004）をめぐっては、これだけで解決する問題という訳ではない。

大正3・7遺跡の遺構内炭化物試料による AMS 年代測定値は、北海道における石刃鏃文化の展開期間を検討するうえでもっとも信頼性が高いデータであると現状では考えられるが、これを較正値に置き換えた場合、8340CalBP—8180CalBP の範囲になることが報告されている（北沢・山原編2006）。この較正値の範囲は、完新世の気候変動のうち 8.2K イベントと呼称される海進期直前の小寒冷期（福沢1999）とおおむね一致するが、石刃鏃文化の系統性を踏まえると、この環境イベントは、北海道における石刃鏃文化の展開を検討するにあたり無視できない環境因子になることが予測される。石刃鏃文化の展開が比較的短い期間であったとする理解とも整合することは、この予測を支持するものと思われる。

もっとも、黒曜石石材の開発状況からは、石刃鏃文化集団が取得していた石材産地に関しての情報量は相当なものであったことがうかがえ（木村2002）、見知らぬ土地に突如として現れた集団であったとはいいがたい側面もある。どのようなプロセスを経て情報を入手したのかはともかく、この文化の出現を理解するにあたっては、気候変動の様相とともに出現可能な社会環境がどう準備されていたのかということも考慮した議論が必要と思われる。

(4) 石刃鏃文化の展開

石刃鏃文化の石刃は、主に黒曜石の角礫を用いて角柱状の母型を製作した後に石刃を生産するという工程を踏むが（木村1976、高倉1997）、石刃剥離に採用された方法は他の石刃石器群とはまったく異なっており、在地での発明でないことは明らかである。この文化の石刃は、旧石器文化のそれ以上に規格性が高く、また石器素材に占める石刃の比率も非常に高いことから、石刃や石刃石器群の一般的な認識にもっとも合致する資料群のひとつといえる。そのこともあり、我が国の石刃に関する初期の研究には、この資料が大きく関与していた（渡辺1948、吉崎1956、大井1965）。この石器群には、石刃鏃をはじめとする石刃製石器の他に、擦切り石斧、石錘等の礫石器類、環状装飾品が組成され、共栄B遺跡においては玦状耳飾りとみなされている装飾品も発見されている（麻柄1998）。

石刃鏃文化に帰属する遺物の分布は、北海道東部から半島部を経て本州の北端（斉藤2004）にまで及ぶことが知られているが、当該集団の主要な行動領域が東部であることは共通した認識となっている。また、最近まで居住遺構や石核を含む多量の石製遺物を出土する遺跡は、東部の海岸部や下流域に限定され、内陸部では小規模な遺跡しか知られていなかった。このことから、高倉純は石刃鏃文化集団が東部の臨海、河口地域を拠点とし、内陸への遠征を一定期間おこなうという居住・移動行動を想定した（高倉1998）。拠点地とされる遺跡には石核やその母型が搬入され、そこで石刃製作がおこなわれていたことを示す資料が多数出土するが、この行動は石材採取地との距離に対応した状況を示すテンネル・暁式土器群を指標とする石器文化のそれとは明らかに異

なっている。重量のある石材の拠点遺跡への搬入は、テンネル・暁式土器群を指標とする集団より石材獲得期間における拠点地への回帰傾向もしくは拠点地での長期滞在傾向が強化されていた集団であることを示している。

しかし、内陸部に所在する大正遺跡群での居住遺構や多量の遺物の発見は、従来の想定以上に内陸開発が本格的におこなわれていたことを明らかにした（北沢・山原編 2006）。その主要遺跡である大正 3・7・8 遺跡では、当該文化の石刃関連資料だけでも全体で 2000 点近く出土しており、この場所が遠征先の単なる宿泊地ではなかったことを示している。とはいえ、本格的な内陸開発が当該集団の通時的な変容過程を表現している可能性も現状では捨象できず、従来の想定がただちに否定される訳ではない。

石刃鏃文化から東釧路Ⅱ式土器を指標とする文化への移行については、両者の系統性を踏まえれば必然的に、石刃鏃文化集団の変質か、集団の交替か、もしくは異系統集団間の混成を伴うものかという問題にも配慮せざるを得ないであろう。その際の参考となる様相としては、日高山脈以西で東釧路Ⅱ式土器の直前に位置づけられるアルトリ式土器のうち、その末葉とされる土器（大沼 1999）の特徴をもつ例が、豊里石刃遺跡（米村 1992）や大正 7 遺跡等の東部の石刃鏃文化遺跡でもみられること、東釧路Ⅱ式土器の石器群には彫器や石刃が依然組成すること、またこれに伴う石鏃の輪郭が石刃鏃のそれに近いこと等があげられる。両者が所有する石器製作技術には明らかな相違が認められるものの、東部の東釧路Ⅱ式土器の石器群には西方ではほとんど組成されない石器も存在する状況を考慮するならば、西方からの植民集団と石刃鏃文化集団との完全な交替という想定については、少なくとも捨象される可能性が高い。しかし、より詳細な議論は、石刃鏃文化集団と併存していた道内集団の様相や当該集団間の関係を含めた検討が必要であり、早急には解決し難い問題であろう。

4 まとめ

更新世末期から完新世初頭における北海道の人類文化は、環境適応という視点からいえば、大局的には針葉樹の疎林を伴うステップ環境から針広混交樹林環境への適応過程を表現しているということになろうが、温暖化に向かう過程で生じた寒暖の振幅の大きさも影響し、その過程はかなり複雑なように思われる。旧石器文化石器群の多様な様相およびこれらと本州文化との関連性を示す要素との関係、完新世直後の考古資料が稀薄な期間、居住遺構を多数伴う遺跡の突然の出現と東西地域間の顕著な相違、地域間相違の解消過程、石刃鏃文化の展開という諸現象は、現状での考古学的検討が困難なものも含まれているとはいえ、そのほとんどが気候変動とも一定の対応関係にあると考えられる。ただし、これらの諸相を人類集団の具体的な行動に還元して説明することは、かなりの難題である。

また、更新世末期から完新世初頭の北海道の人類文化にはその時々において、南方または北方との関連性を示す様相が漸移性を伴わずに現れることが少なくない。それは、北海道に隣接する

南北地域間の自然環境やそこで展開する文化の相違がきわめて大きいという状況下におかれた本地域の地勢学的特性にも一因があると理解される。そのことを踏まえれば、この時期の北海道は、いわば異系統文化の接触地域であったとも表現することが可能で、その接触状況の変動が、更新世末期から完新世初頭の考古資料の様相として表われているようにも思われる。完新世開始後の動態は、その主要な舞台が東部、さらには北方に移行する過程としてみなされるが、一方でそのことがこの地域の文化的個性の形成に大きく関与したと考えられる。

さて、北海道東部の人類文化においては、石刃鏃文化に後続する東釧路Ⅱ式土器以降、しばらくは西方とほぼ同様な土器型式が継続的に展開する。加えて、この土器型式の出現以降は、石刃や彫器等、更新世以来継続して所有されてきた石器が急速に減少、変質、または組成から外れていくことになる。ただし、これらの諸現象は必ずしも一斉に生じている訳ではなく、また最温暖期以降には地域間の相違が再び顕在化するという状況も控えているが、この頃が北海道における人類文化のひとつの転換期にあたることは確かであろう。したがって、ここでは北海道東部における縄文化のプロセスが、東釧路Ⅱ式土器を指標とする人類文化の登場をもって一応の完了をみたと理解しておきたい。

おわりに

最後に、北海道東部で完新世開始以後もしばらくは石刃や石刃製石器等が組成されることに触れておく。このような現象は、確かに一般的な縄文文化の様相とは異質であるが、巨視的にみれば旧大陸の多くの地域でみられる完新世初頭の様相にも通じる現象で、列島内の一地域性として矮小化すべきものではないと理解される。これらを詳細に論じていくと、縄文文化と非縄文文化の境界に関する問題に触れざるを得なくなるとともに、縄文文化自体の定義にも視線が及ぶことになる。これらの議論はこれまで、その主眼が縄文文化の枠内を定めるところにあったといえるが、私はむしろどのような内容ならば枠外となるのかと問いかけたい。その方が結果として、縄文文化の枠組みに関する議論がどのようなものであるかを明確化することになると思われるからである。本稿の対象範囲にある人類文化の諸相を通観した際の感想である。

註
1) この時期において、40m 程度は海水面が下がったらしい（シンポジウムでの辻発言）。
2) この石器群の位置づけに関しては異論もある（佐藤 2003）。
3) 小型精製舟底形石器には幅狭型と幅広型があり（山原編 1999）、後者は広郷型細石刃核を伴う石器群に関連する可能性がある（山田 2006）。なお、小型精製舟底形石器（幅狭型）から得られた微小な石刃は、一般的な細石刃と同じ用途は想定し難いが、技術系統的には細石刃製作技術に帰属するものとして認識される（寺崎 1999）。
4) 細石刃石器群との関連性が不明瞭な尖頭器石器群も依然幾つか存在する。
5) 北海道における土器の付着物による 14C 年代測定値には、海洋リザーバー効果が絡んだ問題も提示され

ている（西田 2003、坂本ほか 2005）。確かに、土器の付着物による測定値は古く示される傾向にはあるものの、土器の特徴や本州の草創期土器群に関連する AMS 年代測定値の範囲（谷口 2004、小林 2007）からは、提示された年代値が一般的な年代観と大きくかけ離れているとは考え難い。

6) 石鏃は基部付近が最大幅となる無茎石鏃であることは共通するが、後続する早期土器に伴う石鏃と比較した場合、形態的変異が大きい。また、石匙の多くは石刃につまみ部を作り出した程度の加工である。磨製石斧は擦り切り技法によるものを含む。
7) 東部の土器の出土量もまた、日高山脈以西に比べると相対的に少ないことを付言しておく。
8) 掘り込みは他時期より深いとはいえ、この地域のロームは保湿状態では掘削が比較的容易である。掘削の土量を考慮しても、多量の労働力と労働時間を費やす作業という認識は持ち難い。
9) 北沢分類のⅢ・Ⅳ群に相当する（北沢 1999）。
10) 大楽毛式土器に関しては、シンポジウムの予稿集作成時において、一部の資料をもとに相対的に古く予想したが、その後幾度か資料観察の機会を得て、この認識は修正せざるを得なくなった。端的に言えば、細隆線をもつ土器の多くは、大沼忠春が述べるように（大沼 1999）、下頃辺式以降に位置づける方が道央の状況とも整合的で、この点は改めたい。しかし、この型式の特徴とされてきたその他の要素は先行型式にも存在する可能性が高く、この型式とされる土器を一括して新しく位置づけることもまた難しい。標識資料と類似する資料が稀少なことを考慮すると、むしろこの型式自体の再検討が必要と思われる。
11) テンネル・暁式土器群と石刃鏃文化の土器との間に位置づけられる土器には、沼尻式や下頃辺式等の西方との共通性が高い一群と地域色の濃い一群とに区分されるが、この二面性はおそらく先行する土器にみられる東西地域間での顕著な相違に起因するものと考えられる。

引用・参考文献

阿部千春・領塚正浩 1996「南茅部町川汲遺跡における縄文時代早期前半の一様相」『北海道考古学』第 32 輯 115-126 頁

安斎正人 2002「「神子柴・長者久保文化」の大陸渡来説批判」『物質文化』第 72 号 1-20 頁

五十嵐八枝子・五十嵐恒夫・大丸裕武・山田 治・宮城豊彦・松下勝秀・平松和彦 1993「北海道の剣淵盆地と富良野盆地における 32000 年間の植生変遷史」『第四紀研究』Vol.32 No.2 89-105 頁

大井晴男 1965「日本の石刃石器群 "Blade Industry" について」『物質文化』第 5 号 1-14 頁

大沼忠春 1999「北海道地方早期～晩期」『縄文時代』第 10 号 108-117 頁

大場忠道・村山雅史・松本英二・中村俊夫 1995「日本海隠岐堆コアの加速器質量分析（AMS）法による 14C 年代」『第四紀研究』Vol.34 No.4 289-296 頁

大場利夫・奥田 寛 1960『女満別遺跡』北海道網走郡女満別町・女満別町教育委員会・女満別町郷土保勝会

大矢義明編 2000『札内 N 遺跡』幕別町教育委員会

大矢義明編 2001『上士幌町 居辺 17 遺跡』上士幌町教育委員会

小河厚子 2003「縄文時代早期北海道東部地域における文化様相」『アジア文化史研究』第 3 号 1-18 頁

小野 昭編 1998『シンポジウム：更新世―完新世移行期の比較考古学』国立歴史民俗博物館春成秀爾研究室

小野有五・五十嵐八枝子 1991『北海道の自然史』北海道大学図書刊行会

梶原 洋 1998「なぜ人類は土器を使いはじめたか」『科学』Vol.68 No.4 296-304 頁 岩波書店

加藤晋平 1963「石刃鏃文化について」『物質文化』第 1 号 3-18 頁

川村弥生・紀藤典夫 2000「最終氷期末期のモミ属優占林の成立―北海道西南部における材化石および花粉化

石からの復元」『第四紀研究』Vol.39　No.2　121-138 頁
北沢　実編 1990『帯広・八千代 A 遺跡』帯広市教育委員会
北沢　実編 1992『帯広・落合遺跡』帯広市教育委員会
北沢　実 1999「縄文平底土器の様相」『日本考古学協会 1999 年度大会研究発表要旨』15-16 頁
北沢　実・山原敏朗編 1997『帯広・稲田 1 遺跡』帯広市教育委員会
北沢　実・山原敏朗編 2005『帯広・大正遺跡群』1　帯広市教育委員会
北沢　実・山原敏朗編 2006『帯広・大正遺跡群』2　帯広市教育委員会
北沢　実・山原敏朗編 2008『帯広・大正遺跡群』3　帯広市教育委員会
木村英明 1976「石刃鏃文化について」『江上波夫教授古希記念論集』考古・美術編　1-27 頁
木村英明 2002「北海道地域における黒曜石研究の展望」『黒曜石文化研究』創刊号　69-82 頁
国木田大・吉田邦夫・中野拓大・伊藤慎二・小林達雄・藤本　強 2007「石刃鏃文化に関する年代学的検討」『第
　　　8 回北アジア調査研究報告会　発表要旨』63-66 頁
小林謙一 2007「縄紋時代前半期の実年代」『国立歴史民俗博物館研究報告』第 137 集　89-133 頁
斉藤　岳 2004「下北半島ムシリ遺跡採集の石刃鏃」『北海道考古学』第 40 輯　185-188 頁
坂本　稔・小林謙一・今村峰雄・松崎浩之・西田　茂 2005「土器付着炭化物にみられる海洋リザーバー効果」
　　　『日本文化財科学会第 22 回大会研究発表要旨集』8-9 頁
佐藤和夫・皆川洋一・袖岡純子・広田良成・立田　理 1999『長万部町富野 3 遺跡』(財) 北海道埋蔵文化財センター
佐藤訓敏・北沢　実編 1985『帯広・暁遺跡』帯広市教育委員会
佐藤達夫 1964「女満別式土器について」『MUSEUM』No.157　22-26 頁
佐藤宏之 2002「環日本海における広郷型細石刃核の分布」『内蒙古細石刃文化の研究』160-168 頁　東京大学
　　　大学院人文社会系研究科
佐藤宏之 2003「北海道の後期旧石器時代前半期の様相」『古代文化』第 55 巻第 4 号　3-16 頁
佐藤宏之 2005「北海道旧石器文化を俯瞰する」『北海道旧石器文化研究』第 10 号　137-146 頁
沢　四郎 1969「道東に於ける早期縄文土器の編年について」『釧路史学』創刊号　15-28 頁
鈴木宏行 2002「Ⅵ-2　上白滝 5 遺跡について」『白滝遺跡群』Ⅲ　348-375 頁　(財) 北海道埋蔵文化財センター
高倉　純 1997「石刃鏃石器群における石刃剥離技術」『北海道考古学』第 33 輯　1-17 頁
高倉　純 1998「北海道における石刃鏃石器群の研究」『考古学研究』第 44 巻第 4 号　55-78 頁
高倉　純 2003「北海道の更新世末における石材消費形態からみた遺跡間変異の検討」『シンポジウム日本の
　　　細石刃文化』Ⅱ　132-151 頁　八ヶ岳旧石器研究グループ
高橋和樹編 1992『函館市中野 A 遺跡』(財) 北海道埋蔵文化財センター
高橋和樹編 1996『函館市中野 B 遺跡』(財) 北海道埋蔵文化財センター
高橋和樹・影浦　覚編 2006『釧路町東陽 1 遺跡』(財) 北海道埋蔵文化財センター
高橋和樹・鈴木宏行・愛場和人・直江康雄 2003「北海道白滝遺跡群 (旧白滝 5 遺跡) の調査」『第 17 回東北日
　　　本の旧石器文化を語る会予稿集』18-21 頁
高橋啓一 2007「日本列島の鮮新・更新世における陸生哺乳動物相の形成過程」『旧石器研究』第 3 号　5-14 頁
滝谷美香・萩原法子 1997「西南北海道横津岳における最終氷期以降の植生変遷」『第四紀研究』Vol.36　No.4
　　　217-234 頁
谷口康浩 2004「日本列島初期土器群のキャリブレーション 14C 年代と土器出土量の年代的推移」『考古学
　　　ジャーナル』No.519　4-10 頁　ニュー・サイエンス社

デネル，R.（先史学談話会訳）1995『経済考古学』同成社
寺崎康史 2006「北海道の地域編年」『旧石器時代の地域編年的研究』275-314 頁　同成社
寺崎康史・山原敏朗 1999「北海道地方」『旧石器考古学』第 58 号　3-10 頁
長沼　孝・鈴木宏行・直江康雄・越田雅司編 2001『白滝遺跡群』Ⅱ　（財）北海道埋蔵文化財センター
長沼　孝・鈴木宏行・直江康雄編 2002『白滝遺跡群』Ⅲ　（財）北海道埋蔵文化財センター
名取武光 1955「北海道浦幌村吉野台遺跡」『日本考古学年報』第 3 号　31 頁
中村俊夫 2005「北海道の先史時代遺跡から出土した炭化木片及びクルミ殻の AMS14C 年代」『被熱考古学
　　　的黒曜石のフィッショントラック年代による 2 万年前超の C-14 年代の較正　平成 14（2002）年度～
　　　平成 15 年度基盤研究（B1）研究成果報告書』1-7 頁
西　幸隆 1997「北海道東部における縄文早期前半の土器群」『生産の考古学』21-33 頁　同成社
西　幸隆 2004「北海道における縄文早期の土器群」『北方世界からの視点』3-33 頁　佐藤隆広氏追悼論集刊
　　　行委員会
西田　茂 2003「年代測定値への疑問」『考古学研究』第 50 巻第 3 号　18-20 頁
日本考古学協会 1999 年度釧路大会実行委員会編 1999『海峡と北の考古学』シンポジウムテーマ 1 資料集Ⅰ
林　謙作 1984「縄文文化前半期」『北海道考古学』第 20 輯　29-45 頁
福沢仁之 1998「氷河期気候の年々変動を読む」『科学』第 68 巻第 4 号　353-360 頁　岩波書店
麻柄一志 1998「石刃鏃文化の石製装身具」『富山市日本海文化研究所報』第 20 号　1-8 頁
松田　功・中村竹虎・門間　勇・稲垣はるな編 1999『ポンシュマトカリベツ 13 遺跡、ポンシュマトカリベ
　　　ツ 11 遺跡、ポンシュマトカリベツ 9 遺跡、峰浜海岸 1 遺跡』斜里町教育委員会
松田　功・中村竹虎・門間　勇編 1999『大栄 1 遺跡』斜里町教育委員会
メドヴェージェフ，V.E.（梶原　洋訳）1994「ガーシャ遺跡とロシアのアジア地区東部における土器出現の
　　　問題について」『環日本海地域の土器出現期の様相』9-20 頁　雄山閣
山田悟郎 1990「第 6 章第 5 節　八千代 A 遺跡から出土した堅果と果実」『帯広・八千代 A 遺跡』49-57 頁
　　　帯広市教育委員会
山田　哲 2006『北海道における細石刃石器群の研究』六一書房
山原敏朗編 1999『帯広・落合遺跡』2　帯広市教育委員会
山原敏朗編 2002『帯広・落合遺跡』3　帯広市教育委員会
山原敏朗 1998「北海道の旧石器時代終末期についての覚書」『北海道考古学』第 34 輯　77-92 頁
山原敏朗 2003「石器変形論からみた周縁加工左刃彫器群の形態認識について」『古代文化』第 55 巻第 4 号
　　　32-45 頁
山原敏朗 2005「テンネル・暁式土器群を有する石器文化の成立と展開をめぐる一理解」『考古論集』191-206
　　　頁　川越哲志先生退官記念事業会
山原敏朗 2006「大正 3 遺跡」『北海道考古学』第 42 輯　117-122 頁
横山英介編 1994『池田 3 遺跡―続―』池田町教育委員会
吉崎昌一 1956「日本における Blade industry」『西郊文化』第 14 号　13-17 頁
米村哲英 1992『女満別町豊里石刃遺跡　住吉 C 遺跡』女満別町・女満別町教育委員会
渡辺　仁 1948「所謂石刃と連続割裂法に就いて」『人類学雑誌』第 60 巻第 2 号　33-38 頁
Straus,G.L., Eriksen,B.A., Erlandson,J.M., Yenser,D.R.（eds.）1996 *Humans at the End of the Ice Age*
　　　Plenum Press.

# 第3章　縄文時代早期の北海道

富　永　勝　也

はじめに

　北海道は日本列島の最北端に位置し、西南は本州島、北はサハリンを通じて大陸と相互に関係を有してきた。また周囲に広がる日本海、太平洋、オホーツク海もまたさまざまな文化をもたらす交通路となった。このような立地のもとで北海道では独自性の強い文化が展開してきた。

　北海道では大陸文化の強い影響を受け旧石器文化が展開していたが、急激な温暖化という地球規模の大変動の中で、本州島から縄文文化が広がるようになったと考えられている。とくに本州的な縄文文化の影響が最初に及んでいるのが縄文時代早期ととらえる事ができる。これを「縄文化」としてとらえる。ここでは土器による時期区分をもとに、竪穴式住居、土坑などの遺構の変遷と、特徴的な石器の変化について述べてみたい。

1　自然環境

　約1万年前には最終氷期から続く気温の上昇により、北海道西南部で冷温帯落葉広葉樹林の進出がはじまっている。約8000年前には北海道の沿岸部全域に落葉広葉樹林が進出していたことを、山田悟郎氏は「気候が温暖になった完新世の初頭には、(冷温帯落葉広葉樹林は)北海道各地の沿岸部にほぼ分布を完了し、十勝平野では縄文時代早期の初期には内陸でもオニグルミ、コナラ亜属、キハダ等の堅果や果実が採集可能になっていたと考えても間違いない」と帯広市八千代A遺跡の報告の中で述べている(山田1990)。道西南部の約8500年前の環境は、函館市中野A遺跡(函館市1977、道埋文1992・1993)[1)]の花粉分析でシダ・イネ科の草原に、カバノキ属を主として、ニレ属、クリ、コナラ属、ブナ、ハンノキ属、オニグルミ・サワグルミ、ヤナギ属などの広葉樹がまばらに見られるという結果が得られた。

　約9000年前の渡島半島南部の状況は冷涼から温帯にかわる温暖化のはじめ頃で、針葉樹は北に移動し主体がカバノキ属からコナラ属へと移り変わる(小野・五十嵐1991)。同市中野B遺跡(道埋文1995・1996・1998・1999)で集落が形成された約8000年前には、周辺にはコナラ属ミズナラが主となった落葉広葉樹林が広がっていたと考えられる。さらにそれ以降の渡島半島では、約8000〜6000年前にかけてはミズナラからブナに森林が交代することがわかり、縄文時代にはブ

ナ林が渡島半島の植物利用に大きな影響を与えていたと推定される。

　温暖化による縄文海進で、約6000年前の北海道の海岸線は、現在の標高3m以下の低地に海が侵入している。ボーリング調査によると、出土する自生貝にはアサリ・シジミの他、暖流系のアカニシ・サルボウ等が発見されることから、当時の海水温は最低8℃以上～最高23℃以上と現在より高水温であったと考えられている。縄文時代前期には北海道各地の内陸部で貝塚が形成され、貝塚では暖流系のアカニシ・ウネナシトヤマガイが出土する。このような自然環境の中で縄文時代早期の文化が育まれた。

2　縄文時代早期北海道での土器群の変遷（第1図）

　地域的特色から北海道では、渡島半島を道西南部、石狩低地帯を中心とする黒松内から日高山脈にかけての地域を道央部、日高山脈より東方を道東部とに区分して記す。これらの地域ごとに道内の土器群の変遷を述べる。なお、各型式の編年的な位置づけは、大沼忠春（大沼1999）をはじめ先学諸氏により層位的関係や出土状況からの検討が重ねられ、おおよそ明らかとなっており、道内各地域での相対的な併行関係が照合可能である。

　最古の土器群は、石狩平野の江別市大麻1遺跡の多縄文土器と、十勝平野の帯広市大正3遺跡（帯広市2006）から出土した、文様に爪形の刺突文が施された乳房状突起をもつ丸底土器群がある。広大な北海道の面積に比べて、草創期の事例は未だ断片的な資料であるが、今後出土例が増加すると考えられる。

　本州に近い道西南部では、現在のところ早期初頭東北北部日計式の影響を受けた押型文土器群が最古の例で、函館市（旧南茅部町）川汲D遺跡（南茅部1990）で出土している。次段階に東北北部の白浜式に相当するものが七飯町国立療養所裏遺跡（七飯町2001）、函館市西股遺跡（第四紀1974）から出土しているが、出土地域は道西南部に限られている。

　北海道で複数の竪穴式住居を構築し、安定的な集落として成立していたと推測される遺跡は、早期中葉の貝殻沈線文土器群の「中野A式」段階からで、本章ではこの段階からをI期とし、土器型式によりI期からIV期（IV期をさらに3つに分ける）に区分する。これをもとに道内の生業や居住・行動の変容の移行状況をとらえていきたい。

(1) I期（約8500～8100年前）

　本州北部の「物見台式」に相当する。貝殻で文様が施されキャリパー状の波状口縁をもつ貝殻沈線文尖底土器群で、北海道では「中野A式」と呼称される（横山・佐川1979）。道西南部では中野A遺跡、長万部町富野3遺跡（道埋文1999）、同町富野5遺跡（保護協会1998）がその時期の集落遺跡である。道央部では暁式・本幸式と呼称される平底土器群がそれに併行するもので、石狩低地帯の千歳市キウス5遺跡（道埋文1995・1998）、太平洋沿岸の日高町（旧門別町）ピタルパ遺跡（門別町2002）、新ひだか町（旧静内町）駒場7遺跡（静内町1982）から出土している。道東部で

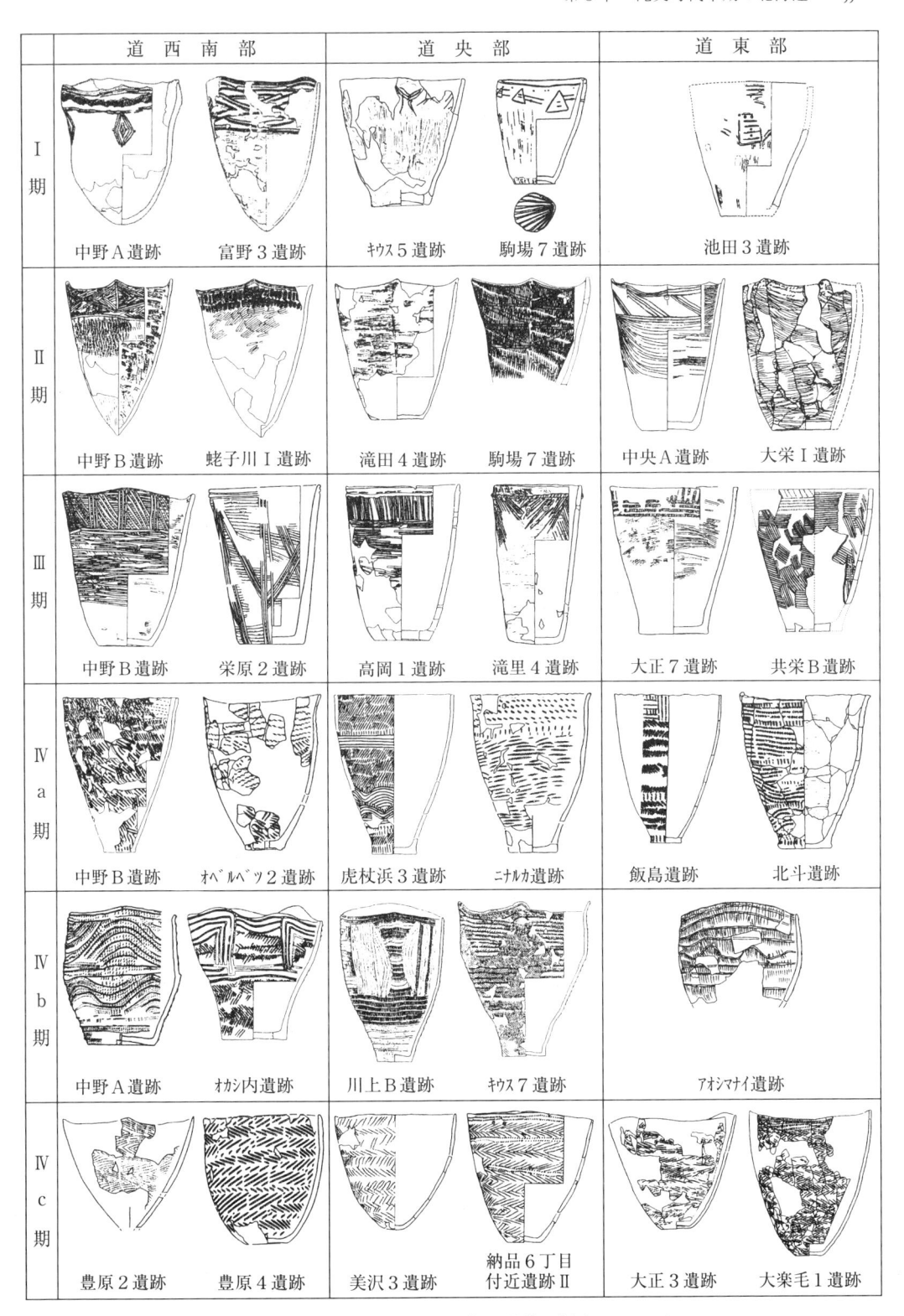

	道西南部		道央部		道東部	
Ⅰ期	中野A遺跡	富野3遺跡	キウス5遺跡	駒場7遺跡	池田3遺跡	
Ⅱ期	中野B遺跡	蛯子川Ⅰ遺跡	滝田4遺跡	駒場7遺跡	中央A遺跡	大栄Ⅰ遺跡
Ⅲ期	中野B遺跡	栄原2遺跡	高岡1遺跡	滝里4遺跡	大正7遺跡	共栄B遺跡
Ⅳa期	中野B遺跡	オベルベツ2遺跡	虎杖浜3遺跡	ニナルカ遺跡	飯島遺跡	北斗遺跡
Ⅳb期	中野A遺跡	オカシ内遺跡	川上B遺跡	キウス7遺跡	アオシマイ遺跡	
Ⅳc期	豊原2遺跡	豊原4遺跡	美沢3遺跡	納品6丁目付近遺跡Ⅱ	大正3遺跡	大楽毛1遺跡

第1図　北海道の縄文時代早期土器群の変遷（縮尺不同）

は道央部と同様で底面にホタテの圧痕をもつ平底土器群がある。これはテンネル・暁式と呼称され、帯広市八千代A遺跡（帯広市1990）に代表され、他に池田町池田3遺跡（池田町1994）、清水町東松沢遺跡（清水町1999）、釧路市材木町5遺跡（釧路市1989・1990）、同市幣舞遺跡（釧路市1990・1994・1996）などから出土している。

(2) Ⅱ期（約8100～7600年前）

本州北部の「蛍沢AⅡ式」に相当する。道南部では「鳴川式」、「住吉町式」、「根崎式」の時期にあたる貝殻沈線文・条痕文尖底土器群で、集落遺跡に函館市石倉貝塚進入灯地区（道埋文1996）、中野B遺跡、同市（旧戸井町）蛯子川1遺跡（戸井町1995）、木古内町釜谷遺跡（木古内町1999）がある。後葉の根崎式の段階で、絡条体圧痕文の出現が注目される。貝殻文尖底土器群が出土する東限は、日高の駒場7遺跡や同町中野台地B遺跡（静内町1985）周辺と考えられる。

道央部では「虎杖浜式、駒場式」と呼称される貝殻沈線文平底土器群がこれらと併行すると考えられ、北海道の中央に位置する芦別市滝里4遺跡（道埋文1995・1996）、駒場7遺跡がある。後者では別時期の竪穴式住居との重複関係が著しい。道東部では「沼尻式」と呼称され、大空町（旧女満別町）中央A遺跡（女満別町1997）での出土例のほか[2]、集落遺跡として羅臼町トビニウス川南岸遺跡（羅臼町1978）、斜里町大栄1遺跡（斜里町2000）、同町ポンシュマトカリペツ9遺跡（斜里町1999）、小清水町アオシマナイ遺跡（小清水町2003）、材木町5遺跡がある。

(3) Ⅲ期（約7600～7100年前）

本州北部の「ムシリⅠ式」に相当し、多重沈線文を主体とする平底土器群で貝殻文がほとんどみられない。「アルトリ式」と呼称される。道西南部と道央部では、集落遺跡には中野B遺跡、長万部町栄原2遺跡（長万部町2002）、長万部町オバルベツ2遺跡（保護協会1999）がある。道央部では豊浦町高岡1遺跡（道埋文1993）、恵庭市柏木川13遺跡（道埋文2004）で検出されている。集落遺跡には滝里4遺跡がある。全道的に平底へと変容し、終末期には絡条体圧痕文が主文様要素となる。

「アルトリ式」に併行して道東部では、前半の土器群は「東釧路Ⅰ式・下頃辺式・オタノシケ式・嘉多山式」が、後半に大陸色の強い「浦幌式」、「女満別式」がある。浦幌式、女満別式は石刃鏃石器群を伴う。前半の集落遺跡では豊頃町高木1遺跡（記念館1989）、網走市嘉多山4遺跡（網走市1993）があり、後半の遺跡では帯広市大正7遺跡（帯広市2006）、浦幌町共栄B遺跡（浦幌町1976）がある。

(4) Ⅳa期（約7100～6800年前）

器面にさまざまな縄文が施される縄文土器群の段階からⅣ期とし、さらにそれをa・b・cの3段階に区分した。

前半は東北北部の「赤御堂式」、「表館Ⅵ群」に相当するもので、道西南部では「西桔梗野式・

中野Ⅰ群F類」と呼称される。中野B遺跡や、オバツベツ2遺跡、富野3遺跡、せたな町（旧北檜山町）豊岡6遺跡（北檜山町2001）で出土している。後半の「梁川町式」の集落遺跡には函館市豊原2遺跡（函館市1994）がある。

道央部では「厚田式」、「東釧路Ⅲ式」で、白老町虎杖浜3遺跡（道埋文1983）で出土している。苫小牧市ニナルカ遺跡（苫小牧市1998）ではⅣa期後半の貝塚が検出された。道東部では「東釧路Ⅱ式」、「東釧路Ⅲ式」で、集落遺跡には標茶町飯島遺跡（標茶町1976）、同町金子遺跡（標茶町1976）、同町元村遺跡（標茶町1998）、釧路市武佐川1遺跡（釧路市1998）、同市北斗遺跡第1地点（釧路市1993・1994）がある。

(5) Ⅳb期（6800～6400年前）

全道で共通して前半は、隆起帯をもつ「コッタロ式」、後半は微隆起線・絡条体圧痕文の多用される「中茶路式」に区分される。この時期の道西南部の集落遺跡には、中野A遺跡（函館市1977）、乙部町オカシ内遺跡（乙部町1980）がある。

道央部の集落遺跡には前半期の千歳市キウス7遺跡（道埋文1998）、後半期では登別市川上B遺跡D地区（道埋文1983）、苫小牧市静川8遺跡（苫小牧市1990）、同市静川14遺跡（苫小牧市2002）、同市美沢2遺跡（道教委1978）がある。同市静川5遺跡（苫小牧市1998）では後半期の土坑墓が検出されている。道東部ではアオシマナイ遺跡、常呂町TK60遺跡（常呂町2004）、釧路市桜ヶ丘2遺跡（釧路市1987）が集落遺跡である。

(6) Ⅳc期（約6400～6000年前）

全道で共通して「東釧路Ⅳ式」に相当するもので、北海道では早期終末に位置づけられる。道西南部では函館市豊原4遺跡（函館市2003）では墓坑が検出された。集落遺跡には豊原2遺跡がある。道央部では苫小牧市美沢3遺跡（道埋文1988）、千歳市美々6・7遺跡（道教委1979）、深川市納内6丁目付近遺跡（道埋文1988・1990）がある。道東部では帯広市大正3遺跡（帯広市2006）で墓坑があり、遺物を伴う。集落遺跡には釧路市大楽毛1遺跡（釧路市2001・2003）、幕別町古舞4遺跡（幕別町1984）がある。全道で終末期には土器底部が丸底化する傾向がみられる

3 竪穴式住居の特徴（第2図・第3図）

(1) Ⅰ期の竪穴（約8500～8100年前）

道西南部では中野A遺跡と、富野3遺跡の例から、隅丸方形プランの竪穴が一般的なものと考えられる。中野A遺跡ではⅠ期の竪穴が64軒検出され、北側地区では重複関係が著しく南側地区ではひとつの竪穴を中心にそれを取り巻くように配置される。道央部ではキウス5遺跡や、ピタルパ遺跡で略円形プランの例があり、道東部でも八千代A遺跡、池田3遺跡、釧路町東陽1遺跡（道埋文2006）で略円形のものが一般的である。

八千代A遺跡では103軒が検出され、湿地帯に沿う尾根上の部分に重複することなく配置される。また、直径3m未満の小型のもの、4〜5mの中型のもの、8m近い大型のものと3つに区分されている。小型のものは出土する遺物量が他と比べて少なく「仮小屋」的な役割、中型のものは居住用、大型のものは集会場的性格をもつと推測されている。全道的に床面中央部に地床炉の痕跡がみられる。

(2) Ⅱ期の竪穴（約8100〜7600年前）

道西南部の中野B遺跡の竪穴群は重複関係が著しく、全体形の明確なものは3割程度である。長軸6〜8m程の隅丸方形プランを呈するものが多く、他に竪穴外壁に支柱穴が巡る堅固な構造の柱組みが推測される竪穴も検出された。蛯子川1遺跡もこれに類する。中葉期には長径7〜8mの大型の竪穴が構築される。略円形や楕円形の小型のものも存在する。床面中央の炉は方形状に5cm程掘り込まれ、炉の周囲に4本から6本の主柱穴がある。中野B遺跡では、この頃から竪穴を構築する際に発生する土砂を集落の縁辺に盛土状に廃棄する行為がおこなわれるようで、Ⅱ期前半の竪穴が、Ⅱ期後半の竪穴の掘り上げ土や土器・石器の廃棄物により埋め戻される。更に竪穴群を取り囲むように土器や石器などが廃棄される遺物集中域がある。また湧水を取り巻くように竪穴を構築した選地がみられた。

道央部の駒場7遺跡では不定形プランだが、床面中央に楕円状の炉跡をもつ竪穴が検出される[3]。滝里4遺跡では円形プランの竪穴が検出されている。道東部の大栄1遺跡で隅丸方形や多角形プランの竪穴が12軒検出されているが、竪穴間の重複関係はみられない。また、床面にフラスコ状土坑が作られた竪穴もみられる。

(3) Ⅲ期の竪穴（約7600〜7100年前）

道西南部では方形から円形プランへと変化がみられる。中野B遺跡では楕円形や隅丸多角形プランを呈し、中央に不定形に掘り込まれた炉をもつ。オバルベツ2遺跡でもこれに類するものと、長軸8mの大型の竪穴が検出されている。また、中野B遺跡では集落のある台地に直線的に竪穴が配置され、Ⅱ期の竪穴群の上にⅢ期の竪穴群が重複して造られる。栄浜2遺跡では2軒の竪穴が検出され、周囲に環状に遺物が廃棄されている。

道央部の前半期では滝里4遺跡や駒場7遺跡があり、前者では芦別川の支流の沢に挟まれた台地に重複することなく竪穴が構築される。後者では長軸8.5mの大型の竪穴もみられる。形状は基本的に略円形プランで変化はみられない。道東部の前半期には高木1遺跡で5軒、嘉多山4遺跡で5軒の竪穴が検出され、前者では竪穴の重複関係がみられる。ポンシュマトカリベツ9遺跡では多角形プランの竪穴が検出されている。後半期では石刃鏃をもつ集団の遺構が確認されている。共栄B遺跡で不定形な竪穴状遺構と土坑が多数検出され、帯広市大正2遺跡（帯広市2006）や大正7遺跡では略円形プランのものがみられる。

第3章　縄文時代早期の北海道

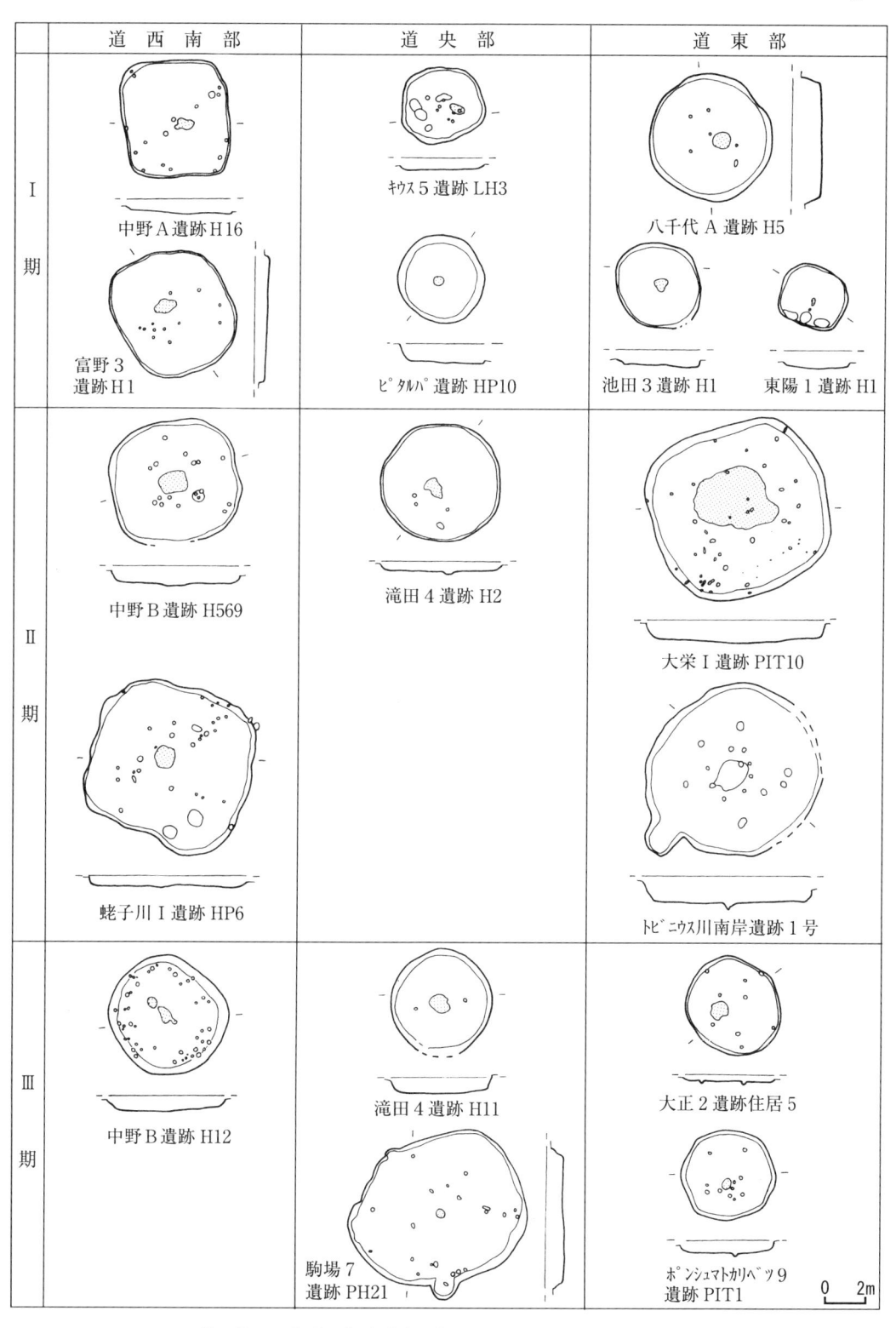

	道西南部	道央部	道東部
Ⅰ期	中野A遺跡H16 / 富野3遺跡H1	キウス5遺跡LH3 / ピタルパ遺跡HP10	八千代A遺跡H5 / 池田3遺跡H1 / 東陽1遺跡H1
Ⅱ期	中野B遺跡H569 / 蛯子川Ⅰ遺跡HP6	滝田4遺跡H2	大栄Ⅰ遺跡PIT10 / トビニウス川南岸遺跡1号
Ⅲ期	中野B遺跡H12	滝田4遺跡H11 / 駒場7遺跡PH21	大正2遺跡住居5 / ポンシュマトカリベッ9遺跡PIT1

第2図　北海道の縄文時代早期竪穴式住居の特徴（Ⅰ～Ⅲ期）

(4) Ⅳa期の竪穴（約7100〜6800年前）

　道西南部では、前半期は本州の影響を受けていると考えられる縄文尖底土器群の集落があり、富野3遺跡やオバルベツ2遺跡でみられる。富野3遺跡では略円形や楕円形プランで不定形な竪穴となり、炉の位置が中心線よりも片側に偏って配置されている。後半期の豊原2遺跡では4軒検出されているが、各時期の遺構の重複関係が著しい。

　道央部では後半期の静川8遺跡でやや大型の2軒の竪穴がみられ、次のⅣb期にわたり連続して28軒の竪穴が構築されていることから、定住性が強い集落と考えられている。静内町中野台地B遺跡では4軒検出され、やや隅丸方形プランで中央付近に炉をもつ。

　道東部では元村遺跡ではロングハウス状の遺構が1軒検出されている。飯島遺跡で3軒、金子遺跡で後半期の6軒の例があり（標茶町1976）、多角形または不整円形プランの竪穴が検出されている。また、北斗遺跡第1地点では3軒、桜ヶ丘1遺跡では11軒、武佐川1遺跡では5軒検出され、これらは略円形や楕円形プランを呈し、中央に不定形の地床炉をもち、床面にベンガラが敷かれたものもある。道西南部では不定形なものが多いが、道内各地で多角形ないし不整円形の竪穴がみられるようになる。

(5) Ⅳb期の竪穴（6800〜6400年前）

　道西南部では事例が少なく、後半期の中野A遺跡では8軒中5軒で石囲炉をもつ竪穴が検出され、乙部町オカシ内遺跡で不整円形プランの竪穴が4軒検出されている。両遺跡とも竪穴間の重複はみられない。豊岡6遺跡では略円形プランで中央に炉をもつ竪穴をとりまくように、仮小屋的な長軸2.5m程の竪穴が5軒検出されている。

　道央部では川上B遺跡D地区で前半期の略円形プランのものが1軒、前半期のキウス7遺跡の9軒では不整円形プランで、掘り込みが深く、中央に掘り込み炉をもち、大型の柱で竪穴間は重複しない。後半期に属す竪穴は川上B遺跡の8軒、美沢2遺跡で33軒、静川8遺跡で32軒、静川14遺跡A地区で30軒、納内6丁目付近遺跡では28軒等、一定のまとまりをもって検出されている。美沢2遺跡では、美沢川南岸の平坦部に大型（10〜6m）、中型（5m前後）、小型（4m以下）の3タイプの竪穴が、Ⅳb〜Ⅳc期にかけて形成されている。納内6丁目付近遺跡では、後半期に属する小型竪穴で不整円形プランのものがみられる。

　道東部では桜ヶ丘2遺跡の2軒の例があり、アオシマナイ遺跡では大型の竪穴状遺構が検出される。竪穴は前段階のものよりやや楕円形プランに変化するが、全道的には不整円形プランないし略円形の竪穴がみられる。

(6) Ⅳc期の竪穴（約6400〜6000年前）

　道西南部には豊原2遺跡で8軒の竪穴が検出され、大型の長円形プランのものがある。道央部では美沢3遺跡で11軒、千歳市美々7遺跡で25軒、納内6丁目付近遺跡で2軒の例があり、いずれも不定形な略円形を呈する。

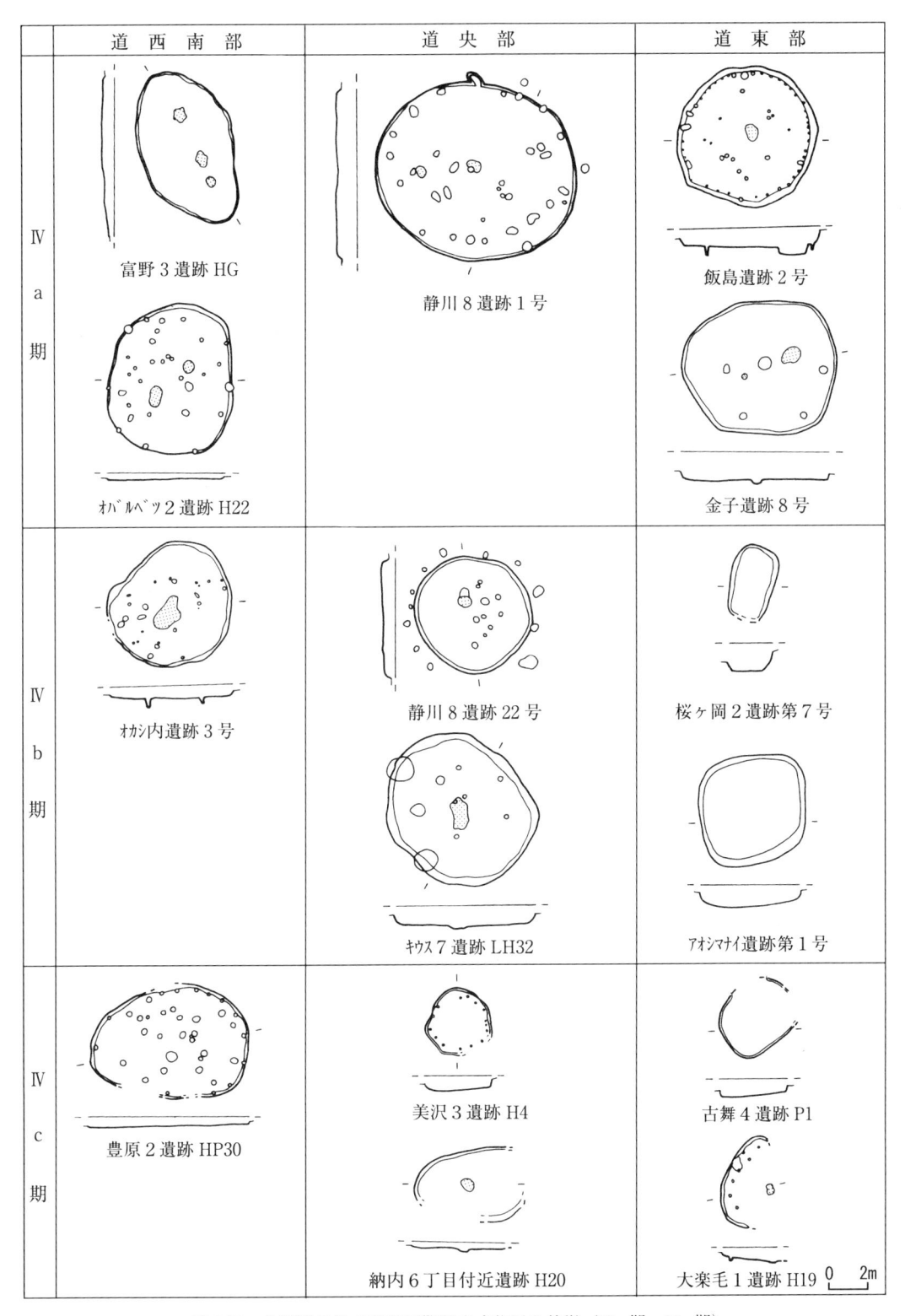

	道西南部	道央部	道東部
Ⅳa期	富野3遺跡 HG オバルベツ2遺跡 H22	静川8遺跡1号	飯島遺跡2号 金子遺跡8号
Ⅳb期	オカシ内遺跡3号	静川8遺跡22号 キウス7遺跡 LH32	桜ヶ岡2遺跡第7号 アオシマナイ遺跡第1号
Ⅳc期	豊原2遺跡 HP30	美沢3遺跡 H4 納内6丁目付近遺跡 H20	古舞4遺跡 P1 大楽毛1遺跡 H19

第3図 北海道の縄文時代早期竪穴式住居の特徴（Ⅳa期～Ⅳc期）

道東部ではこの時期の竪穴の検出例は少ないが、古舞4遺跡で竪穴状遺構が2軒、大楽毛1遺跡で1軒と武佐川1遺跡C地点で仮小屋的なもの2軒が検出されている。両遺跡とも小型で不定形プランのものである。全道的に略円形プランないし不明瞭な形状の竪穴がみられる。

4　土坑（第4図）

(1) I期（約8500〜8100年前）

フラスコ状を呈する土坑[4]はI期から出現する。道西南部では中野A遺跡や、(旧南茅部町)垣ノ島B遺跡（南茅部町2002）、富野5遺跡で小型土坑が竪穴群の傍から検出されている。道央部ではピタルパ遺跡でビーカー状の土坑がみられ、竪穴の近くに大型土坑を構築している。道東部では池田3遺跡でビーカー状の直径約2m以下の土坑が23基検出され、これらは貯蔵庫や軽作業用の空間として穴倉的な土坑と推測されている。他にも釧路地方の桜ヶ丘2遺跡や、北斗遺跡第1地点、東陽1遺跡でも同様のものがある。

(2) II期（約8100〜7600年前）

フラスコ状土坑が集落内に定着する段階である。道西南部の中野B遺跡では、集落内に存在した土坑群が次第に集落の縁部に移動し、サイズが大型化する傾向がみられ、深さが2m程の大型のものが集まって構築されている（越田・倉橋2001）。これに類するものが同市根崎公園整備の際に検出されている。他に(旧南茅部町)川汲B遺跡（南茅部町1990）でも土坑群が検出されている。

また、中野B遺跡ではフラスコ状土坑の覆土から炭化したヒエの植物遺体が発見され、当時の植物利用と土坑の貯蔵穴的な役割が推測されている。

道央部ではこの時期の土坑は未だ発見されていないが、道東部では中央A遺跡でフラスコ状に類する土坑が200基近く検出されている。調査区内には竪穴式住居が存在しないことから、集落外にまとまって土坑群が構築されたことがわかる。道東部でもII期の段階には、すでに集落区域と貯蔵区域、或いは墓域が別の場所につくられていたようである。

(3) III期（約7600〜7100年前）

道西南部で中野B遺跡の東方500m程の地点にある函館市石倉貝塚（函館市1999）から1基検出されている。形状はII期終末の大型土坑より小型化し、ややビーカー状を呈している。道央部、道東部ではこの時期のフラスコ状土坑は未だ発見されていない。

(4) IVa期（約7100〜6800年前）

道西南部では長万部町富野3遺跡、同町オバルベツ2遺跡の例がある。この時期の土坑は、III期のものと同じく小型化している。道央・道東部ではIII期と同様に、この時期のフラスコ状土坑は未だ発見されていない。

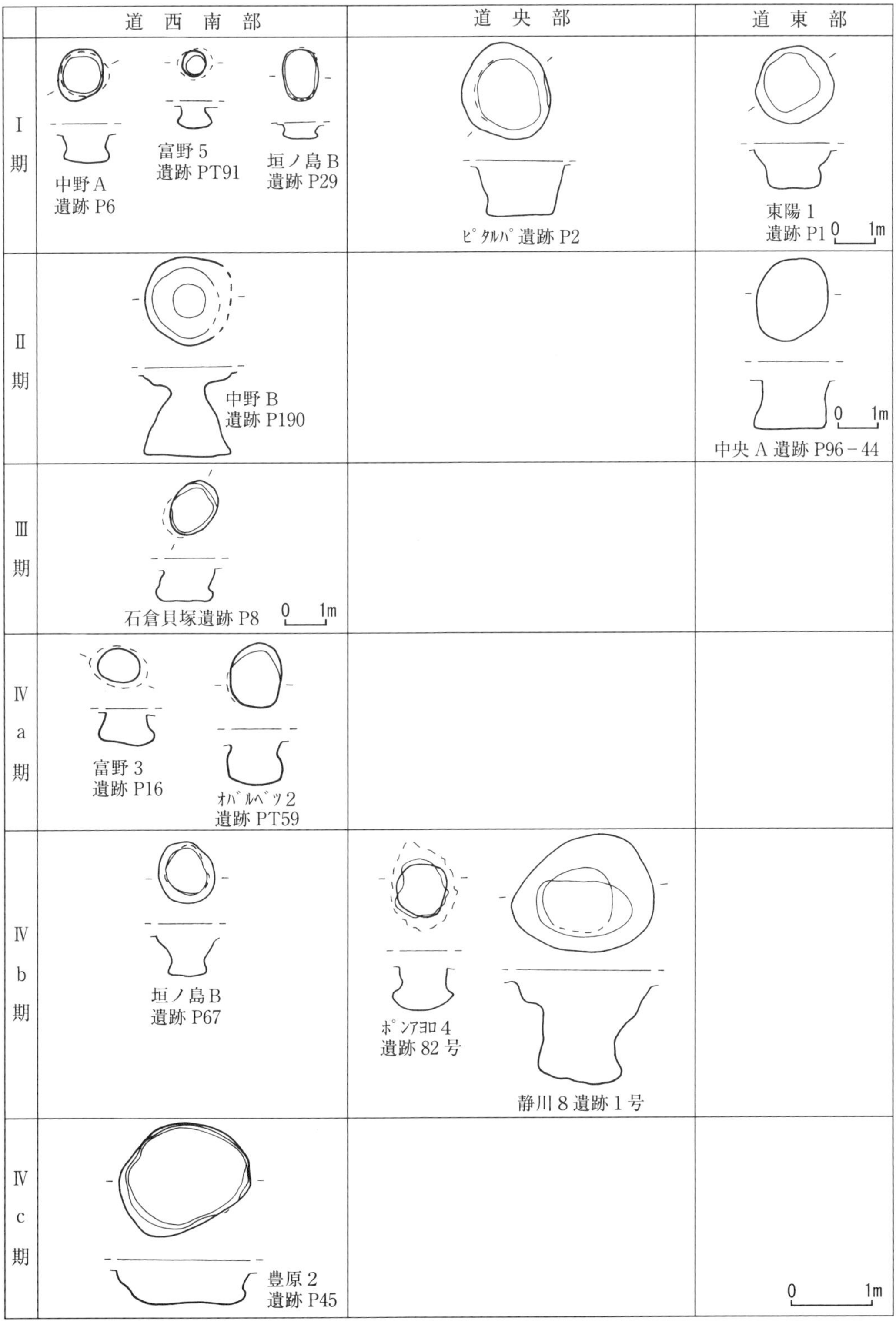

	道西南部	道央部	道東部
Ⅰ期	中野A遺跡 P6 / 富野5遺跡 PT91 / 垣ノ島B遺跡 P29	ピ゚タルパ遺跡 P2	東陽1遺跡 P1
Ⅱ期	中野B遺跡 P190		中央A遺跡 P96-44
Ⅲ期	石倉貝塚遺跡 P8		
Ⅳa期	富野3遺跡 P16 / オバルベツ2遺跡 PT59		
Ⅳb期	垣ノ島B遺跡 P67	ポンアヨロ4遺跡 82号 / 静川8遺跡1号	
Ⅳc期	豊原2遺跡 P45		

第4図 北海道の縄文時代早期土抗の特徴

(5) Ⅳ b 期（6800～6400 年前）

道西南部の垣ノ島 B 遺跡でフラスコ状土坑が多数検出され、Ⅳ a 期より小型化の傾向がみられる。また、後半に属す長万部町共立遺跡（長万部町 2000）では土坑群が円形状に配される状況がみられ、貯蔵穴から墓坑としての転用が考えられる。道央部では白老町ポンアヨロ 4 遺跡（白老町 1999）で、小型のフラスコ状土坑が 6 基検出されている。静川 8 遺跡では口径・深さ 2m 程の大型土坑が検出されている。

(6) Ⅳ c 期（約 6400～6000 年前）

道西南部の豊原 2 遺跡の例があり、大口径で浅い掘り込みのフラスコ状土坑が検出されている。また、垣ノ島 A 遺跡では同時期の皿状の墓坑が検出され、埋葬品の足型付土版が出土している。Ⅲ～Ⅳ c 期の道東部では、フラスコ状土坑は検出されていない。

5　縄文時代早期北海道の石器（第 5 図～第 10 図）

縄文時代全般にみられる石器の中で、石槍、石鏃、つまみ付きナイフ、石錐、各種スクレイパー、箆状石器、擦り切り手法の磨製石斧、砥石、すり石、たたき石、台石・石皿、石錘が早期初頭に出揃っていることが、横山英介により考察されている（横山 1998）。また、道東部ではⅠ期に彫器様石器が存在し、道西南部ではⅢ期にそれが組成に加わる。ここでは早期の特徴的な石器の変遷を述べる。

(1) 石鏃

Ⅰ期では、道西南部で抉入無茎石鏃の出土量が多く、基部が深く抉られ、長身の石鏃が特徴である。道央部では形状五角形を呈するもの、道東部では、基部が幅広なものがみられ無茎である。Ⅱ期の道西南部では形状がやや長身で、柳葉形の石鏃の出土が多く、基部は抉りの小さなものへ変化する。Ⅲ期前半では基部に変化がみられ、矢と鏃との接続ソケットの変化が推測される。

道東部ではⅢ期後半の時期に、石刃鏃石器群をもつ集団が出現する。道央部のキウス 9 遺跡（道埋文 2006）で 70 本の石刃鏃が出土し、道西南部の北斗市（旧上磯町）館野遺跡（道埋文 2006）でも石刃鏃と、絡条体圧痕文の施される早期平底の土器片が出土することから、短期間で石刃鏃文化が南下し、Ⅲ期終末には渡島半島の南端部まで石刃鏃が伝播することが確認される。Ⅳ a～Ⅳ c 期では、石刃鏃石器群の名残によるものか、全道的にやや長身化した石鏃が分布する。

(2) つまみ付きナイフ

Ⅰ期は道西南部では、つまみ部がやや大型で菱形を呈し両面から調整するものが多くみられる。道央部、道東部ではつまみ部が意図されるものは僅かである。Ⅱ期は、道西

	道西南部	道央部	道東部
石鏃	中野A遺跡　富野5遺跡	キウス5遺跡　ピタルパ遺跡	八千代A遺跡　池田3遺跡　東陽1遺跡
つまみ付きナイフ	中野A遺跡　富野3遺跡	キウス5遺跡	八千代A遺跡
石斧	中野A遺跡　垣ノ島B遺跡	キウス5遺跡　ピタルパ遺跡	八千代A遺跡　池田3遺跡
石錘	中野A遺跡　富野5遺跡　垣ノ島B遺跡	ピタルパ遺跡	池田3遺跡
すり石	中野A遺跡　垣ノ島B遺跡	ピタルパ遺跡	東陽1遺跡
石皿	中野A遺跡　富野3遺跡　垣ノ島B遺跡	キウス5遺跡　ピタルパ遺跡	八千代A遺跡

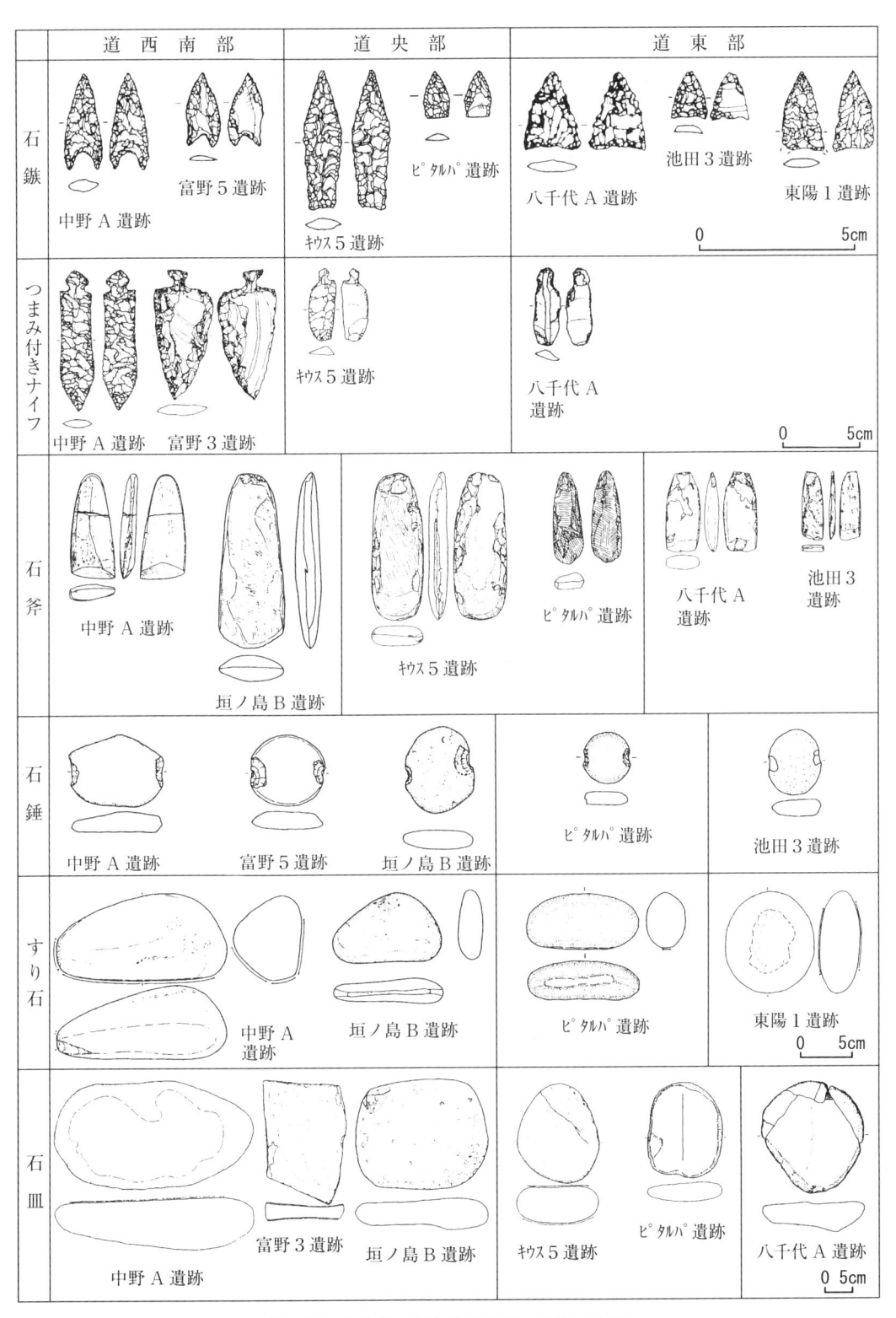

第5図　北海道の縄文時代早期の石器（Ⅰ期）

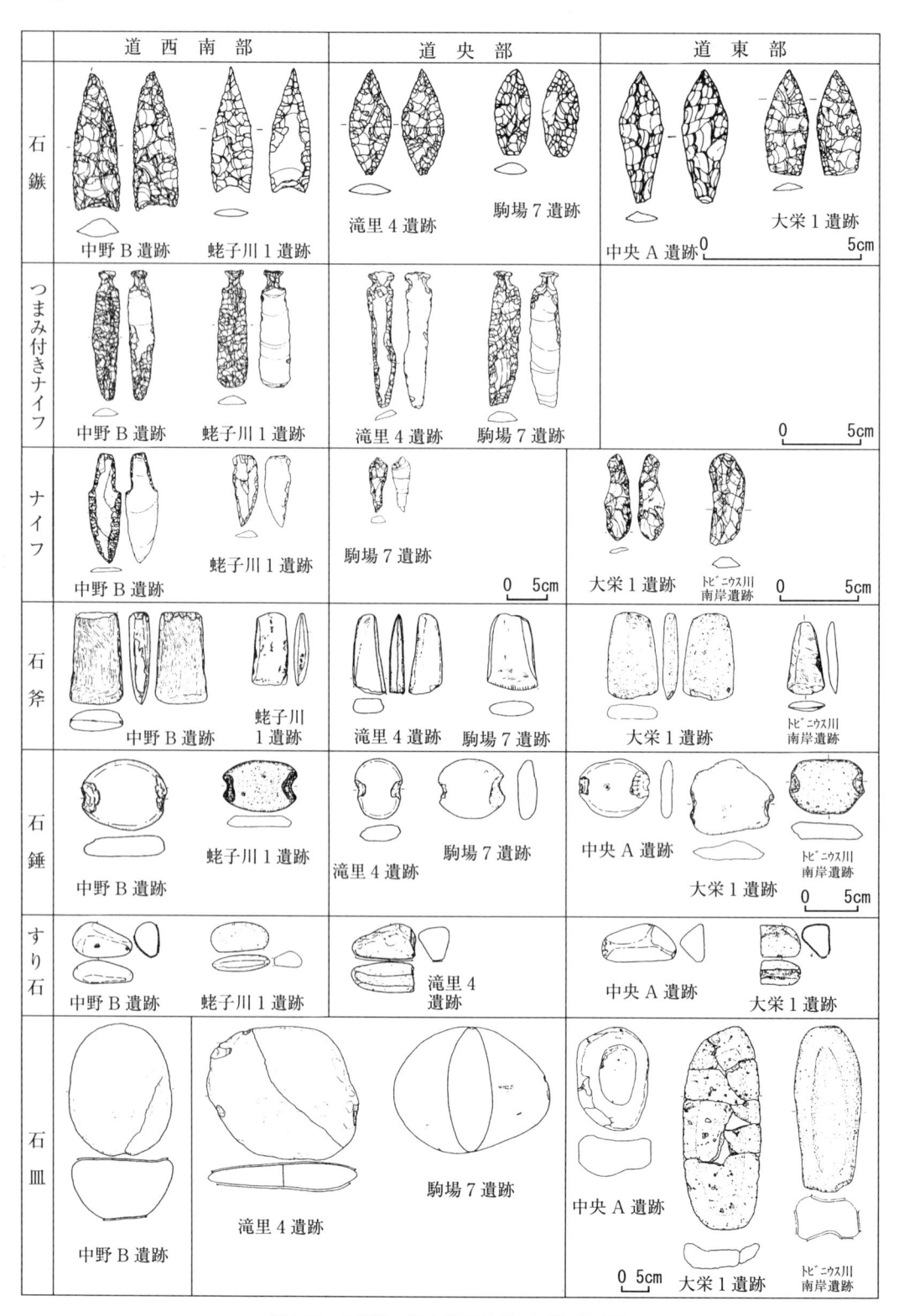

	道西南部	道央部	道東部
石鏃	中野B遺跡　蛤子川1遺跡	滝里4遺跡　駒場7遺跡	中央A遺跡　大栄1遺跡
つまみ付きナイフ	中野B遺跡　蛤子川1遺跡	滝里4遺跡　駒場7遺跡	
ナイフ	中野B遺跡　蛤子川1遺跡	駒場7遺跡	大栄1遺跡　トピニウス川南岸遺跡
石斧	中野B遺跡　蛤子川1遺跡	滝里4遺跡　駒場7遺跡	大栄1遺跡　トピニウス川南岸遺跡
石錘	中野B遺跡　蛤子川1遺跡	滝里4遺跡　駒場7遺跡	中央A遺跡　大栄1遺跡　トピニウス川南岸遺跡
すり石	中野B遺跡　蛤子川1遺跡	滝里4遺跡	中央A遺跡　大栄1遺跡
石皿	中野B遺跡	滝里4遺跡　駒場7遺跡	中央A遺跡　大栄1遺跡　トピニウス川南岸遺跡

第6図　北海道の縄文時代早期の石器（Ⅱ期）

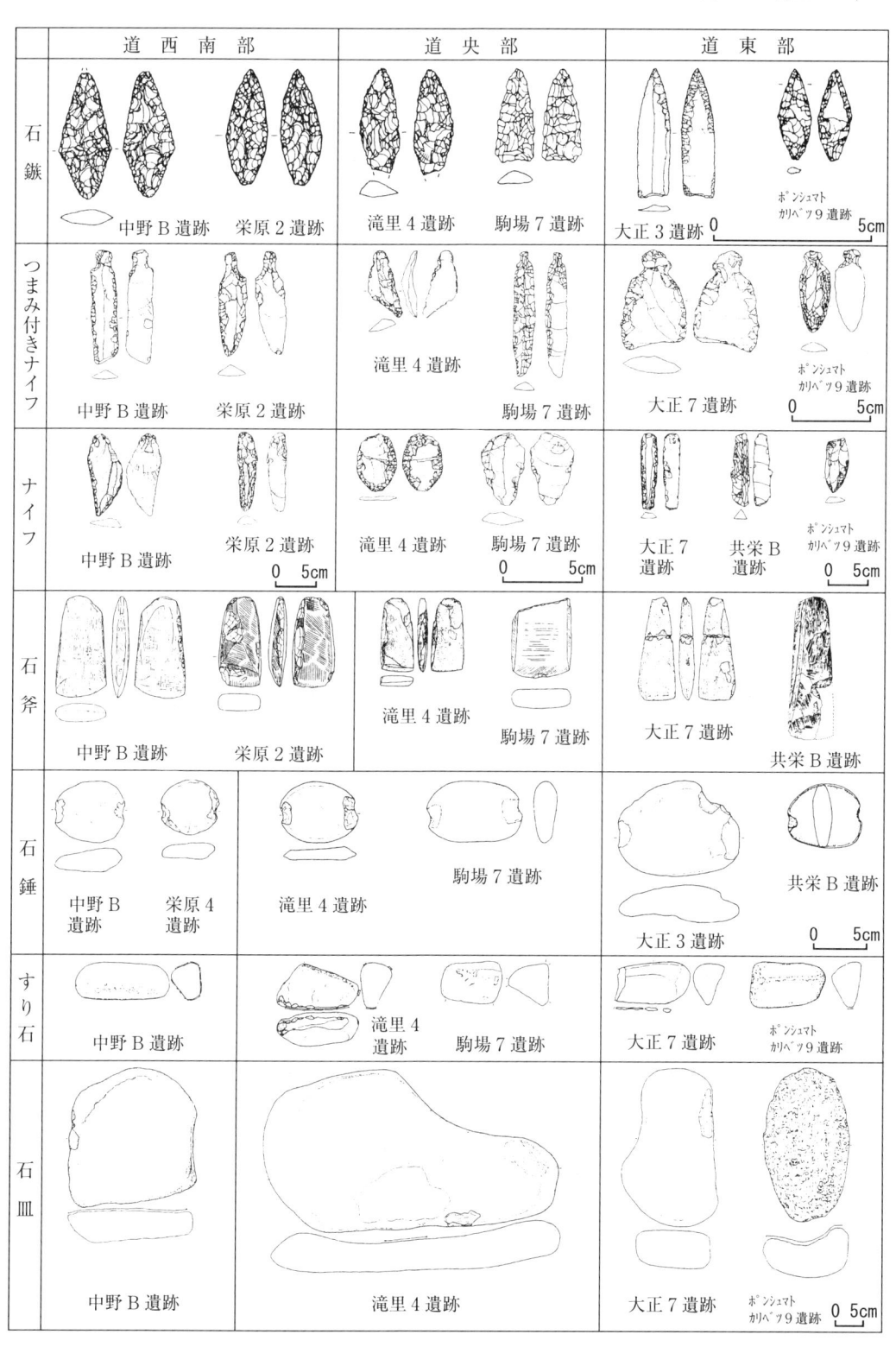

	道西南部	道央部	道東部
石鏃	中野B遺跡　栄原2遺跡	滝里4遺跡　駒場7遺跡	大正3遺跡　ポンシュマトカリベツ9遺跡　0 5cm
つまみ付きナイフ	中野B遺跡　栄原2遺跡	滝里4遺跡　駒場7遺跡	大正7遺跡　ポンシュマトカリベツ9遺跡　0 5cm
ナイフ	中野B遺跡　栄原2遺跡	滝里4遺跡　駒場7遺跡 0 5cm	大正7遺跡　共栄B遺跡　ポンシュマトカリベツ9遺跡　0 5cm
石斧	中野B遺跡　栄原2遺跡	滝里4遺跡　駒場7遺跡	大正7遺跡　共栄B遺跡
石錘	中野B遺跡　栄原4遺跡	滝里4遺跡　駒場7遺跡	共栄B遺跡　大正3遺跡　0 5cm
すり石	中野B遺跡	滝里4遺跡　駒場7遺跡	大正7遺跡　ポンシュマトカリベツ9遺跡
石皿	中野B遺跡	滝里4遺跡	大正7遺跡　ポンシュマトカリベツ9遺跡　0 5cm

第7図　北海道の縄文時代早期の石器（Ⅲ期）

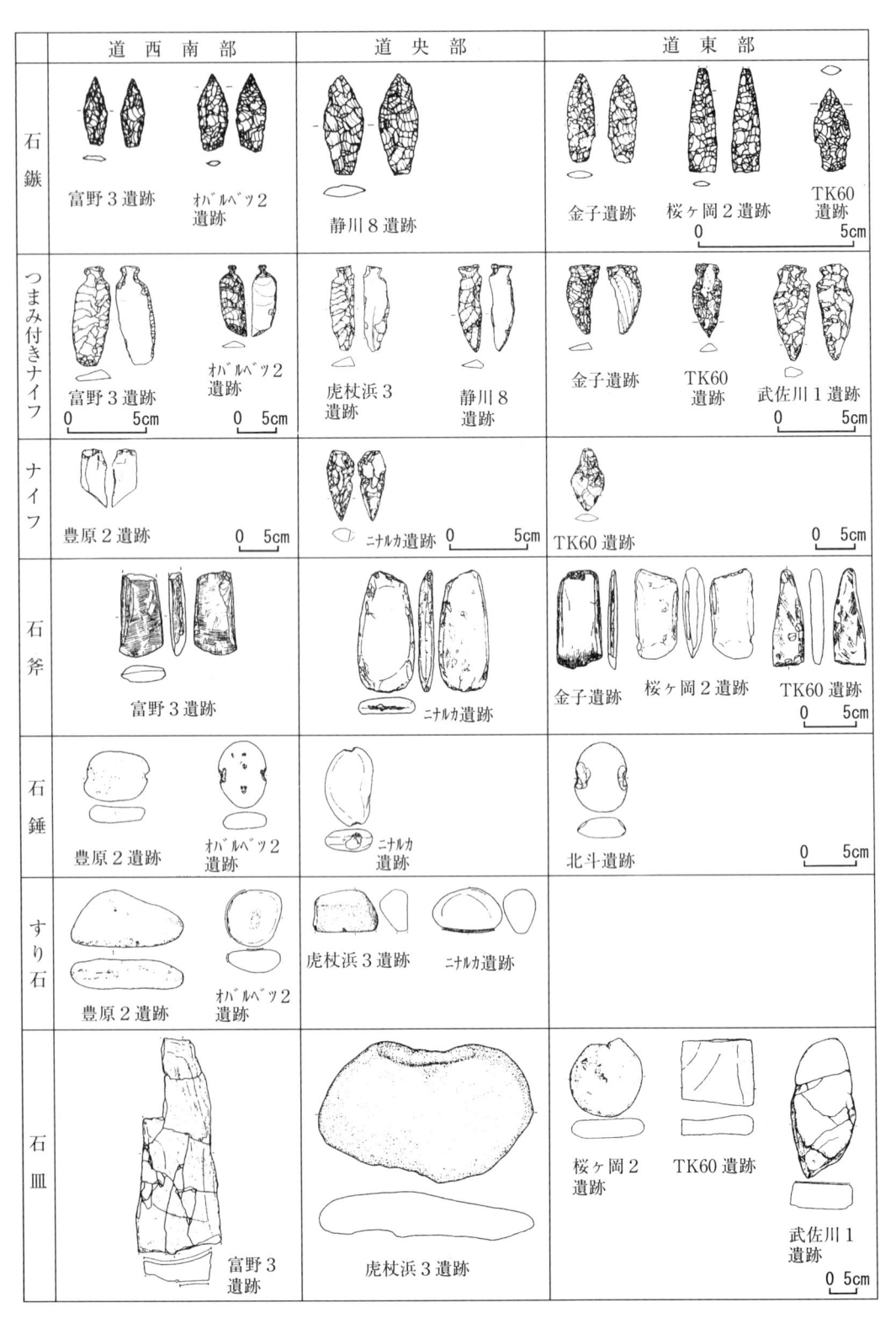

	道西南部	道央部	道東部
石鏃	富野3遺跡　オバルベッ2遺跡	静川8遺跡	金子遺跡　桜ヶ岡2遺跡　TK60遺跡
つまみ付きナイフ	富野3遺跡　オバルベッ2遺跡	虎杖浜3遺跡　静川8遺跡	金子遺跡　TK60遺跡　武佐川1遺跡
ナイフ	豊原2遺跡	ニナルカ遺跡	TK60遺跡
石斧	富野3遺跡	ニナルカ遺跡	金子遺跡　桜ヶ岡2遺跡　TK60遺跡
石錘	豊原2遺跡　オバルベッ2遺跡	ニナルカ遺跡	北斗遺跡
すり石	豊原2遺跡　オバルベッ2遺跡	虎杖浜3遺跡　ニナルカ遺跡	
石皿	富野3遺跡	虎杖浜3遺跡	桜ヶ岡2遺跡　TK60遺跡　武佐川1遺跡

第8図　北海道の縄文時代早期の石器（Ⅳa期）

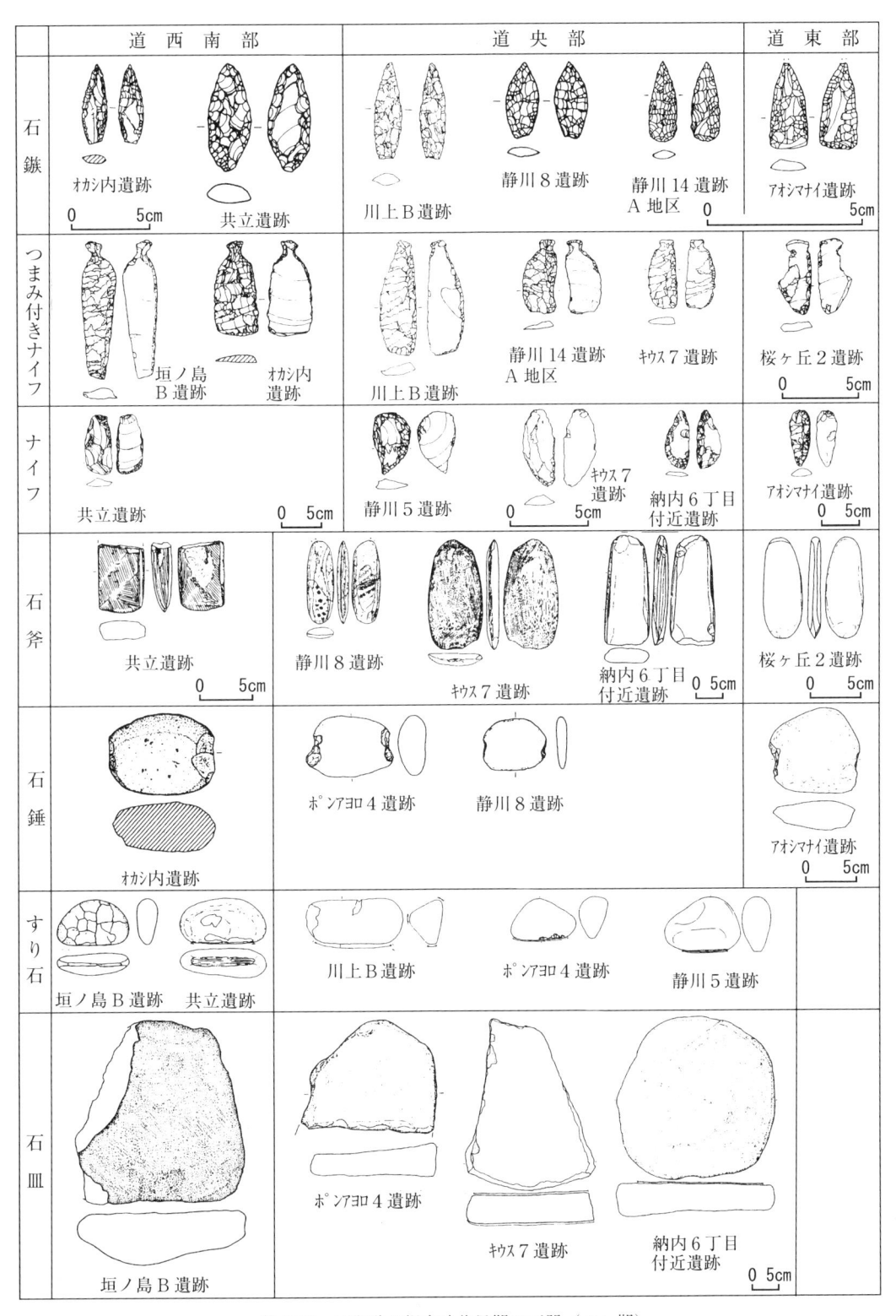

	道西南部	道央部	道東部
石鏃	オカシ内遺跡　共立遺跡	川上B遺跡　静川8遺跡　静川14遺跡A地区	アオシマナイ遺跡
つまみ付きナイフ	垣ノ島B遺跡　オカシ内遺跡	川上B遺跡　静川14遺跡A地区　キウス7遺跡	桜ヶ丘2遺跡
ナイフ	共立遺跡	静川5遺跡　キウス7遺跡　納内6丁目付近遺跡	アオシマナイ遺跡
石斧	共立遺跡	静川8遺跡　キウス7遺跡　納内6丁目付近遺跡	桜ヶ丘2遺跡
石錘	オカシ内遺跡	ポンアヨロ4遺跡　静川8遺跡	アオシマナイ遺跡
すり石	垣ノ島B遺跡　共立遺跡	川上B遺跡　ポンアヨロ4遺跡　静川5遺跡	
石皿	垣ノ島B遺跡	ポンアヨロ4遺跡　キウス7遺跡　納内6丁目付近遺跡	

第9図　北海道の縄文時代早期の石器（Ⅳb期）

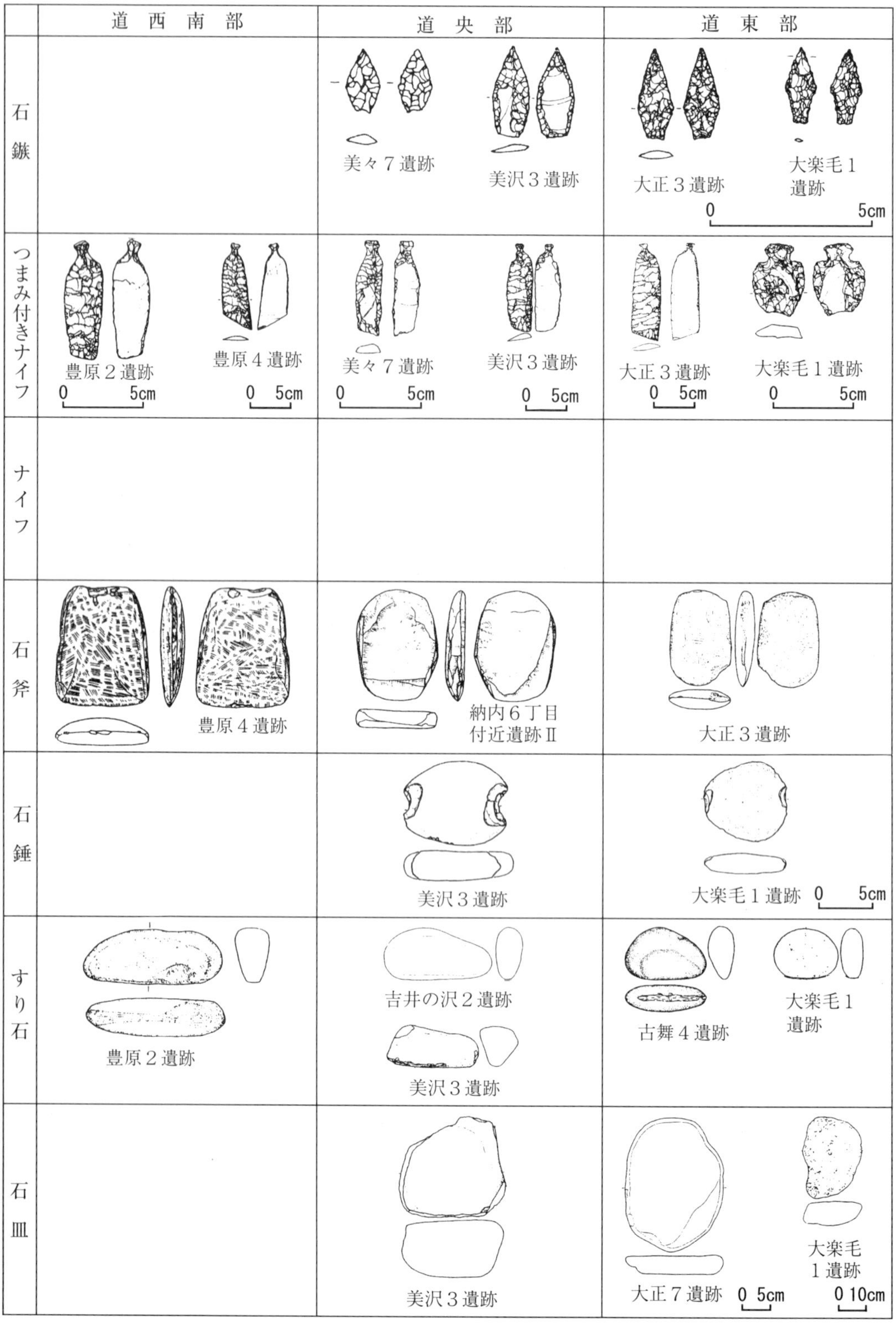

	道西南部	道央部	道東部
石鏃		美々7遺跡　美沢3遺跡	大正3遺跡　大楽毛1遺跡
つまみ付きナイフ	豊原2遺跡　豊原4遺跡	美々7遺跡　美沢3遺跡	大正3遺跡　大楽毛1遺跡
ナイフ			
石斧	豊原4遺跡	納内6丁目付近遺跡Ⅱ	大正3遺跡
石錘		美沢3遺跡	大楽毛1遺跡
すり石	豊原2遺跡	吉井の沢2遺跡　美沢3遺跡	古舞4遺跡　大楽毛1遺跡
石皿		美沢3遺跡	大正7遺跡　大楽毛1遺跡

第10図　北海道の縄文時代早期の石器（Ⅳc期）

南・道央部でつまみ部が外方に大きく張り出すものが主である。両面調整のものから片面調整のものが主流となる。

Ⅲ期はつまみ部の張り出しがなくなり、形状の整形が両面調整のものが少ない。Ⅲ期前半では、道東部でもつまみ付きナイフが一般的なものとなる。Ⅳa期の道東部ではつまみ部分が幅広な形状のものが定型化する。Ⅳb～Ⅳc期にかけて、全道的につまみ部は小さくなり胴部が幅広で大型化する。東北地方の松原型ナイフと呼ばれるものと共通する。

(3) ナイフ

Ⅰ期の段階ではスクレイパーが一般的で、Ⅱ期の段階で、中野B遺跡ではナイフが定型化し多数の遺構から出土する。道東部では定型化した石器としては成立せず、用途に応じた各種スクレイパーが用いられていたと考えられる。Ⅲ期の段階では、Ⅱ期にみられたナイフ状石器は小型化、もしくはサイドスクレイパー的なものへと変化する。Ⅲ期後半には、石刃鏃石器群との交流が考えられ、道南部にも石器加工技術に少なからず影響を及ぼしていると推測される。ナイフはⅣa～Ⅳc期にかけては減少することから、本州的な貝殻文尖底土器文化特有の石器であろう。

(4) 石斧

Ⅰ期では、擦り切り手法による加工の磨製石斧が全道に分布し、道南部で大型なものがみられる。Ⅱ期でも安定して石斧の分布がみられ、全道的に磨製石斧の製作方法が定着していることがわかる。Ⅲ期の前半の道央部では、滝里4遺跡で出土石器群の13％を占める磨製石斧が出土している。Ⅲ期後半では、石刃鏃石器群の共栄B遺跡でも磨製石斧が出土し、この文化圏の集団も石斧製作技法については同様の手法を用いていたことがわかる。Ⅳc期には全道的に形態が類似し、長さが短くなり刃部が幅広なものとなる。

(5) 石錘

Ⅰ期から道西南部では、石錘が大量に住居の床面や集落内の土坑で出土することから、海や河川の漁撈生活が推測される。石錘の製作方法は、道西南部では長軸を打ち欠くものが多く、道東部では短軸を打ち欠くものが多い。道東部の十勝平野では、石錘が出土する暁遺跡と出土しない八千代A遺跡がみられ、調査者は立地条件による生業の相違と推定している。Ⅱ期の段階で、道央部・道東部でも長軸を打ち欠く石錘が出土し、道南部の影響がみられる。

Ⅲ期も道西南部ではⅡ期と同様に出土するが、滝里4遺跡では内陸部ながら石錘が多く出土している。Ⅲ期前半は、道東部でも石錘が多く出土する。長軸が打ち欠かれた石錘をもつ点は、この時期の道西南部と同様である。Ⅲ期後半には集落内での出土量は激減するが、石刃鏃石器群の共栄B遺跡でも、長軸方向を打ち欠いた石錘が出土する。Ⅳ期では、全道的に東釧路Ⅱ式以降の石錘の出土量が激減する。道西南部の垣ノ島B遺跡、道央部のポンアヨロ4遺跡の土坑出土遺物に石錘が認められ、早期全般を通じて存在する。

(6) すり石

Ⅰ期には、道南部で断面三角形の礫の稜を用いたすり石が普及している。Ⅱ期にはこのすり石が、道東部からも多く出土し、全道的に分布する。Ⅲ期後半段階で、このすり石の出土量は激減する。

(7) 石皿

Ⅰ期から大型の石皿が伴う。初期は形状的な統一性はみられない。Ⅱ期に道東部では、中央部が凹状に磨り込まれた長楕円形の石皿が出現する。これはトビニウス川南岸遺跡、大栄1遺跡でも出土していることから、道東部の定型的な石皿であろう。Ⅲ期後半の石刃鏃石器群の遺跡では、石皿・台石の出土資料は少なく、砥石状の断片が多くみられる。転用・再利用が頻繁におこなわれた結果かもしれない。出土量は減少するが、Ⅳ期の終末にいたって道東部でも石皿が遺構から出土する。

6 まとめ

土器型式で区分したⅠからⅣc期までは、他の住居などの構築物、石器などの道具からなる文化要素と組み合わせた生活様式の変化として、次のようにまとめることができる。

Ⅰ・Ⅱ期には、道西南部に東北北部からの影響を受けた貝殻文尖底土器群をもつ集団と、道東部の底部にホタテ圧痕の特徴ある平底土器群をもつ集団の、ふたつの文化圏がみられる。これを第1段階とする。地域間は相互に交流がなされており、それによりⅢ期には道東部の影響で西南部の土器が平底化し、全道で多重沈線文平底土器群が成立し、後半には石刃鏃に代表される北からの大陸文化が、道西南部まで南下する。これを第2段階とする。Ⅳ期は再び東北北部の縄文をもつ土器群が道西南部から北上し、縄文平底土器群と融合して東西文化圏が均一化していく。これを第3段階として大きく3区分できる。

第1段階では、函館市や帯広市で百軒を超す大集落の遺跡が形成されることが、特徴のひとつである。道央部と道東部の遺跡で竪穴式住居の形態が、円形から道西南部的な隅丸方形プランに変化し、フラスコ状の土坑が全道でみられるようになる。道東部では初期にはほとんどみられなかったつまみ付きナイフや石鏃が増加し、すり石と石皿の組み合わせの定着がみられ、道西南部の影響を受けたものが増加する。このことから、早期初頭にかけての温度の上昇にともなう環境変化に即した、本州的な貝殻文文化の影響が道東部にまで及んでいたと推測される。

第2段階では、道東の影響が南西部にも及んで、全道的に土器の形態が平底になる。竪穴式住居のプランが略円形化し、石器は石鏃やつまみ付きナイフの製作方法が全道的に類似するようになり、また礫石器は両地域でほぼ同様の組み合わせがみられる。第2段階での東西文化圏の融合が進んでいることが推測される。また、後半期に入り道東部に石刃鏃文化の流入がみられ、削器、

擦り切り磨製石斧の組み合わせがみられる。道西南部まで石刃鏃が流入し全道的に分布する。

そして第3段階には、縄文を主文様とする土器群が「東釧路Ⅲ式」→「コッタロ式」→「中茶路式」→「東釧路Ⅳ式」と、全道で斉一的に変化する。竪穴は、円形ないし多角形のプランをもつものが多く、大型・中型・小型のものがみられ、各地に20軒から30軒の集落遺跡がみられる。竪穴は、終末期には掘り方の不明瞭な形態のものへ変化する。墓坑の存在が明確となり、石器ではつまみ付きナイフや石斧が副葬される例が全道的にみられ、東西の均一化がより進んでいることがわかる。ここに示したものばかりではなく、道西南部では垣ノ島B遺跡で縄文時代早期の赤色漆製品が出土しており、漆の利用が明らかとなった。本州東北北部で成立する漆文化との繋がりが推測される。

以上のことを通して、このように約6000年前の縄文海進のピークに向けて、北海道早期における「縄文化」は、大きく3段階の中で、本州と関係の強い道西南部と大陸の影響を受けた道東部との違いをみせる段階から、道央部を挟んで一時的に統一がみられ、本州の「縄文文化」の要素が次第に全道へと浸透していったことがわかる。

しかし、縄文時代全般を通じては、気候環境の変動にあわせて本州と大陸からの文化的な影響を絶えず受けることから、東西の地域差がなくなることはないといえる。北海道の「縄文化」とは、この東西ふたつの地域の差を含めて考えていかなければならない。北海道の縄文文化全般を考えるうえでも、本州と道西南部、道央部、道東部と大陸の関係を明確にしてゆく必要があるだろう。

おわりに

当時の生業にアプローチしていくには、まだまだ資料は断片的で、ここではふれる事のできなかった植物遺体・動物遺存体の分析とともに、時期照合のための土器編年の重要性を再認識するに至った。今後とも新規の事例の情報と、先学緒氏により蓄積された資料を検討し、北海道の歴史を綴る作業を担っていければと思う。

草するにあたり縄文時代早期に対して向き合う機会を与えていただいた佐藤宏之氏、安斎正人氏に感謝します。そして、北海道についてご教示を頂いた畑宏明氏、大沼忠春氏、越田賢一郎氏、田中哲郎氏、山原敏朗氏、領塚正浩氏に明記して深く感謝の意を表します。また、図版の作成には中谷恵さんに多大なご協力をいただきました。この場を借りてお礼とします。

註
1) 発掘調査報告書の発行者の名称については正式名称を記載するべきであるが、煩瑣になるために略称とさせていただいた。関係各位には御寛恕をお願いする次第である。
2) 中央A遺跡の土器群は数百年の遺跡継続期間に使用されたもので、一時期の所存ではなく次の下頃辺式に相当するものも含まれていると考えている（図版に使用したものは、波頂部から列点が垂下し、住吉町式段階の影響がみられるものに限った）。

3) 駒場7遺跡は各時期の重複関係が著しく、遺物の共伴関係には検討が必要である。
4) ここでは形状がビーカー状のものも含める。

引用・参考文献

石城謙吉・福田正己 1994『北海道・自然のなりたち』北海道大学図書刊行会
宇田川洋 1988『アイヌ文化成立史』北海道出版企画センター
大沼忠春 1999「北海道地方早期～晩期」『縄文時代』第10号　108-117頁　縄文時代文化研究会
小野有五・五十嵐八重子 1991『北海道の自然史』北海道大学図書刊行委員会
越田賢一郎・倉橋直孝 2001「中野B遺跡の「フラスコ状ピット」」『渡島半島の考古学』25-36頁
山田悟郎 1990「八千代A遺跡から出土した堅果と堅実」『帯広・八千代A遺跡』本文編　49-57頁
山田悟郎 2001「北海道南部渡島半島の遺跡から出土する植物遺体」『渡島半島の考古学』181-191頁
横山英介・佐川正敏 1979『函館空港　中野遺跡』みやま書房
横山英介 1998「北海道における縄文文化の形成」『北方の考古学』29-78頁

(旧) 市町村報告書 (年度順)

市立函館博物館 1974『西桔梗』
北海道第四紀研究会 1974『西股―函館市字紅葉山西股遺跡発掘調査報告書』
浦幌町教育委員会 1976『共栄B遺跡』
標茶町教育委員会 1976『釧路川中流域の縄文早期遺跡―飯島遺跡―』
標茶町教育委員会 1976『釧路川中流域の縄文早期遺跡―金子遺跡―』
函館市教育委員会 1977『函館空港第4地点・中野遺跡』
北海道教育委員会 1978『美沢川流域の遺跡群Ⅱ』
羅臼町教育委員会 1978『トビニウス川南岸遺跡』
北海道教育委員会 1979『美沢川流域の遺跡群Ⅲ』―美々5・6・7遺跡
乙部町教育委員会 1980『オカシ内遺跡』
静内町教育委員会 1982『駒場7遺跡における考古学的調査』
幕別町教育委員会 1984『古舞4遺跡の考古学的調査』
静内町教育委員会 1985『静内町清水丘における考古学的調査』
釧路考古学研究会 1987『釧路市　桜ヶ丘1・2遺跡調査報告書』
北海道開拓記念館 1989『高木1遺跡』
釧路市埋蔵文化財センター 1989『釧路市材木町5遺跡調査報告書』
帯広市教育委員会 1990『帯広・八千代A遺跡』
苫小牧市教育委員会 1990『静川8遺跡発掘調査報告書』
釧路市埋蔵文化財センター 1990『釧路市幣舞遺跡調査報告書』
釧路市埋蔵文化財センター 1990『釧路市材木町5遺跡調査報告書Ⅱ』
南茅部町埋蔵文化財調査団 1990『川汲B遺跡』
南茅部町埋蔵文化財調査団 1990『川汲D遺跡』
網走市教育委員会 1993『喜多山4遺跡』
釧路市埋蔵文化財調査センター 1993『釧路市　北斗遺跡第1地点調査報告書』

池田町教育委員会 1994『池田 3 遺跡―続―』
釧路市埋蔵文化財調査センター 1994『釧路市　北斗遺跡第 1 地点調査報告書Ⅱ』
釧路市埋蔵文化財調査センター 1994『釧路市　幣舞遺跡調査報告書Ⅱ』
函館市教育委員会 1994『豊原 2 遺跡』
戸井町教育委員会 1995『蛯子川 1 遺跡』
美幌町教育委員会 1995『元町 4 遺跡』
釧路市埋蔵文化財調査センター 1996『釧路市　幣舞遺跡調査報告書Ⅲ』
女満別町教育委員会 1997『中央 A 遺跡』
北海道文化財保護協会 1998『富野 5 遺跡』
釧路市埋蔵文化財調査センター 1998『釧路市　武佐川 1 遺跡調査報告書』
標茶町教育委員会 1998『元村遺跡』
苫小牧市教育委員会 1998『ニナルカ・静川 5 遺跡』
白老町教育委員会 1999『ポンアヨロ 4 遺跡』
斜里町教育委員会 1999『ポンシュマトカリベツ 9 遺跡　発掘調査報告書』
清水町教育委員会 1999『東松沢遺跡』
函館市教育委員会 1999『函館市　石倉貝塚―B・C 地区』
木古内町教育委員会 1999『釜谷遺跡』
北海道文化財保護協会 1999『オバルベツ 2 遺跡』
長万部教育委員会 2000『共立遺跡』
斜里町教育委員会 2000『大栄 1 遺跡』
長万部町教育委員会 2001『オバルベツ 2 遺跡（1）』
七飯町教育委員会 2001『桜町 6 遺跡』
七飯町教育委員会 2001『国立療養所裏遺跡』
北檜山町教育委員会 2001『北檜山町　豊岡 6 遺跡』
釧路市埋蔵文化財調査センター 2001『釧路市　大楽毛 1 遺跡調査報告書Ⅰ』
斜里町教育委員会 2001『大栄 6 遺跡』
江別市教育委員会 2002『吉井の沢 2 遺跡』
長万部町教育委員会 2002『栄原 2 遺跡（2）』
苫小牧市教育委員会 2002『静川 14 遺跡発掘調査報告書』
南茅部町埋蔵文化財調査団 2002『垣ノ島 B 遺跡』
門別町教育委員会 2002『ピタルパ遺跡』調査報告書
釧路市埋蔵文化財調査センター 2003『釧路市　大楽毛 1 遺跡調査報告書Ⅲ』
小清水町教育委員会・札幌大学埋蔵文化財展示室 2003『アオシマナイ遺跡』
函館市教育委員会 2003『函館市　豊原 4 遺跡』
常呂町教育委員会 2004『TK60 遺跡』
帯広市教育委員会 2006『帯広・大正遺跡群 2』―大正 2・3・7 遺跡

北海道埋蔵文化財センター報告書（北埋調報番号順）
(財)北海道埋蔵文化財センター 1981『美沢川流域の遺跡群Ⅳ』―美々 7 遺跡　北埋調報 3

(財)北海道埋蔵文化財センター 1983『虎杖浜3遺跡』北埋調報 11
(財)北海道埋蔵文化財センター 1983『川上B遺跡』北埋調報 13
(財)北海道埋蔵文化財センター 1988『深川市　納内6丁目付近遺跡』北埋調報 55
(財)北海道埋蔵文化財センター 1988『美沢川流域の遺跡群ⅩⅡ』―美沢3遺跡　北埋調報 58
(財)北海道埋蔵文化財センター 1990『深川市　納内6丁目付近遺跡Ⅱ』北埋調報 63
(財)北海道埋蔵文化財センター 1992『函館市　中野A遺跡』北埋調報 79
(財)北海道埋蔵文化財センター 1993『函館市　中野A遺跡（Ⅱ）』北埋調報 84
(財)北海道埋蔵文化財センター 1993『浦幌町　高岡1遺跡』北埋調報 88
(財)北海道埋蔵文化財センター 1995『千歳市　キウス5遺跡』北埋調報 92
(財)北海道埋蔵文化財センター 1995『滝里遺跡群Ⅴ　芦別市滝里4遺跡（1）』北埋調報 94
(財)北海道埋蔵文化財センター 1995『函館市　中野B遺跡（Ⅰ）』北埋調報 97
(財)北海道埋蔵文化財センター 1996『滝里遺跡群Ⅵ　芦別市滝里4遺跡（2）』北埋調報 98
(財)北海道埋蔵文化財センター 1996『函館市　中野B遺跡（Ⅱ）』北埋調報 108
(財)北海道埋蔵文化財センター 1996『函館　石倉貝塚』北埋調報 109
(財)北海道埋蔵文化財センター 1998『函館市　中野B遺跡（Ⅲ）』北埋調報 120
(財)北海道埋蔵文化財センター 1998『千歳市　キウス5遺跡（5）』北埋調報 125
(財)北海道埋蔵文化財センター 1998『千歳市　キウス7遺跡（5）』北埋調報 127
(財)北海道埋蔵文化財センター 1999『函館市　中野B遺跡（Ⅳ）』北埋調報 130
(財)北海道埋蔵文化財センター 1999『長万部町　富野3遺跡』北埋調報 131
(財)北海道埋蔵文化財センター 2004『恵庭市　柏木川13遺跡』北埋調報 203
(財)北海道埋蔵文化財センター 2006『釧路町　東陽1遺跡』北埋調報 230
(財)北海道埋蔵文化財センター 2006『北斗市　館野遺跡』北埋調報 237
(財)北海道埋蔵文化財センター 2006『千歳市　キウス9遺跡』北埋調報 252

第 4 章　過剰デザインの石槍

安　斎　正　人

1　はじめに

　"大陸渡来の神子柴文化"という概念は、前世紀の考古学者をとらえた共同幻想である。
　神子柴石器群・神子柴系石器群の見方に転換の契機をつくり出したのは森嶋稔である。森嶋は『長野県考古学会誌』掲載の小文で、次のようなことを書いている（森嶋 1986）。

　　日本列島で確認された同系の遺跡は 100 をはるかに超え、大陸ではまだそれ以下であるという状況の中では、「神子柴型石器組成」が、いつ、どこで発生したのかはきわめて重大な課題であるが、今この問題についての答えは可能ではない。現段階においては、起源論は可能でなくとも、系統論は可能である。その大きな手がかりは、「神子柴型石器組成」の中の、神子柴型石斧と神子柴型尖頭器の型式学的な形態変化を把握することと、それに伴う他の石器組成ないし「文化組成」の変遷展開を加え把握することにある。「神子柴型石器組成」の中の神子柴型石斧と神子柴型尖頭器は、この特徴ある石器組成をきわだたせている大きな「カルチュアル・モメント」である。その「カルチュアル・モメント」の変遷展開に理解を与えることができれば、その成立の要因、その繁栄の要因、そしてその解体の要因の理解に近づくはずである。多く生産用具としての石器は、その中に生産様態の対応としての意志表現を内在している。したがって「神子柴型石器組成」をもつ「石器文化」に、いくつかの変遷展開の階梯を把握できるとすれば、ある生産様態を維持継承した「部族集団の文化」とも呼ぶことのできるものと考え、それを「神子柴系文化」とした。土器をその文化組成の中にもたない時期と、土器を文化組成の中にもつ時期とにまたがる一系の文化としてのあり方は、きわめて重要な課題であるが、現段階において資料批判の不可能な調査資料以外の資料を除外してもなお、「カルチュアル・モメント」である神子柴型石斧と神子柴型尖頭器は、きわめて保守的に確実に継承伝達されていることがわかる。

　以上のような大意の文章である。
　ところで最近、松木武彦が人工物の進化に関連して、「ディヴェロップメント（機能的発達）」と「エラボレーション（認知的誘引性付加）」というふたつの概念を紹介している（松木 2007）。人工物の進化はこの二要素からなり、それぞれの人工物は両者をさまざまな比率で体現する。「エラボレーション」は、社会的交換のなかでおこなわれるシグナリングの一種（material signaling）として発現したと考えられ、社会性の産物といえる。「エラボレーション」は、約 60 万年前のホモ・エレ

クトゥス後半期の精製握斧に初めて認められ、約10〜7.5万年前以降のホモ・サピエンス後半期には飛躍的に発展する、というのである。

さて、森嶋が「多く生産用具としての石器は、その中に生産様態の対応としての意志表現を内在している」と表現していることを、ここでは"石器のデザイン"と呼んでおく。石器の「エラボレーション」に関しては"過剰デザインの石器"と呼ぶことにする。そしてここでは神子柴型尖頭器に込められたシグナル（社会的な意味）を、過剰デザインという視点から解き明かしてみたい。

2　石器の過剰デザイン

生活に必要な石器を製作するにあたり、製作者は入手可能な石材、身につけた技術、道具としての機能性・効率性、美的嗜好などの諸要素と、石器の生産と消費の面からの各種の要求を調整しながら、総合的に石器を"デザイン"する。その意味で熟達した石器製作者は石器の"デザイナー"でもある。彼らのデザインの「何を」を説明しようとすれば、デザインの構成要素である形態・大きさ・色彩・材質・光沢などを規定していけばよい。どのような形で、どれくらいの大きさで、〇〇色で、どんな仕上げをしたデザインを意図していたかを推定できれば、条件を満たすデザインを具現する作業連鎖の復元は、かなり容易になる。

しかし時として、総合的調和として機能的にデザインされた石器形態＝石器タイプとしては説明のつかない石器に出会うことがある。たとえば、遠隔の地に産出する希少な石材を使った、精巧なつくりの巨大で美麗な石槍や石斧がある。通常のデザインの機能性、効率性を逸脱し、超越するコストと時間とエネルギーをかけて、むしろそうした逸脱行為を要請する意匠・造形設計を"過剰デザイン"と呼ぶことにする。過剰デザインのもっとも重要な原則のひとつは、強調された可視性である。デザイナーの意匠ははっきり目に見えなければならない。またそれは適切なメッセージを伝えなければならない。

過剰デザインの石器に込められた社会的デザイン（象徴性）の最古の例は、前期旧石器時代のアフリカ、ヨーロッパ、インドに広く分布したハンドアックス（握斧）に見られる。

ハンドアックス

人類の進化史を一瞥したとき、過剰デザインの石器としてまず私たちが思い浮かべるのが、前期旧石器時代のアシュール文化（アシュレアン）を特徴づけているハンドアックスである。この石器はその製作者であるホモ・エレクトゥスの進化上の位置に見合わないほどの洗練された技術で作られているからである。

ハンドアックスの特異性、とくにその巨大さについては今なお納得のいく説明がおこなわれていない。考古学者はハンドアックスを動物狩猟用あるいは動物解体用の道具、土掘りの道具、木の伐採の道具、植物性食物の調理用の道具など、さまざまに解釈してきた。多目的道具であるとか、

投擲物であるとか見なす解釈もある。だが、いずれもハンドアックスをめぐる"奇妙さ"を十分に説明しきれていない。そうした実用具にしては不必要なほどの細かな剥離、とりわけ形態的対称性へのこだわりには多くの研究者が注目している。クライブ・ギャンブルは「社会的技術」とみる。M・J・ホワイトは「解体のような作業用にしては明らかに過剰な洗練化がみられることは、何か"歴史的な結果生じた社会的重要性"を反映しているのかもしれない」という。さらにホワイトの解釈を踏まえて、スティーヴン・マイズンは『アンティキティ』誌のコーンとの共著論文で、「ハンドアックスは性選択の産物であり、社会的に複雑で競争関係にある集団内での配偶者選択のプロセス中に不可欠な要素であった」、と突飛とも思える主張を展開している（Kohn and Mithen 1999）。つまり、美しく対称形に作られたハンドアックスは、孔雀の極彩色の羽や鹿の巨大な角のように、その製作者の"優良遺伝子"の目安であったというのである。

月桂樹葉形尖頭器

最終氷期の最寒冷期、すなわち、2万2000～1万6500年前頃（放射性炭素の非較正年代）のスペインとフランス南西部に、ソリュートレ文化（ソリュトレアン）が分布していた。石器群中には、柳葉形尖頭器や独特な形態の有肩尖頭器、凹基形尖頭器や有茎尖頭器など多様な尖頭器類がみられる。それらの尖頭器類の中でもこの文化をとくに特徴づけているのが月桂樹葉形尖頭器である。押圧剥離による傑出した技術で作られた月桂樹葉形尖頭器には長さが20cmを超す例もある。そこには製作者が実践を通して身につけた、整形技術や石材の質に関する知識、各種の技法を使いわける能力、予期した平面形態・断面形態・形の対称性などを一貫して維持する規則的な剥離の能力、などが見て取れる。こうした石器製作技術にみられる卓越した技術は、狩猟者にとってもっとも重要な資質と考えられる大胆さ、忍耐強さ、正確さ、適応性の象徴的な表出である。つまり製作者個人が仲間たちに誇示した社会的な自意識（アイデンティティ）である、とアンソニイ・シンクレアは解釈している（Sinclair 2000）。

栗原中丸遺跡の大形石槍

シンクレアの解釈は神奈川県栗原中丸遺跡出土例に応用できるかもしれない。問題の石槍は発掘区南側で、相模野台地B0層（第Ⅲ文化層）から単独で出たものである。「大形木葉形の槍先形尖頭器である。全長16.8cmをはかり、長さと幅の比は3.6：1をなす。両面ともきわめて精巧に調整剥離がおこなわれ、左右対称の美麗な形状をなす。最大幅は胴部中央からやや下にある。大形尖頭器としては薄く、とくに先端部に比較して基部が非常に扁平である。断面は、胴部および基部では整った凸レンズ状をなすが、先端部ではD字状をなす。石材はチャートであるが、南関東ではほとんどみることのできない石材（一見頁岩と思われる）であり、また、加工もきわめて精巧なことから、地元で製作された石器ではなく、東北～中部地方という頁岩産出地域で製作されたものが、製品で相模野台地に持ち込まれた石器と思われる」、と報告された（大上・鈴木編1984）。尖頭器石器群で特徴づけられる相模野第Ⅴ期の尖頭器中にあっては、突出した存在である。

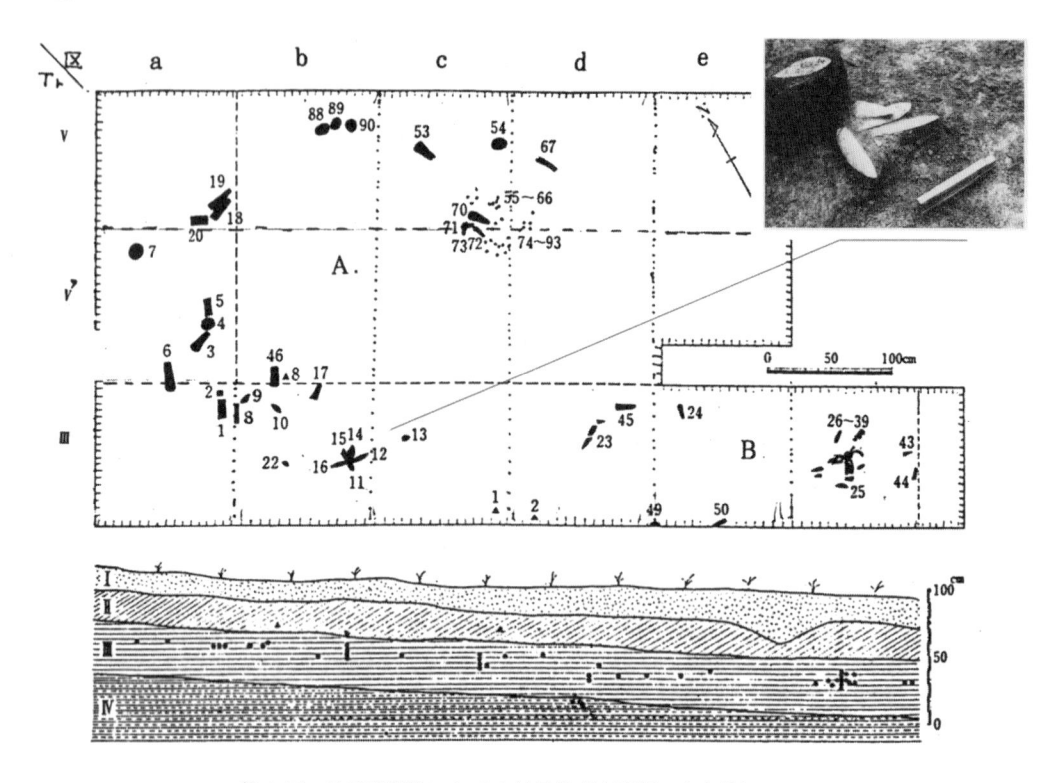

第1図　神子柴遺跡における神子柴型尖頭器の出土状況（デポ）

　ちなみに、上の層のL1S層下部（第Ⅱ文化層）から細石刃石器群が、またL1S層上面（第Ⅰ文化層）から縄紋時代草創期の槍先形尖頭器石器群が出ているので、当該品は細石刃石器群以降に位置づけられた大形槍先形尖頭器、言い換えると神子柴系尖頭器の類ではない。

神子柴型尖頭器

　森山公一は神子柴型尖頭器を、「長大で扁平、基部寄りに最大幅があるもので、横断面がレンズ状をなす両面調整の槍先形尖頭器」と定義した。そのうえで、神子柴遺跡の18点の尖頭器を3類型に分類している。すなわち、①長大の柳葉形で平面形はシンメトリカルで、かつ縁辺部が無キズで使用の跡が見られないもの、②月桂樹葉形でシンメトリカル、折損あるいは縁辺に抉入部や調整痕のあるもの、③木葉形でシンメトリカルでないもの、である（森山1986）。ここでは過剰デザインの①の5点のみを"神子柴型尖頭器"とする。つまり、神子柴遺跡出土の石器群は、象徴的な社会的意味が込められた神子柴型尖頭器と、その模倣品あるいは実用的な大形・小形の尖頭器で構成されている。

　神子柴遺跡と出土石器の象徴性についてはすでに何度か言及しているので、ここでは玉髄製の3点と凝灰質頁岩製の1点の神子柴型尖頭器（中村2008）がデポ（埋納）状で出土したこと、および過剰デザインの典型例である下呂石製の最長の尖頭器が、尖頭部、胴体部、基端部に折れて／折られて出土したことに、読者の注意を喚起しておきたい（第1図）。

3 神子柴石器群と神子柴系石器群

　長野県神子柴遺跡出土の石器群を標準とする神子柴石器群は、大型の石斧と尖頭器で特徴づけられる。森嶋稔は、「神子柴型石斧に伴う一群の石器文化を神子柴系文化」と呼んだが、私は「神子柴系文化」を神子柴系石器群と言い換え、森嶋の6段階変遷に代わって3段階変遷としてとらえている。基本的には神子柴系石器群に有舌尖頭器と石鏃が加わる。尖頭器に似た石斧も生産されるようになる。最近発行された山形県日向洞穴遺跡西地区出土石器群の研究報告において、①大型・中型槍先形尖頭器（無紋土器段階）→②中型・小型槍先形尖頭器＋中林型有茎尖頭器（無紋・有段口縁・刺突紋土器段階）→③中型・小型槍先形尖頭器＋小瀬が沢型有茎尖頭器＋大型・中型石鏃（隆起線紋・細隆起線紋土器段階）→④小型槍先形尖頭器＋花見山型有茎尖頭器＋中型・小型石鏃（微隆起線紋・ハ字形爪形紋土器段階）→⑤小型槍先形尖頭器＋小型石鏃・長脚鏃（厚手爪形紋土器段階）→⑥小型石鏃（薄手爪形紋・多縄紋土器段階）という段階的変遷観が提示されている（佐川・鈴木編2006）。私の用語では、①の一部が神子柴石器群、その他の①と②以降が神子柴系石器群にあたる。すなわち、過剰デザインの出現とその変容過程（ないし縄紋化過程）としてとらえているのである。石斧に比べて尖頭器の形態は変異が大きいので、神子柴型石斧・神子柴系石斧と伴う場合以外は、神子柴型尖頭器・神子柴系尖頭器の同定に注意が必要である。

　中部地方の尖頭器の切り合い面観察をおこなった山崎信二が、30年前に、第Ⅰグループ（渋川ⅡA・上ゲ屋）、第Ⅱグループ（八島・男女倉Ⅲ）、第Ⅲグループ（上ノ平・北踊場・馬場平）の尖頭器に比較して、大形・薄身・長身である第Ⅳグループ（横倉・神子柴）の尖頭器を製作するための条件として、①製作者は熟練者でなければならない、②素材としての剥片処理が必要である、③板状の素材を剥離する際、交互剥離が必要である、の三点をあげ、さらに交互剥離の技術的要素もあげて注意を促していた（山崎1977）。先の栗原中丸遺跡例に見るように、神子柴石器群以前の尖頭器石器群を残した狩猟者のなかに、石槍の製作に熟達した者がいたことは確かである。要は、神子柴石器群の出現期（社会的変動期ないし構造変動期）に、石器製作の熟練者が社会的に顕在化したことである。出現期の社会生態学的状況については、すでに何度か言及しているので、ここでは繰り返さないでおく。

サザランケ（No.12）遺跡

　神奈川県相模川に流れ込む中津川の上流の山間部で、宮ヶ瀬ダム建設工事に伴って多数の遺跡が見つかった。この宮ヶ瀬遺跡群のひとつサザランケ遺跡（鈴木・恩田編1996）では、「砂川期」相当の第Ⅴ文化層と、野岳・休場型細石刃核をもつ石器群の第Ⅱb文化層に挟まれて、二枚の槍先形尖頭器石器群の包含層が検出された。L1H層最下部（第Ⅳ文化層）の3カ所のブロックは、黒曜石と緻密黒色安山岩を使った長さ5cmから7cmの木葉形尖頭器の製作址である。L1H層上部～中部（第Ⅲ文化層）の4カ所のブロックも槍先形尖頭器の製作址で、38点の槍先形尖頭器が

出ている。第3ブロックと第4ブロックは石囲い炉址を伴っている。第1ブロックでは粗割状態の原材から、またその他のブロックでは持ち込んだ素材の剥片から、通常の中形（5～8cm）を中心に、大形（10cm超）・小形（5cm未満）の木葉形尖頭器の製作がおこなわれていた。

　未成品が多いが、注目されるのが7～10cmの長さの柳葉形に近い細身の木葉形の一群である。この中に、左右対称形で、最大幅が器体中央より下にあり、基部を先鋭に作り出したり、やや丸く作出されたりした、神子柴型尖頭器の祖形のような尖頭器が存在する。つまり神子柴型尖頭器の祖形を大陸側に求める必要がないことがわかる。この例は栗原中丸遺跡例とともに、列島内の尖頭器石器群の伝統の中から神子柴型石器群が発生したという私の仮説を補強するものである。

唐沢B遺跡と横倉遺跡

　長野県唐沢B遺跡は典型的な過剰デザインの石斧（「神子柴型石斧」）8点を含む11点の石斧が出ているが、尖頭器は5点にとどまり、長さ15.85cmの例も非対称形で整形も粗い（森嶋・堤ほか編1996）。対照的なのが同横倉遺跡で、そこからは20点余の尖頭器が"デポ"の状態で見つかったといわれているが、しかしそのコンテクストが明らかでない（神田・永峯1958）。過剰デザインの神子柴型尖頭器（ないし神子柴系尖頭器）とみられる石槍（報告のNo.13）を含んでいるが、石槍の形態と整形技術は変異が大きい（第2図）。多様な形態で構成される尖頭器の"デポ"の社会的意味ははっきりしない。単品出土の大形尖頭器の場合も、神子柴型尖頭器と"神子柴型尖頭器もどき"を区別するのは容易でない。長大ということは重要な指標ではあるが、先に述べたように過剰デザインは経済的浪費につながる威信的概念を含意するからである。

小瀬が沢洞穴

　新潟県小瀬が沢洞穴は阿賀野川に流れ込む常浪川の支流、室谷川に流れ込む小瀬が沢川を約400m遡った地点のランドマーク、高さ約20mの斜長流紋岩の巨壁下に開口した岩陰遺跡である。標高は約200mであるが、山間の特異な景観をもつ遺跡である。中村孝三郎の指導のもとで1958年7月24日～31日と、その翌年の8月19日～26日の二次にわたって発掘調査がおこなわれた。第一次調査の概報で中村は、「尖頭を主に使用したもの」、「側縁刃部を使用主目的にした扁平なもの」、「大形石槍にしてもきわめて薄手のものがあって、尖頭使用のみに考えられぬ形態のもの」（たとえば、「頸部に挟込のある石槍」）、「一見欠折石槍の胴部破片とみられる…槍刃器」、「有柄や棒状形態の槍鏃」など、尖頭器のあり方に関してその複雑性を指摘している。そして洞穴の上層と中下層とでは遺物に明らかな相違があるとして、「上層から押型文撚糸文を含んだ土器群に大形広幅の石槍、小形局部磨製石斧、石匕等が伴出し、中下層の爪形、押圧縄文、簾状櫛目文土器等に細幅石槍類が伴出している」と結んでいる（中村1960a）。

　同年に刊行された報告書では、尖頭器が806点、石鏃が551点と集計されている。尖頭器は、「大、中、小、あるいは広幅、細身、短躯、長身、厚手、薄手等各種類があって、大別すると、木葉、笹葉、椿葉、（半月型）、柳葉、短艇状、長菱、翼状（有角）、有茎、有舌状、手用等の諸形」に分

第 4 章　過剰デザインの石槍　83

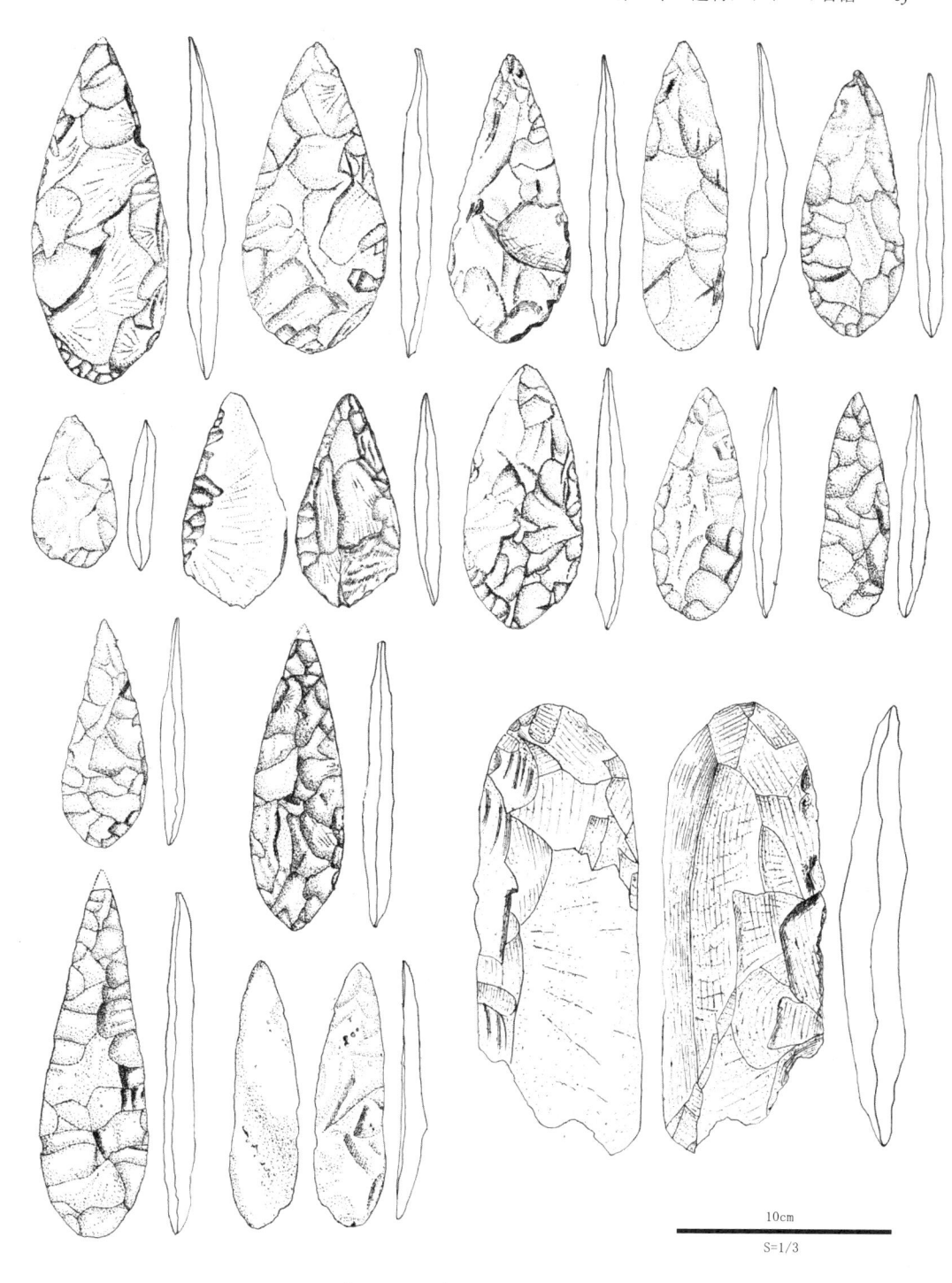

10cm
S=1/3

第 2 図　横倉遺跡出土の尖頭器

第3図　小瀬ヶ沢遺跡の大型尖頭器（左上の尖頭器の最大長＝10.5cm）

第 4 章　過剰デザインの石槍　85

類されている（中村1960b）。遺物は時期の前後関係が判然としないまま収納されていたが、その後に小熊博史によって再整理がおこなわれた。細（微）隆起線紋土器・爪形紋土器・押圧縄紋土器・櫛目紋土器など草創期土器群を中心にして、撚糸紋土器・押型紋土器・貝殻沈紋土器・条痕紋土器など早期の土器片、前期の羽状縄紋土器片も出ており、洞穴が長い期間にわたって利用されていたことが知られる。土器群の中でもっとも古いものは隆起線紋系土器群の中でも比較的新しい段階に相当し、石器は草創期特有の多様な器種が認められる。その内訳は、尖頭器125（107）点、有舌尖頭器49（43）点、植刃151（124）点、棒状尖頭器165（147）点、石斧98（84）点、石鏃398（343）点、石錐27（20）点、搔器254（178）点、石匙6（6）点、磨石・敲石類16（16）点、石皿2（2）点、不定形石器447（72）点、石核7（7）点、船底形石器61（57）点、有孔石製品1（1）点、剥片・礫片9667点、以上である（カッコ内は重要文化財指定品の点数である）（小熊2006）。

　重要文化財指定の尖頭器中の完形品でみると、大形品（長さ14.62×幅2.61×厚さ0.68cm、重さ25.1g〜10.91×3.39×1.24cm、9.6g）と小形品（8.34×4.02×0.96cm、25.1g〜5.69×1.52×0.49cm、3.8g）の大小二群に分けられる。狩猟対象動物による使い分けが考えられるが、さらに大形の3点、とくに小熊報告の第3図の1（17.95×3.94×1.4cm、84.1g）と17（18.57×4.75×1.16cm、109.5g）は過剰デザインであり、さらにデザインの崩れが少ない神子柴系石斧があるので、尖頭器も大形で下半部に最大幅がくるものを、第二期の神子柴系尖頭器と見なしてもいいであろう。何らかの社会的意味が含蓄されていたと見なせる。"小瀬ヶ沢型有茎尖頭器"も含めて、石槍の高度の製作技術の持ち主、言い換えれば、狩猟の熟達者の存在がうかがえる。

　ツキノワグマ・カモシカ・シカ・ノウサギ・イタチ・テン・アナグマなどの動物骨が出ており、"縄紋化"の過程で、山岳地帯の狩猟に生きる"山人"の生活様式を営む集団が派生してきたことを示唆している。さらに上流部にある室谷洞穴では上層部にわずかな石槍が見られるだけで、室谷下層式土器の時期には、この地域では弓矢による狩猟法にすっかり置き換わっていたことが示唆される。

八森遺跡

　1997年、山形県八森遺跡で待望の神子柴系石器群が発掘された（佐藤・大川編2003）。遺跡は庄内平野の東縁に接する出羽山地西縁の、北方に突出した海抜42〜38m（比高約18m）の低位段丘面にあり、荒瀬川を眼下にしている。石槍（槍先形尖頭器）と石斧の製作がおこなわれたいわゆる生活遺跡である。石槍が45点、石斧が5点と報告されている。未成品と破損品が多いが、石槍の完形品でみると、長さが20cm以上の大形品、10cm以上の中形品、5〜7cmの小形品の製作がおこなわれていたようである。大形の3点、とくにもっとも大きくて作りのよい石槍（23.0×5.46×1.51cm、161.0g）は、最大幅が中央にある木葉形の過剰デザイン品である。神子柴系石斧も出ているが、長大、背高、磨製刃部といった視覚的効果を残しているものの、神子柴型石斧のオリジナルなデザインはかなり崩れている（第4図）。

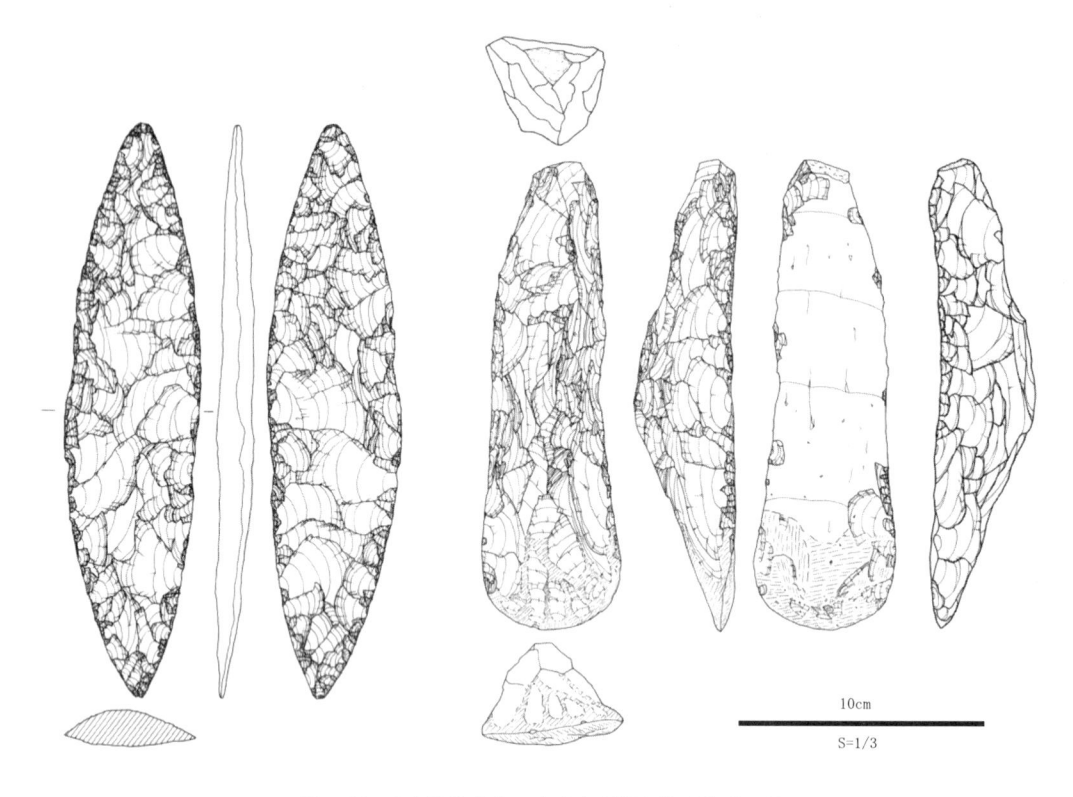

第 4 図　八森遺跡出土の大型尖頭器と神子柴系石斧

吉岡遺跡群

　神奈川県吉岡遺跡群は相模川の支流である目久尻川の中流左岸、高座丘陵の北端部に位置する。A～Gの調査区中、まずA区をみてみよう。B1層、L1H層、B0層、L1S層の石器群と、「縄文時代草創期1」、「縄文時代草創期2」の石器群が報告されている（砂田・三瓶編1998）。前者は神子柴系石器群、後者は有茎尖頭器石器群である。起点部付近で磨製石斧、打製石斧、槍先形尖頭器が製作されていたようだが、神子柴系石器群は流水作用を受けて、谷部に向けて80mにわたって緩やかに蛇行した分布を示している。20.9×5.41×3.25cm、重さ471.9gの神子柴系石斧は単体資料で、非常にきめ細かい砂岩質類似凝灰岩製である。全体形は長幅比4対1強と細身だが、器体表面の中央稜線と裏面の平坦な調整と正面の横断面三角形はかなり均整のとれた形状を示す。また、特徴的な表面刃部側から中央稜線に向かう狭長な調整加工も施されている。しかしながら、裏面刃部やや上部と右側縁の剥離面に磨耗の痕跡があり、使用されたようである。つまり神子柴型石斧のデザインをかなり維持してはいるが、すでに生活財となっているのである。この遺跡では石斧に比べて尖頭器の象徴性はすっかり失われ、神子柴型の形態を維持してはいるが長さは10cm前後の実用品である。

　次にC区をみてみよう。C区からは16のブロックが検出された。ブロック1～14が石槍を主体とする石器群で、ブロック7とブロック11のふたつが大きなブロックである。ブロック7

は174点の石器のうち46点が石槍である。ブロック11も552点の石器のうち65点が石槍である。黒色頁岩・硬質細粒凝灰岩・ホルンフェルス・ガラス質安山岩・チャート・珪質頁岩・硬質頁岩など多様な石材を用いた石槍のほとんどは、原形の形態で持ち込まれ、形が整えられて使われたようで、127点のうち完形品で残されたものは少ない。形態と加工状態で7種に分類されている。主要形態は4種で、第5類は特異な形態のもの、第6類は部分的で分類できないもの、第7類は未成品である（白石・笠井編 1999）。

　第1類は両面加工の柳葉形のもの36点で、長さ17〜18cm、幅2cm前後、厚さ1cm前後の細長い形態である。第2類は両面加工の柳葉形であるが、やや幅広のもの52点で、10cmを超えるものもあるが、長さ8cm前後、幅2〜3cm、厚さ1cm強の神子柴系尖頭器である（D区において、11.3×3.3×1.0cmの基部を最大幅とする木葉形尖頭器と、9.0×1.7×0.8cmの鋸歯縁の細身の尖頭器が単独で出ている。いずれもガラス質安山岩製で作りはいいが、実用品の部類であろう）。第3類は両面加工の木葉形のもの19点で、長さ8〜9cm、幅3cm強、厚さ1cm強の旧石器時代以来の伝統的形態である。第4類は基部の形が逆三角形を呈する4点で、"本ノ木型"とされてきたものである。第1〜4類のいずれのカテゴリーにも過剰デザインの痕跡はまったく見られない。いずれも実用的なものと思われるが、この遺跡の石槍の形態差については、いまだ解釈ができない。

4　北海道の槍先形尖頭器

　「神子柴文化」の大陸渡来説を受容している研究者が、暗黙裡に中継拠点と見なしている北海道の最近の研究動向を一瞥してみよう。

　北海道では以前から長さが30cmを超える大形尖頭器の存在が知られてきた（寺崎 1996）。40cmを超える例もある。しかし尖頭器の大型化の過程は明らかでない。細石刃核原形を両面体に調整する技術伝統の中で、石器技術が高度に磨かれていたことは確かであるが、おそらく青森方面から北上してきた長者久保石器群を有する集団との接触が、在地の細石刃石器群を有する集団に過剰デザインのイデオロギーの採用を促したのであろう、と私は想定している。

　北海道における細石刃石器群の包括的研究書で山田哲は、基本的に非常に寒冷な気候が続いた2万5000〜1万5500年前の時期を最終氷期極相期、大局的には温暖化の傾向が明瞭だが激しい寒暖の変動を示し、その終末には著しく寒冷化した可能性のある1万5500〜1万1500年前の時期を晩氷期、完新世の最温暖期に向かって温暖化していく1万1500〜1万年前の時期を後氷期初頭とし、最終氷期極相期に関連する細石刃石器群を前期、晩氷期に関連する細石刃石器群を後期に区分してとらえている。また細石刃核とそれに関連する細石刃製作技術を指標として、個々の石器群を7群14類に分けている。前期前葉にA群（蘭越型）、B1群（峠下型1類）、C1群（美利河型）を、前期後葉にB2群・B3群（峠下型2類・3類）、C2群（札滑型）を、後期細石刃石器群の初期にC3群（白滝型）、D群（広郷型）、G1群（幌加型）をあて、E群（忍路子型1・2類）、F群（紅葉山型）、G2群・3群（小形舟底形石器1・2類）が後続するとした（山田 2006）。

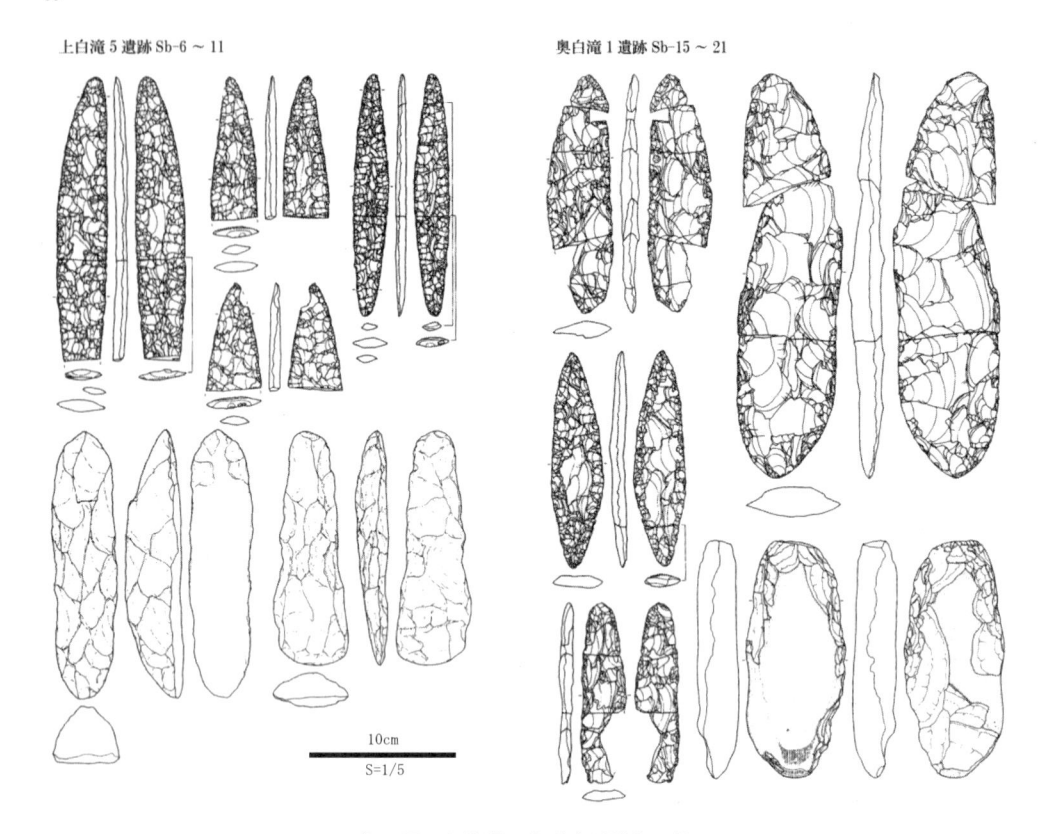

上白滝5遺跡 Sb-6～11　　　　　　　奥白滝1遺跡 Sb-15～21

10cm
S=1/5

第5図　北海道の大型尖頭器と石斧

　両面加工尖頭器が確実に伴うのは、およそ1万4000～1万2500年前のC3群（白滝型）からで、完形品の長さが10cmを超えると想定されるような比較的大形のものが多い。D群、E群、G群にも伴っており、とくに1万3000～1万2000年位前に想定されたG3群（小形舟底形石器2類：美利河1遺跡B地区Sb-15・16、落合遺跡スポット1・2、上白滝2遺跡Sb-13、上白滝5遺跡Sb-6～11）には精巧な二次加工による大形・薄手のものが目立ち、黒曜石の大産地である赤石山周辺での超大型品が目を引く。上白滝5遺跡Sb-6～11では神子柴系石斧が出ている。これも神子柴系石器群（および過剰デザインのイデオロギー）が本州から北海道へ北上したという私の主張を補強する。後期細石刃石器群に伴う大形の石槍と石斧は、津軽海峡を越えて到来した文化要素が、在地の伝統とコンテクストに適応するように再解釈され模倣されたことを意味している。完新世初頭に隆盛した有茎尖頭器石器群までその製作・使用は続いている（第5図）。

　北海道におけるそれ以前の槍先形尖頭器の出現時期、その実態についてはまだ解明されていない。函館市石川1遺跡では7つの石器集中箇所が検出され、札滑型の範疇に入る細石刃核や細石刃、両面調整石器、荒屋型彫器などとともに10点の尖頭器が出土している（長沼編1988）。尖頭器が集中するSb-4は縦長剥片と石核と剥片類以外の他の石器が見られない。メノウ質頁岩の原石を持ち込んで、長さ10cm前後、幅5cm前後、厚さ2cm前後の尖頭器を製作した場所である。石器群の^{14}C年代測定値は1万2700～1万3400年前（非較正）である。この遺跡の発掘結果から、

尖頭器が北海道の伝統的な狩猟具であったのか、津軽海峡をはさんだ本州側から移入された狩猟具であったのか、決定することはできない。明らかなのは、過剰デザインのイデオロギーが入る以前に、すでに石槍が使われていたということである。

　過剰デザインの石槍の例は美利河1遺跡で顕著である（長沼編1985）。ここでは峠下型細石刃核と荒屋型彫器を特徴とする美利河Ⅰ石器群、美利河技法による細石刃核を特徴とする美利河ⅡA石器群、蘭越型細石刃核を特徴とする美利河ⅡB石器群、有茎尖頭器と各種尖頭器と局部磨製石斧からなる美利河ⅢA石器群、有茎尖頭器と各種尖頭器と射的山型細石刃核からなる美利河ⅢB石器群が区分されている。美利河ⅢA石器群とされたSb-13出土例は見事なつくりの搬入品で、33.1×7.5×1.8cmで、重さが330gである。3カ所で横に折れ、基部に近い部分が2カ所欠損している。もう1点も25.3×7.7×2.4cm、413gと大形である。調整は全体的に粗いが「焼き入れ」の可能性がある。これも5カ所で横に折れている。こうした折れは意図的・人為的なものかもしれない。

5　おわりに

　鹿児島県種子島の園田遺跡の報告書が最近出され、出土尖頭器の実態が明らかになった（田平・野平編2004）。そこで尖頭器群に言及して本稿を終えたい。

　遺跡は標高120mほどの海岸段丘上にあり、両端が欠如しているものを含め8本分の完形品になる尖頭器が、相互に約2.5m離れて2カ所に分かれて埋納されていた（第6図）。A群はすべて長さが30cm弱、幅が3.2〜3.7cm、厚さ0.57〜0.8cmの細長く薄い柳葉形で、同一形態に整形された過剰デザインの完形品である。それに対して、B群は完形品の「石槍6」（19.0×4.1×1.3cm、87g）を除くすべてが欠損品である。A群では、「石槍1」の3破片全部と「石槍2」の4破片中の2破片の重なりと、「石槍2」の残り2破片と「石槍3」の3破片の全部と「石槍4」の3破片全部の重なりが見られた。B群では、一端をわずかに欠損している「石槍5」の3破片と、完形の「石槍6」と、両端を欠損している「石槍7」の3破片中の1破片と、同じく両端を欠損する「石槍8」の3破片の重なりが見られ、「石槍7」の残りの2破片が若干離れて、また磨石1点が共伴している。「石槍7」と「石槍8」は「石槍1〜4」と同一形態のようである。その他にA群から約6m離れたところから中央で折れた「石槍9」（16.3×3.6×0.92cm、51.0g）が出ている。

　園田遺跡の尖頭器類はデポ（埋納）状態で発見されたうえに、非常に大形でもあったので、発見当時に「神子柴文化」の列島縦断的な伝播の証拠と見なされた。しかし、調査区のほぼ全域から縄紋時代早期の岩本式（水迫式）土器や塞ノ神式土器が出ており、また「圭頭形」の大形尖頭器が早期段階まで継続することも指摘されており（杉原2003）、園田遺跡の尖頭器類も早期の可能性が指摘されている。過剰デザインの尖頭器は神子柴石器群に限らず、時期の下った東北北部の前期後半の円筒下層式土器期にも墓の副葬品で知られている（第7図）（安斎2007）。過剰デザインのイデオロギーも社会生態的条件に応じた多様な表現形態がとられていたのである。

第6図　種子島園田遺跡の大型尖頭器（石槍）（下）とその出土状況（上）（左最大例約30cm）

第 4 章　過剰デザインの石槍　91

SKS824

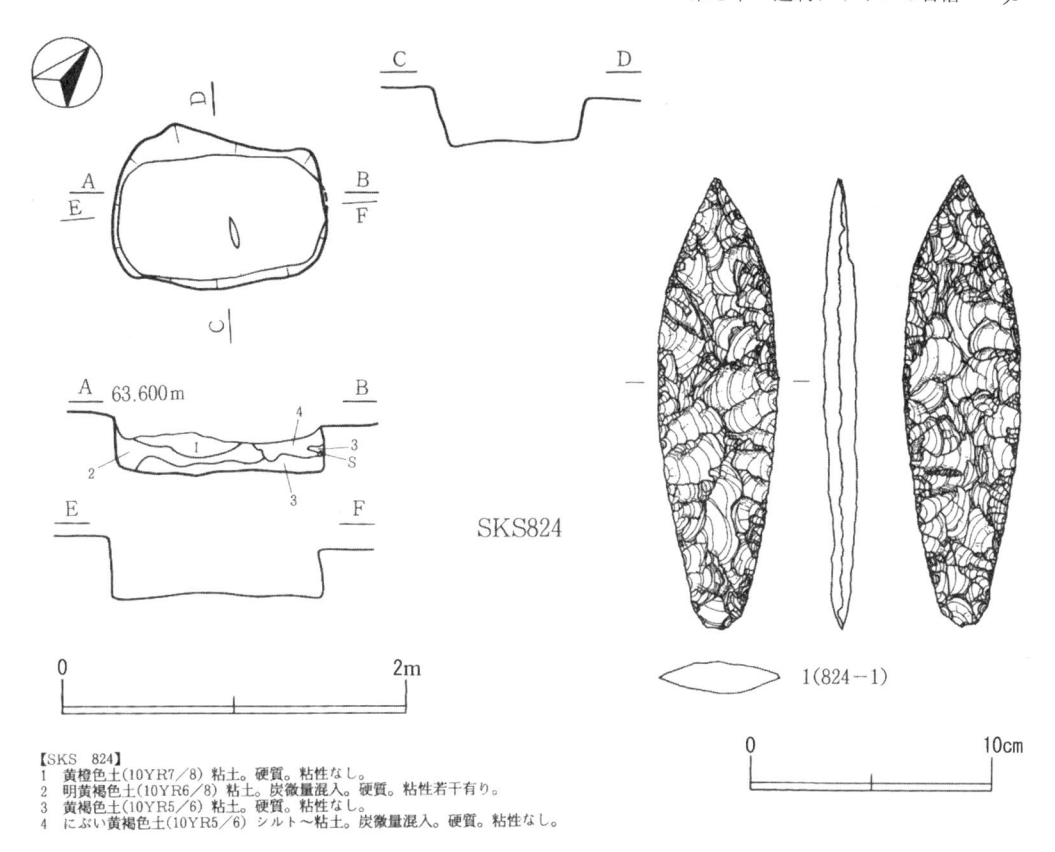

【SKS 824】
1　黄橙色土(10YR7/8) 粘土。硬質。粘性なし。
2　明黄褐色土(10YR6/8) 粘土。炭微量混入。硬質。粘性若干有り。
3　黄褐色土(10YR5/6) 粘土。硬質。粘性なし。
4　にぶい黄褐色土(10YR5/6) シルト～粘土。炭微量混入。硬質。粘性なし。

1(824-1)

第 7 図　秋田県池内遺跡 SKS824 出土縄紋前期の尖頭器（副葬品）

引用・参考文献

安斎正人 1999「狩猟採集民の象徴的空間―神子柴遺跡とその石器群―」『長野県考古学会誌』第 89 号　1-20 頁

安斎正人 2001「長野県神子柴遺跡の象徴性―方法としての景観考古学と象徴考古学―」『考古学論集』第 10 集　51-72 頁

安斎正人 2002「『神子柴・長者久保文化』の大陸渡来説批判―伝播系統論から形成過程論へ―」『物質文化』第 72 号　1-20 頁

安斎正人 2007「円筒下層式土器期の社会―縄紋時代の退役狩猟者層―」『縄紋時代の社会考古学』27-58 頁　同成社

大上周三・鈴木次郎編 1984『栗原中丸遺跡』神奈川県立埋蔵文化財センター調査報告 3

小熊博史 2006「小瀬ヶ沢洞窟」『東蒲原郡史　資料編 1　原始』45-128 頁　阿賀町教育委員会

神田五六・永峯光一 1958「奥信濃・横倉遺跡」『石器時代』第 5 号　48-55 頁

佐川正敏・鈴木　雅編 2006『日向洞窟遺跡西地区出土石器群の研究Ⅰ』東北学院大学文学部歴史学科佐川ゼミナールほか

佐藤禎宏・大川貴弘編 2003『八森遺跡　先史編』八幡町埋蔵文化財調査報告書第 13 集

白石浩之・笠井洋祐編 1999『吉岡遺跡群Ⅷ』かながわ考古学財団調査報告 48

杉原敏之 2003「九州島の様相―石器群と土器出現期―」『季刊考古学』第 83 号　46-50 頁

鈴木次郎・恩田　勇編 1996『宮ヶ瀬遺跡群Ⅳ』かながわ考古学財団調査報告 8

砂田佳弘・三瓶裕司編 1998『吉岡遺跡群Ⅴ』かながわ考古学財団調査報告 38

相馬一郎編 1979『デザインと環境』早稲田大学出版部

田平祐一郎・野平裕樹編 2004『園田遺跡・大園遺跡』中種子町埋蔵文化財発掘調査報告書（8）

寺崎康史 1996「北海道地方における大形尖頭器について」『北海道旧石器文化研究』第 1 号　1-10 頁

長沼　孝編 1985『今金町　美利河 1 遺跡』北海道埋蔵文化財センター調査報告書第 23 集

長沼　孝編 1988『函館市　石川 1 遺跡』北海道埋蔵文化財センター調査報告書第 45 集

中村孝三郎 1960a「新潟県蒲原郡上川村神谷小瀬が沢洞窟遺跡（第一次）調査概報」『上代文化』第 30 輯
　　　3-10 頁

中村孝三郎 1960b『小瀬が沢洞窟』長岡市立科学博物館（2001 年復刻版）

中村由克 2008「神子柴遺跡出土石器の石材とその原産地の推定」林　茂樹・上伊那考古学会編『神子柴』
　　　220-241 頁　信毎書籍出版センター

松木武彦 2007「ヒトの社会性と人工物の進化」『生物科学』第 58 巻第 2 号　96-102 頁

森嶋　稔 1986「神子柴型尖頭器とその周辺の二、三の課題」『長野県考古学会誌』第 52 号　46-48 頁

森嶋　稔・堤　隆ほか編 1998『唐沢 B 遺跡』千曲川水系古代文化研究所

森山公一 1986「神子柴型尖頭器にみられる抉入部をめぐって」『長野県考古学会誌』第 52 号　1-21 頁

山崎信二 1977「尖頭器について」『考古論集』11-44 頁　松崎寿和先生退官記念事業会

山田　哲 2006『北海道における細石刃石器群の研究』六一書房

Kohn, M. and S. Mithen 1999 Handaxes: products of sexual selection? *Antiquity* 73: 518-526.

Sinclair, A. 2000 Constellations of knowledge: human agency and material affordance in lithic technology. *In Agency in Archaeology*, edited by M.-C. Dobres and J.E. Robb, pp.196-212. Routledge: London and New York.

第5章　信濃川流域における縄文化の素描

佐　藤　雅　一

1　はじめに

　縄文「化」とは、きわめて抽象的な概念である。ここで扱う縄文「化」は、①旧石器文化から縄文文化へ変遷する過程に生じる縄文化、②縄文文化初期における文化形成の過程で確認される段階的な縄文化、の二者がある。この二者の縄文化の過程を検討したい。
　まず、縄文化の対象となる縄文時代そのものの時代区分を明確にする必要がある。筆者は、現段階において蓄積された東北アジアや極東ロシア、台湾やポリネシア諸島などの考古資料を含めて検討した場合、現状における「縄文土器の範囲」を変更する必要はないと理解する。すなわち、現段階では器としての土製器が生成し、それが生活財に含まれる事実と、その社会的効果を歴史学的に評価することにより、旧石器時代と縄文時代を大別する大きな指標となる。したがって、列島における土器の生成を、縄文土器の発生とみなし、縄文時代の幕開けと考える。
　しかし、縄文土器の範囲や生成した初期土器の機能と用途への考察も重要な作業であり、その視座のもと、すでに基礎的研究は進行していることも熟知しており、近い将来には、列島における始原の土器のうち、縄文土器の範疇から除外すべき土器が確認される可能性がある[1]。
　さて、縄文化を考察するにあたり、後期旧石器時代における縄文化への揺らぎ、とくに細石刃石器群における縄文化のきざしを検討したい。次いで、縄文時代における段階的な縄文化を考えることとする。すなわち、縄文時代は約14000年間に営まれた石器時代であり、その間には環境の変化や外来文化との接触、あるいは内部的変革に伴う文化形成と変遷を繰り返し継続していたと理解される。その文化形成の段階的変遷あるいは地方化に伴う小文化圏形成など複雑な社会であったことは、言うまでもなかろう。
　そこで小林達雄によって区分された縄文時代6期区分（小林1977）に従い、縄文時代草創期から早期初頭を取りあげ、縄文文化の胎動期における縄文化を探り、素描することとしたい。
　また、基本的な対象地域は信濃川流域として、①土器、②石器、③活動痕跡のあり方、④精神遺物の4項目を取りあげて検討するものである。

2 後期旧石器時代末から縄文時代草創期初頭における縄文化のきざし

A 在地系集団と非在地系集団との接触

　信濃川流域における後期旧石器時代の変遷を、広域テフラを基準として、Ⅰ期：AT降灰以前、Ⅱ期：AT降灰以降、Ⅲ期：AT降灰以降〜As-K（浅間-草津テフラ）降灰以前、に大別して検討したことがある（佐藤2002）。その遺跡数の変動は、第1図が示すようにⅡ期に最大ピークをもち、その内訳は、A：ナイフ形石器を主体とする石器群（13カ所）、B：国府型ナイフ形石器群の影響が認められる石器群（3カ所）、C：尖頭器を主体とする石器群（5カ所）で構成される。これらの活動痕跡の増減現象を単眼的に率直にみるのではなく、段階変遷に伴う時間の非等質性や段階間の移行時間の長さなど、複雑な関係を複眼的にみる視点が必要と考える。概説書による通時的な変遷は、A⇒B⇒Cへと段階的に新しくなると理解されているが、果たしてどうか慎重な検討が必要であろう。

　遊動的な生活様式と理解される旧石器時代は、生活財の素材獲得やその加工の大半が石器でおこなわれており、石器石材と食料の獲得が重要な活動であり、それらが遊動活動に組み込まれていたと理解されている。石器石材研究が進む関東・中部圏の研究からみても、信濃川流域の津南段丘付近や支流である五十嵐川流域などは、石器石材が豊富に入手できる地域であることが指摘

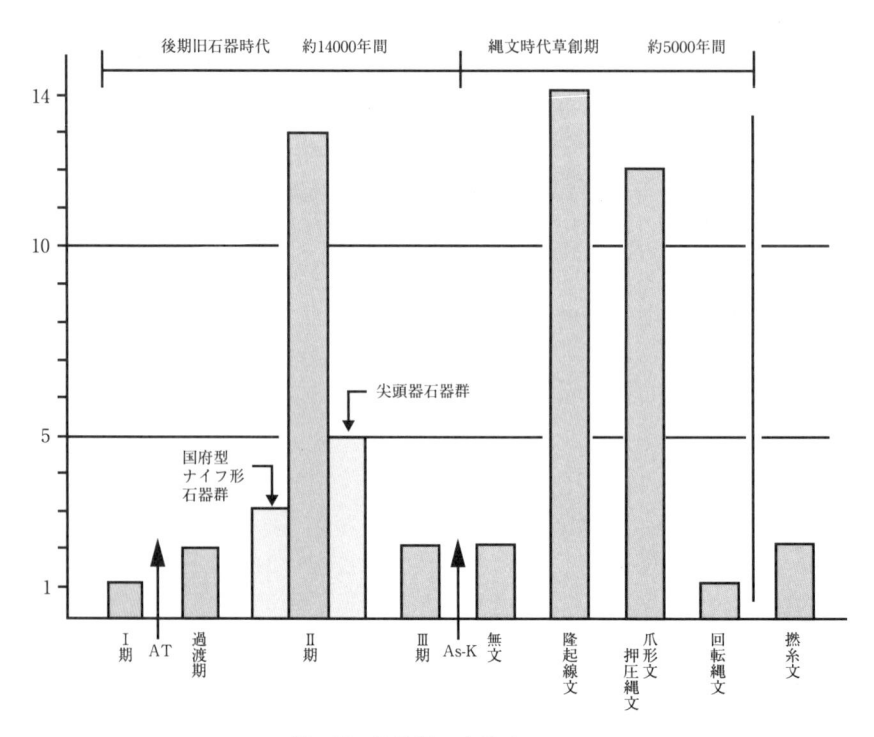

第1図　遺跡数の変動グラフ

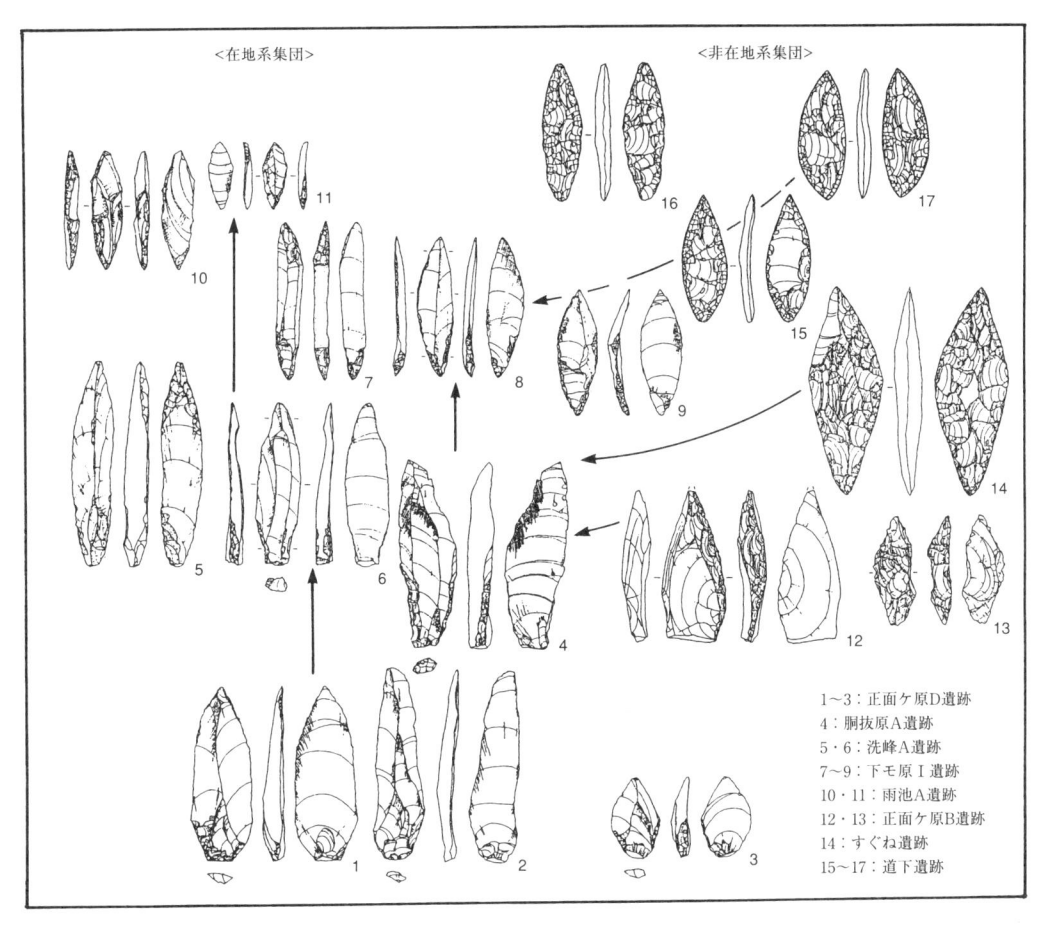

第5章 信濃川流域における縄文化の素描 95

第2図 在地系集団と接触した非在地系集団のイメージ

されており[2]、それらを背景に旧石器時代遺跡の分布核地域が形成されている（中村1965）。よって、信濃川流域は多様な遊動圏をもつ狩猟採集民の石材獲得行動に伴い、異集団が接触する可能性が多分に予想できる地域である。言い換えれば、言語あるいは文化的価値、文化的技術と生活財構成に違いがある異集団が接触し合い、パルスを波動させた地域であった可能性がある。

　ここで取りあげる信濃川流域には、基部加工ナイフ形石器を基軸とした在地系集団[3]が、一定範囲の領域内を季節周遊移動しながら、その生活文化を段階的に変遷させていたと推定される。その基本的生活域に遠来の異集団[4]が段階的に往来し、その都度、在地系集団と接触をもつことで生物的血縁関係や情報・生活財製作技術の交換や模倣（角張2007）などが繰り返しおこなわれた可能性がある。具体的には、信濃川流域における国府型ナイフ形石器や二側辺加工ナイフ形石器、両面加工尖頭器などの流入（第2図）そのものが、ある社会現象の断片を反映している。

B　荒屋型細石刃石器群保有集団の流入

　生態環境や石材などの自然資源が豊富な信濃川流域は、在地系集団の季節周遊移動ルートであ

1 吉田	26 大平山元	47 髙岡大山
2 北連	27 下堤D・霧崎B	48 東峰御幸畑西
3 元町3	28 富山坂F	49 大網山田台8
4 みどり	29 越中山S	50 草刈六之台
5 水口	30 越中山M	51 白草
6 横加沢遺跡	31 角二山	52 親塚
7 ナチカルシュナイ	32 樋口	53 落合
8 白滝第4	33 大刈野	54 中ツ原5B
9 白滝服部台・服部台2	34 滝ノ花	55 藍坂川東
10 モサンル	35 行塚	56 恩原
11 高瀬	36 小戸谷	57 上ノ台I
12 北町C	37 幕平	正面中島
13 嵐山2	38 天上原	
14 暁	39 寛屋	
15 上似平	40 月岡	
16 択梯上層	41 小石ケ浜	
17 メボシ川2	42 学壇	
18 都	43 屋敷田	
19 立川2	44 杉久保C	
20 名且2	45 後谷B	
21 美利河1	46 木戸場	
22 富里B		
23 石川1		
24 新道4		
25 湯の里4		

第3図 荒屋型細石刃石器群の分布 (加藤 2003)

1. 荒川台
2. 田井A

第4図 荒屋型細石刃石器群保有集団の移動

り、そこに異なる非在地系集団が幾度となく通時的に入り込み緊張関係を生みながらも、情報交換や生物学的遺伝子交換がおこなわれてきたと推測する。このような人的交流が直接的あるいは間接的におこなわれてきた信濃川流域に間隙的に貫入してきたのが、荒屋型細石刃石器群を携えた人びとであった。彼らの活動痕跡の立地傾向や道具仕立てなどから内水面漁労適応に傾倒したとする評価 (佐藤宏 1992) があり、筆者も肯定する立場である。

その荒屋型細石刃石器群の分布 (第3図) が意味する社会と範囲を考える必要がある。日本最大の黒曜石原産地が位置する千曲川上流部以西には、①野岳・休場型細石刃石器群が分布し、千曲川下流にあたる信濃川流域には、②荒屋型細石刃石器群が分布する。南関東においてこれらは同じ時間的ステージに分布しておらず、①→②へ変化したことが層位的に判明している (諏訪間 2001)。すなわち、野岳・休場型細石刃石器群 (田井A遺跡) (安藤 1988) や荒川台技法を保有する一群 (荒川台遺跡) (阿部 1991) が活動していた地域 (第4図) に荒屋型細石刃石器群保有集団が貫入的に入り込み、信濃川と魚野川の合流点に形成された三角州[5]に荒屋型細石刃石器群保有集団は拠点を置いた。その活動戦略の目的は、北方からの居住地移動であり、そこを根城に分派的行動 (第4図) を進めたと推測される。

この拠点である荒屋遺跡の三次にわたる調査 (芹沢編 2003) で判明したいくつかの事項から「縄文化」のきざしを読み解くことができるであろうか。

第5章　信濃川流域における縄文化の素描　97

①竪穴住居状遺構と炉跡（第5・6図）

　竪穴住居状遺構は確認面で長径385cm、短径235cmを測る一部を確認し、その全形は不詳であるが隅丸方形と推定されている。遺構は29枚に分層される埋土で覆われ、そのうち4X・303・312・405層には焼土粒や炭化物粒が混入する。竪穴住居状遺構は間違いなく掘り込まれており、北側壁面立ち上がりは100cm弱のベット状の段を有する。南側壁立ち上がりは変換点が認められるものの、段は確認できない。床面は南北軸で約300cm弱の長さを計る。炉跡は床面主軸中央に位置する。炉跡は4g3層→4g2層の堆積関係が認められ、4g3層を掘り直して、炉が形成された後に4g2層が堆積している。その炉跡は長方形（長軸約105cm・短軸95cm・深さ8cm）を呈する。床面上位に堆積した埋土最下層の黒褐色土を掘り下げていないことから、床構築状態

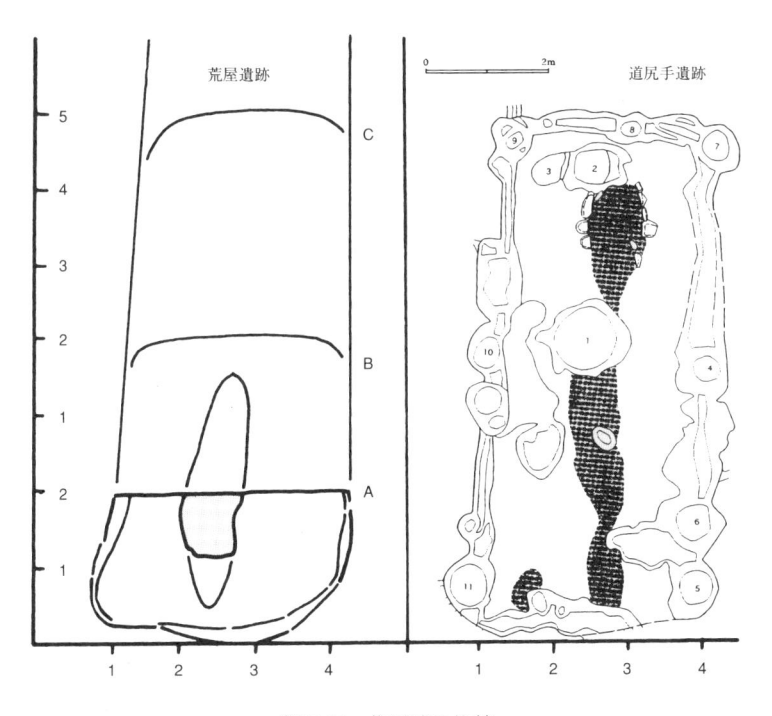

第5図　住居跡の比較

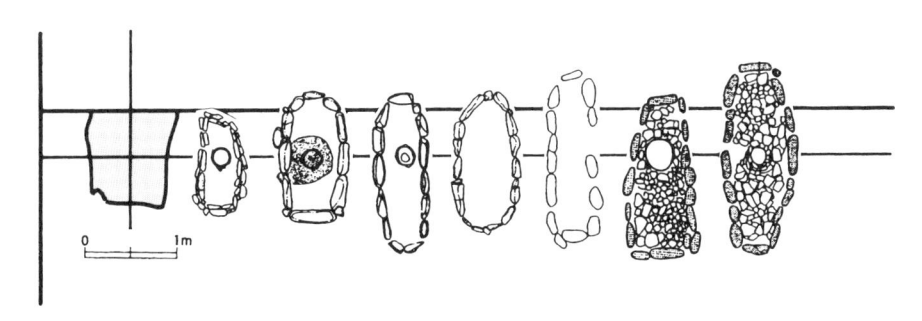

第6図　地床炉と石囲炉との比較

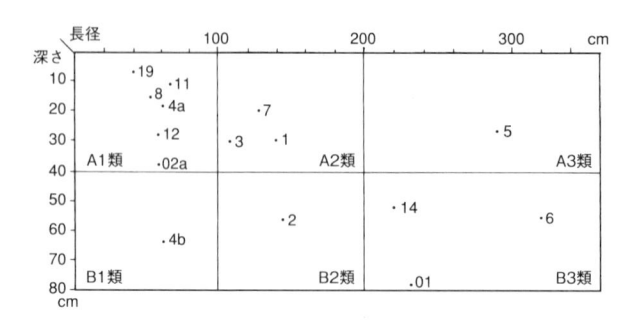

第7図 土坑の大きさ（深さ／長径）

と柱は確認していないという。

第5図（左）は、検出された竪穴住居状遺構の全形を推定している。長軸が短軸に対して約1：1の比率であればBである。仮に、長短の比率が短軸1に対して長軸が1.75であれば、ほぼ縄文時代中期中葉の長方形住居跡の形態（第5図右）に近似する。また、地床炉は床面のほぼ中央に位置し、上下端が不明である。同一縮尺で縄文時代中期の石囲炉と比較した（第6図）。本来、炉の大きさ（炉床面積）は床面積との相関関係を議論する必要があるが、ここでは単純に炉本体の大きさを比べる。荒屋の地床炉の炉床は、他の事例に比べると幅が広く、当然、長さも長いと推定される。縄文中期の長方形住居跡のように、長軸主軸中央に細長く地床炉が延びていた可能性があり、その住居形態も、隅丸方形よりも隅丸長方形の可能性が推測される。

近代狩猟民俗の聞き取り調査によれば、1間×3間程度の細長い山小屋の主軸中央に細い炉があり、手炙りの状態で壁にもたれることで大勢が逗留できるという[6]。この興味深い話と長方形住居跡の床と地床炉の面積比率を重ねて考えることもできる。

②土坑（第7図）

土坑は23基が検出されている。そのうち、データが公開されている15基の長径と深さの相関を概観する。A群：深さが40cm以内の土坑（10基）、B群：深さが50cm〜80cm以内の深い土坑（5基）の2種がある。土坑長径で細別するならば、1類：長径40cm〜80cm以内にA群：6基、B群：1基、2類：長径100cm〜160cm以内にA群：3基、B群：1基、3類：長径200cm以上にA群：1基、B群：3基ある。これらA1類〜A3類、B1類〜B3類は、その形態から柱穴ではない。6種に分類される形態差は、多様な用途に関連する遺構と推測される。とくに、B群とした深い土坑の用途は、貯蔵穴・陥穴・採掘穴・井戸穴などが想定されるが、検証するすべがない。ただ、注目されるのはB3類とした径の大きく深い土坑のうち、6号・14号は受熱痕跡が確認されていることである。6号は基底面がわずかに焼けており、その上部を覆う8枚の埋土が砂層と焼土層の交互堆積を示す。14号は基底面が炭化物を含み焼土面化し、それを覆う埋土8枚は砂層と焼土層が交互堆積していたという。これら焼土層と砂層の交互8枚の堆積は、4回の増水あるいは洪水を予感する。また、同じ場所で火をたく行為を継続する必要性と堆積層から出土した細石刃や彫刻刀形石器の使用には、強い相関関係がうかがわれる。

③炭化物

竪穴住居状遺構(4g層)出土の炭化物〔13700年±80年BP〕、6号土坑(9層)出土の炭化物〔14100年±100年BP〕、14号土坑（4P層）出土の炭化物〔14200年±110年BP〕から、AMS炭素14年代測定値が求められている。これらと共に出土した炭化物の総数は81点を数える。その樹種

同定によればキハダ49点、カラマツ属11点、マツ属7点、ナシ亜科5点、ヤナギ属3点、そして、カバノキ属、ハンノキ属、モミ属が各1点、不明3点となっている。この樹種組成から冷温帯性の植生を反映しているという。また、炭化物と共に検出した炭化種子の総数は224点である。その内訳はオニグルミ172点、エノキグサ40点、ミズキ5点、ニワトコ1点、サクラ属1点、不明5点である。そのうち、堅果類であるオニグルミが約77％を占めており注目される。ここではオニグルミが燃料材か食料であるかが重要な点であるが、食料とする根拠はない。しかし、筆者としては積極的に食料残滓と推測し、その食料化を考察したい。現世におけるオニグルミの結実時期からみて秋季の獲得活動とそれ以降の食料加工工程が想定されるが、しかし、台石や叩き石の道具組成が必要となる。

C　在地集団と非在地集団との緊張

信濃川流域では4期としたAs-K層を介在して、細石刃石器群や大形石槍石器群に局部磨製石斧が伴って出土する事例が散見される。これら大形石槍の形態や局部磨製石斧の刃先形態などから神子柴文化、あるいは長者久保文化と呼ばれてきた石器群の系譜上で理解されている一群がある。これらの生活跡として、湯沢町大刈野遺跡（佐藤1988）や正面中島遺跡（佐野2002）があり、4期以降の隆起線文土器が伴う十日町市久保寺南遺跡（笠井2001）でも、その残影を認めることができる。

これら石器群は、生活跡以外にも隠匿跡とされる出土状況を示すことで知られる。長岡市蛇新田遺跡（中村1966）・山屋遺跡（徳沢1997）、小千谷市三仏生遺跡（中村1978）・館清水遺跡（小野1992）、魚沼市長者林遺跡（中村1978）、十日町市向田遺跡・如来寺遺跡（小林編1983）、津南町すぐね遺跡（小林編1984）、長野県栄村横倉遺跡（永峯1982）などは、隠匿跡と推定される遺跡である。遺跡立地には、河川交通路縁辺部や谷地形入り口部などの共通性があり、その隠匿行為と立地環境が一体となっていると推測される。

この隠匿的な出土状況の背景には、社会的接触行為に伴う緊張関係をほぐす目的で行われた行為が含まれていたと推測したい。その目的でモノを置き去り、交換行為を意図したが、他者に認められず、あるいは気付かれずに、置き忘れられたモノが隠匿されたような状況で検出されていると考える。前代の細石刃石器群においても、十日町市愛宕山遺跡（船底形石器）（菅沼1996）や長野市小野平遺跡（船底形石核）（宮下1995）などの例が、同様に隠匿跡の可能性がある。これら二遺跡は河川交通路から離れた高台鞍部に立地する共通性がある。

D　小　結

このように後期旧石器末葉に位置づけられる荒屋型細石刃石器群を保有する集団の生活様式には、①水辺環境への積極的進出、②竪穴住居と炉の構築、③貯蔵穴を含むと推定される多様な土坑構築など、すでに縄文化のきざしが認められる。しかし、その移動生活を基盤とした基本的な石材獲得は、東北日本海沿岸ネットワークの中にあったと推定される。

彼らの南下貫入行動以降、隆起線文土器が展開する安定社会期まで、緊張関係のある社会が続き、その中で「隠匿遺跡」が形成されたと理解される。その草創期初頭は、集団の再編成に伴う社会価値観の形成など重要な社会的装置の整備が進められた縄文文化の受胎期と考えられる。

3 縄文時代草創期から早期初頭における段階的な縄文化

A 縄文土器

土製器の出現は、基本的にその特性を理解し、煮沸行為がおこなわれたと理解するべきである。この煮沸行為は、水温の上昇を伴うものであり、その熱効果によるさまざまな効能が期待される。

この「煮る」という機能を土器が優先的に担っていたと理解して間違いないと考えるが、何を煮る必要性が土器出現期にあったのか。用途の探求はこれからである。筆者は単純に食料加工と推定するが、狩猟用の毒や身体に塗る魚油の精製（梶原 2001）などを想定する研究者もいる。隆起線文以前の土器群は、型式学的には不詳の部分が多いが、粘土貼付と異なる沈線文様など沈文系文様が存在するようである。信濃川流域では、湯沢町大刈野遺跡、津南町屋敷田Ⅲ遺跡（江口 1998）、十日町市壬遺跡（小林編 1982 ほか）において、隆起線文土器以前の土器と考えられる無文土器が検出されている。これら三遺跡の無文土器を比較するならば、屋敷田Ⅲ遺跡の無文土器は、他に比べて薄手土器である。少なくとも、隆起線文土器以前に製作された無文土器には、厚手無文土器と薄手無文土器の二者があり、系統の差をうかがい知ることができる。

信濃川流域における草創期土器群の地方編年では、壬下層式（無文土器）→田沢式（隆帯文土器）→久保寺南式（隆起線文土器）→干溝式（微隆起線文土器）→本ノ木式（押圧縄文土器）→卯ノ木南式（押圧縄文土器）→室谷下層式（回転縄文土器）の変遷をとらえることができる。段階ごとに（+）が入り込む部分はあるものの、土器でおおよその変遷を追うことができる（第 8 図）。

土器の保有個体数や容量の変化は、生活様式の変化を読み解く重要な指標である。隆起線文土器段階の久保寺南遺跡では、大形から小形の多様な土器の存在が確認され、同様に屋敷田Ⅲ遺跡出土の隆起線文土器群には、極小形土器の存在が知られている。その保有量を第 1 表で検討したことがある。

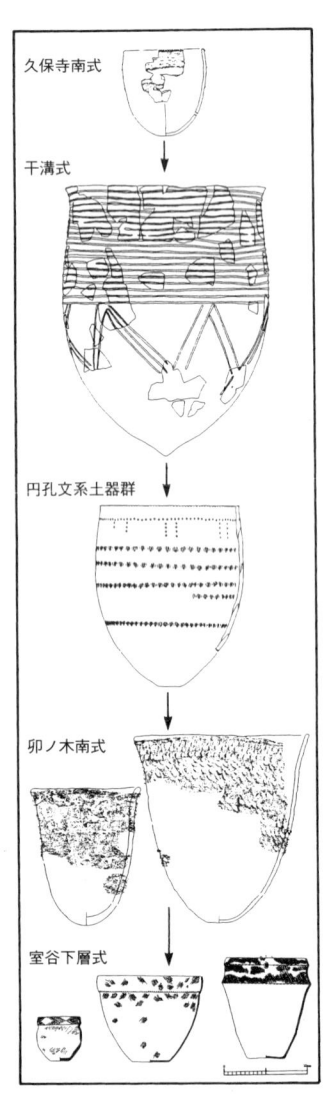

第 8 図　縄文土器型式の変遷

第1表　土器量と想定土器個体数

	破片点数(点)	重量(g)	一点当りの平均重量(g)	調査面積(㎡)	1㎡当りの土器重量(g)	想定土器量(点) 大	想定土器量(点) 小
久保寺南	676	3,475	5.14	966	3.59	3	13
卯ノ木南	1,024	7,415	7.24	4,892	1.51	7	29
室谷下層1	2,207	6,209	2.80	131	47.50	6	24
室谷下層2	3,686	15,527	4.20	131	118.79	15	62
室谷上層1	11	95	8.60	131	0.72	0.09	0.3

保有量問題は谷口康浩が指摘するように、草創期に比べて早期において急激に増加する傾向は認められる。

また5000年余りある草創期において、土器の文様や文様構成、器形などの変化とその型式土器の広がりは、地方文化圏の広がりと深く関連すると推定される。少なくとも隆起線文土器様式の安定的な広がりの中に地方型式が分布する実態は、小文化圏の形成を意味し、その様相は荒屋型細石刃石器群保有集団の様態とは大きく異なる。しかし、後期旧石器時代における在地系型式石器の広がりは、隆起線文土器の小文化圏と地理的範囲がおおよそ重なることに注目した。

B　石器

ここでは荒屋遺跡（細石刃石器群）⇒小瀬が沢洞窟遺跡・久保寺南遺跡（隆起線文土器）⇒卯ノ木南遺跡（押圧縄文土器）⇒室谷洞窟遺跡10～13層（回転縄文）⇒大原遺跡（撚糸文土器）を対象に石材供給、剥片剥離技術、石器組成について検討する。

石材供給は、地質環境を背景とする地理的位置の異なりによって、その獲得する在地系石材に違いがあることから、信濃川流域と阿賀野川流域に区分して概観することにする。

第2表は、信濃川流域に分布する遺跡群を時間変遷で並べたものである。細石刃石器群の荒屋遺跡は頁岩が95％を占める。そのほかに安山岩や砂岩・凝灰岩などが含まれる。報告で頁岩と

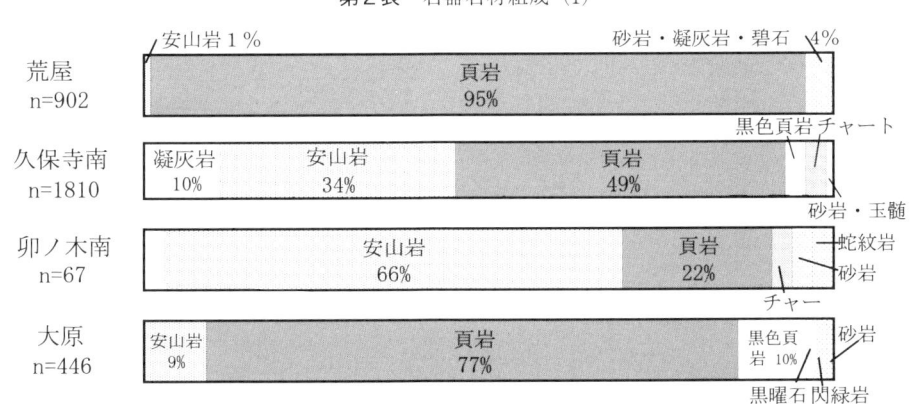

第2表　石器石材組成（1）

荒屋 n=902：安山岩 1%／頁岩 95%／砂岩・凝灰岩・碧石 4%／黒色頁岩 チャート

久保寺南 n=1810：凝灰岩 10%／安山岩 34%／頁岩 49%／砂岩・玉髄

卯ノ木南 n=67：安山岩 66%／頁岩 22%／蛇紋岩／砂岩／チャート

大原 n=446：安山岩 9%／頁岩 77%／黒色頁岩 10%／砂岩／黒曜石 閃緑岩

されているが大半は在地系の頁岩でなく、阿賀野川以北で産出する頁岩と推定される。隆起線文段階の久保寺南遺跡では、頁岩の構成率が激減し、49％となり、その大半が在地系頁岩に変わる特徴がある。また、荒屋遺跡に比べると安山岩の構成率が34％に増加する。この安山岩は在地の志久見川流域で拾うことのできる無斑晶ガラス質安山岩である。押圧縄文土器段階の卯ノ木南遺跡では、さらに在地の無斑晶ガラス質安山岩の構成率が増加し66％を占める。22％を占める頁岩は、20％以上が在地の頁岩である。単体で蛇紋岩製の局部磨製石斧が搬入されているが、製作痕跡はない。早期初頭の大原遺跡は、卯ノ木南遺跡と同様に9割以上が在地系石材に依存する傾向にある。しかし、在地の頁岩と無斑晶質安山岩の構成比が逆転する現象が認められる。

　第3表は、阿賀野川流域に位置する小瀬が沢洞窟遺跡と室谷洞窟遺跡の石材構成を示したものである。信濃川流域と比べると、多様な石材が使用されている。小瀬が沢洞窟遺跡は、隆起線文土器段階から押圧縄文土器段階までのやや時間幅の広いデータである。良質な珪質頁岩17％と珪質凝灰岩33％であわせて50％を占める。また、少量ながら広域搬入石材である黒曜石が含まれる。室谷洞窟遺跡は、小瀬が沢洞窟遺跡との時間的重複がほとんどない回転縄文土器段階であり、層位的にデータを比較することができる。下層1と下層2は草創期末葉の室谷下層式段階である。珪質凝灰岩が選択されず、珪質頁岩が10％以下に激減する。その代わりに、在地石材である緑色凝灰岩と頁岩が合わせて50％強の構成比を占めるようになる。また、黒曜石が10％台搬入されていたことも特筆される。室谷上層1は早期撚糸文土器段階から押型文土器段階のデータである。すなわち、早期前半期である。在地の緑色凝灰岩と頁岩がやはり50％台の構成比を示す。しかし、黒曜石が選択されず、在地の鉄石英がやや増加する傾向にある。

　このように地域は異なるが、共通した傾向と地域的な現象が認められる。良質な珪質頁岩の搬入率は隆起線文土器段階において劇的に減少し、押圧縄文土器段階ではほぼ皆無となる。その代わりに在地石材の獲得が増加し、信濃川流域では頁岩と無斑晶ガラス質安山岩に大きく傾き、阿賀野川流域では頁岩と緑色凝灰岩を優先的に獲得する状況が理解される。すなわち、隆起線文土

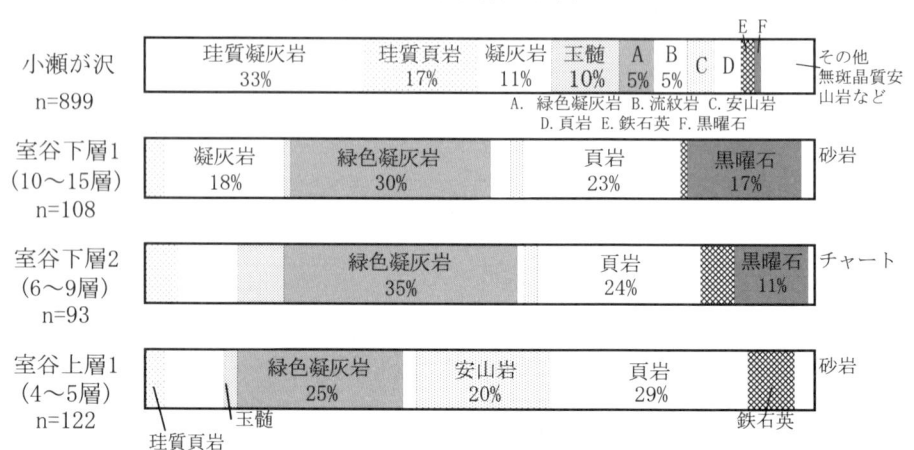

第3表　石器石材組成（2）

小瀬が沢 n=899	珪質凝灰岩33％ ／ 珪質頁岩17％ ／ 凝灰岩11％ ／ 玉髄10％ ／ A 5％ ／ B 5％ ／ C ／ D ／ E ／ F ／ その他 無斑晶質安山岩など　A.緑色凝灰岩 B.流紋岩 C.安山岩 D.頁岩 E.鉄石英 F.黒曜石
室谷下層1（10～15層）n=108	凝灰岩18％ ／ 緑色凝灰岩30％ ／ 頁岩23％ ／ 黒曜石17％ ／ 砂岩
室谷下層2（6～9層）n=93	緑色凝灰岩35％ ／ 頁岩24％ ／ 黒曜石11％ ／ チャート
室谷上層1（4～5層）n=122	珪質頁岩 ／ 玉髄 ／ 緑色凝灰岩25％ ／ 安山岩20％ ／ 頁岩29％ ／ 鉄石英 ／ 砂岩

器段階において、共に在地石材の開発と供給システムが構築されたと判断される。また、信濃川流域では、ほとんど認められない黒曜石が、阿賀野川流域では少量であるが認められ、その搬入システムとルートが確保されていた。これらの産地は後述するが、小瀬が沢洞窟と室谷洞窟では、その産地組成に違いが認められ興味深い。

次に獲得された石材がどのように剥片剥離され、石器の素材に供給されたかを考える（第9図）。石核と剥片、あるいは石器が接合した事例は少なく、ここでは荒屋遺跡⇒久保寺南遺跡⇒卯ノ木南遺跡を時系列順に概観する。

細石刃石器群を使用した人びとの活動痕跡である荒屋遺跡は、すでに指摘（佐藤宏1992）されているように、細石刃石核のブランク整形あるいは石核整形などで生じる縦長剥片などを利用して彫器や掻器、削器が製作される特異なシステムがある。これらは、その整形過程で生じる剥片を素材とし、その外縁部調整で器体整形することから、素材の変形度は低い。すなわち、石器の大きさがおおよそ素材剥片の大きさを示す。左右に並ぶ石器の背面剥離構成をみるならば、彫器（左）の方が主剥離軸に対して90度異なる剥離面を保有する率が高い。また、総じて幅広く長い縦長剥片を素材とする掻器や削器（右）は、腹面剥離軸に対して180度異なる剥離面を背面に保有する事例が多い。

これら素材は、細石刃石核と彫器との接合資料から読み解くことのできる剥離工程[7]で生じた剥片を素材にしていることが理解されるであろう。

隆起線文土器段階である久保寺南遺跡では、恒常的に石刃や縦長剥片が剥離されていた状況を、接合資料や石器から理解することができる。残されていた残核は4種ある。A類：船底状になる一群、B類：鳥の嘴状になる一群、C類：サイコロ状になる一群、D類：板状の一群である。注目されるのはA・B類である。A類は、比較的長い石刃や縦長剥片が剥離されているが、連続した定形的な石刃は剥離されていない。B類は、打面調整、頭部調整、側面調整を施し、打面再生を頻繁におこなう特徴がある。また、原面を保有する状態で原石が持ちこまれ、原面除去しながら各システムの剥離がおこなわれている。石器素材は、石刃あるいは縦長剥片を選択し、石錐、削器、掻器が浅い側面調整を主体として整形されている（左）。一方、主剥離軸に対して1：1に近い幅広剥片が選択され、削器や不定形石器が製作されている（右）。この幅広剥片が石核と接合する事例は認められないが、石刃などを剥離する石核の初期整形時に生じる可能性が高い。

押圧縄文土器段階の卯ノ木南遺跡は、石核の出土がないことから接合資料がほとんど確認されていない。石器の86%が不定形石器であり、素材剥片の縁部に浅い連続、非連続な調整を施す。さらに再調整を施す場合は、調整剥離角度が高くなり、その加工縁部は、直線から凹辺へと変化する傾向がある。久保寺南遺跡と比べた場合、石刃に分類される剥片は皆無であり、石刃剥離技術は存在していない。剥離される剥片は打面（剥離面打面・原面打面）が大きく、横長剥片（左）、幅広い縦長剥片（右）に分類される。これら素材の長幅比は、久保寺南遺跡と大差ないが、それ自体が大きく、幅広い傾向が強い。加工される刃部は、素材の縁部（直線・凸辺・二辺の交差）を巧みに選択し、用途にあった刃部整形を施す特徴がある。

104

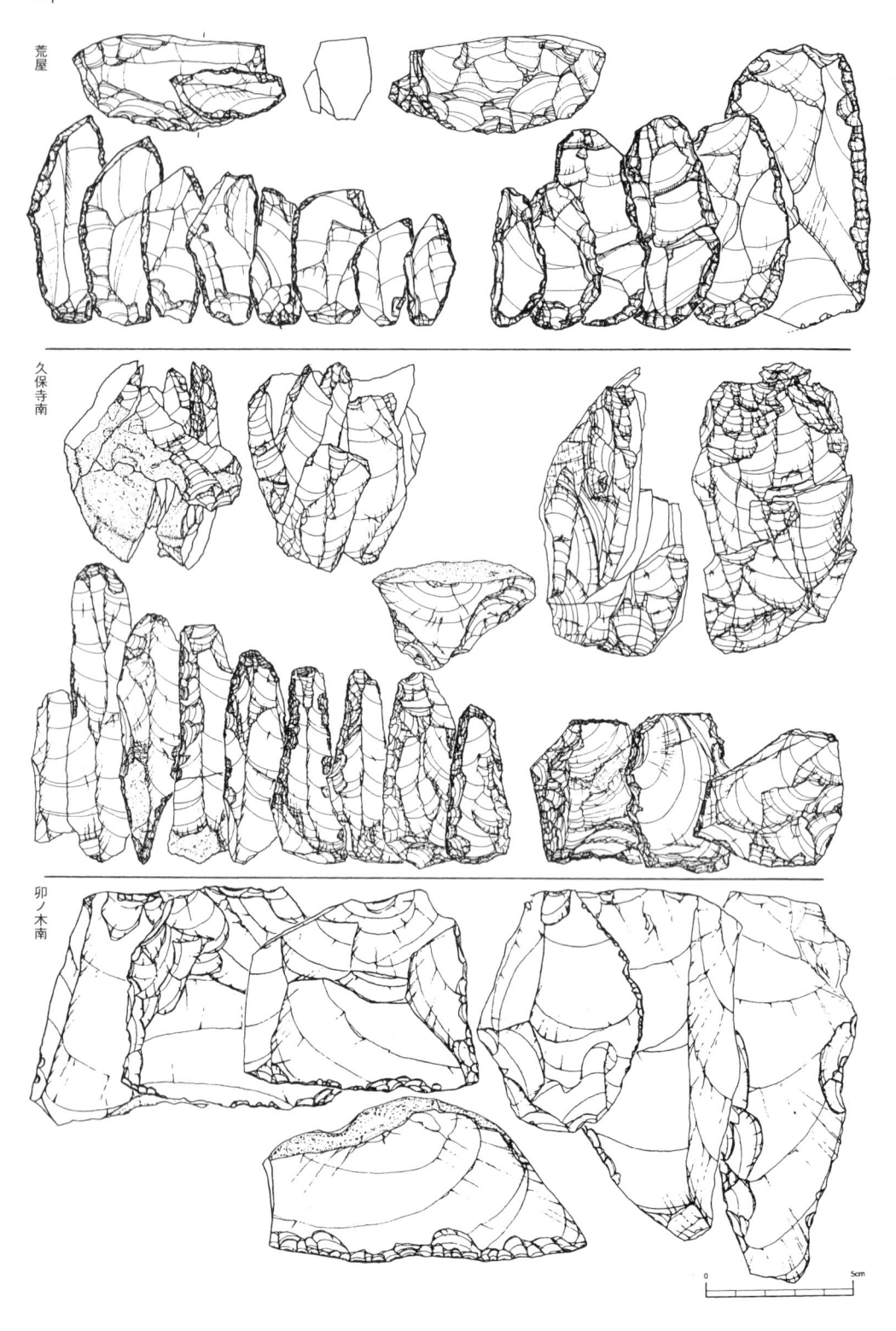

荒屋

久保寺南

卯ノ木南

0   5cm

第9図　剥片剥離の変化

第5章　信濃川流域における縄文化の素描　105

　更新世末から完新世初期にわたる時期の信濃川流域という限られた地理的範囲に残された活動痕跡から出土した石器群を、時系列順に三段階で概観した。共に異なる剥片が獲得され、加工されて、必要とする石器が製作されていることがわかる。大きな時間経過の中では、石刃剥離技術の継承、衰退、消滅の流れが想定され、久保寺南遺跡（衰退・変容）⇒卯ノ木南遺跡（消滅）の流れは理解できる。すなわち、隆起線文土器段階まで、石刃剥離技術は衰退する傾向はあるものの、変容しながらもその系譜技術は存在していた。しかし、押圧縄文土器段階で消滅するのである。

　しかし、その石刃剥離技術が後期旧石器時代からどのように継承されてきたのか、現状の編年観の中ではうまく理解することができないのは筆者だけなのであろうか（佐藤1999・2002）。すなわち、荒屋遺跡の石器製作技術基盤から、系統的に久保寺南遺跡の石器製作技術が生まれてくるのであろうか。そこには系統的な技術伝統や継承はなく、断絶が横たわると判断される。

　やはり、間隙を縫って、貫入的に南下した荒屋型石器群だけで地理的空間を埋めることは難しく、後期旧石器時代からの石刃剥離技術基盤を保有し、変容し続ける別集団の存在が想定され、越後においてモザイク状の分布状態が生じていた可能性が指摘される。それら別集団が保有する石器技術が久保寺南遺跡の石器技術基盤に系統的に繋がると想定される。具体的にその石器群を示すことはできないが、あえて想定するならば、大形石刃石器群の隠匿遺跡（小千谷市館清水遺跡）を残した集団の居住痕跡の中に認められるのではないかと考えている。そして、集団のモザイク状分布の中で土器が発生し、使用され、保有されるようになったと想像をたくましくしている。

　次に活動痕跡である遺跡に、廃棄、遺棄されて残された石器群（第4表）に観察の視点を移す。ここに用意したデータは、河川流路に近接する自然堤防と自然洞窟を利用した活動痕跡である。

　隆起線文土器段階の久保寺南遺跡では、石槍製作工程資料が検出されていることもあり、石槍の組成率が29％を占め、石鏃が存在しない。不定形石器の組成率が高く23％である。定形的な掻器が5％、削器が11％を数える。これら不定形石器を含めスクレーパー類[8]が39％を占める。局部磨製石斧が1％、打製石斧が10％で、合わせて11％である。敲石8％も注目される。

　遺跡立地が類似する押圧縄文土器段階の卯ノ木南遺跡と比較する。在地の無斑晶ガラス質安山岩を多用した不定形石器が全体の86％を占める。定形的な掻器が0.3％、石匙が1％[9]、石箆1％を数え、総数87.3％である。狩猟用飛び道具である石槍は1％と減少するが、石鏃が2％出現してくる。興味深い石器としては、定義上、彫器に数えられる石器1％、両極剥離剥片のピエス・エスキュユ4％が含まれる。

　両遺跡の比較では、石槍28％（久保寺南）に対して石槍1％＋石鏃2％（卯ノ木南）という対照的な組成率である。スクレーパー類は、39％（久保寺南）に対して87.3％（卯ノ木南）で、石斧類の組成は、11％（久保寺南）に対して2％（卯ノ木南）を占め、これらも対照的である。このように同じ遺跡立地でありながら、そこに残された石器群に大きな違いがあるということは、そこでおこなわれていた生業活動に幾分かの違いがあった可能性が高い。

　では、早期初頭の大原遺跡ではどうであろうか。遺跡の立地が高位段丘面に移動するが、不定形石器が89％と高い組成率を保つ状態は、卯ノ木南遺跡に類似する。残りの11％に石鏃、打製石斧、

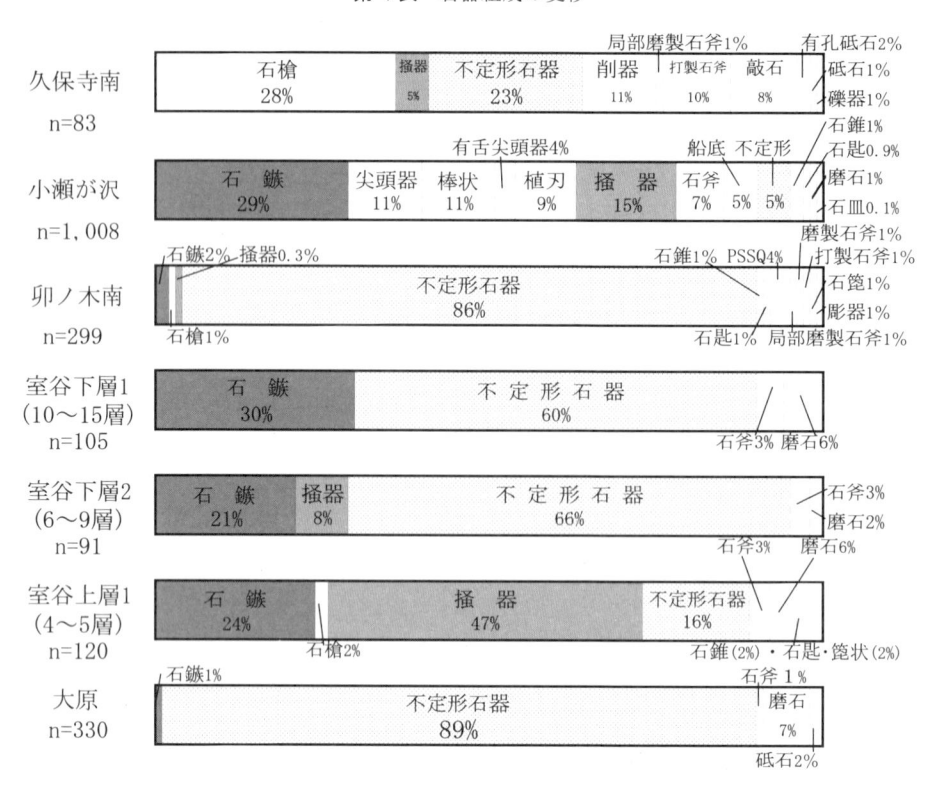

第4表 石器組成の変移

遺跡	石器組成
久保寺南 n=83	石槍28% / 掻器5% / 不定形石器23% / 削器11% / 打製石斧10% / 敲石8% / 局部磨製石斧1% / 有孔砥石2% / 砥石1% / 礫器1%
小瀬が沢 n=1,008	石鏃29% / 尖頭器11% / 棒状11% / 植刃9% / 掻器15% / 船底7% / 不定形5% / 石斧5% / 有舌尖頭器4% / 石錐1% / 石匙0.9% / 磨石1% / 石皿0.1%
卯ノ木南 n=299	石鏃2% / 掻器0.3% / 不定形石器86% / 石錐1% / PSSQ4% / 磨製石斧1% / 打製石斧1% / 石篦1% / 彫器1% / 石槍1% / 石匙1% / 局部磨製石斧1%
室谷下層1 (10～15層) n=105	石鏃30% / 不定形石器60% / 石斧3% / 磨石6%
室谷下層2 (6～9層) n=91	石鏃21% / 掻器8% / 不定形石器66% / 石斧3% / 磨石2%
室谷上層1 (4～5層) n=120	石鏃24% / 石槍2% / 掻器47% / 不定形石器16% / 石斧3% / 磨石6% / 石錐(2%)・石匙・箆状(2%)
大原 n=330	石鏃1% / 不定形石器89% / 石斧1% / 磨石7% / 砥石2%

砥石、磨石が含まれ、そのうちの7%が磨石であり注目される。

　これら石器組成の変化は、隆起線文土器中段階から押圧縄文土器中段階への時間的経過の中で、生じた生業活動の変化とみなすべき現象であろう。

　次に阿賀野川流域の奥山閉鎖型の洞窟遺跡を概観する。隆起線文土器段階から押圧縄文土器段階の小瀬が沢洞窟遺跡では、石槍11％＋植刃11％＋石鏃29％＋有舌尖頭器4％で、狩猟用飛び道具が全体の55％を占める。定形化された掻器15％と不定形石器5％で、合わせて20％のスクレーパー類が組成する。ドリルとしての機能が想定される棒状石器11％と石錐1％の総計12％も見逃せない。刃部厚の厚い特徴的な石斧を多く含む打製石斧は7％を数える。また、少量ではあるが石皿1％と磨石0.1％の組み合わせも注目に値する。

　回転縄文土器段階である室谷洞窟遺跡を概観する。下層1は室谷下層式(古層)の堆積層である。すでに石槍は組成せず、石鏃30％を数える。不定形石器が60％を占める特徴がある。さらに安定的に磨石6％が存在することは注目される。下層2は室谷下層式（新層）を包含する層である。傾向は同じで、不定形石器が66％の高率を占め、石鏃21％、磨石2％を保つ。不定形石器に掻器8％が加わり、スクレーパー類は総数74％を数える。

　この石器組成は、押圧縄文土器段階の卯ノ木南遺跡に類似する傾向がある。ひとつは石槍の急激な減少と石鏃の出現である。もうひとつはスクレーパー類の隆盛であり、とくに不定形石器の

高い組成率である。

室谷上層1は早期初頭に対比される。石器組成の傾向に変化が生じる。不定形石器の組成率が16%と減少する一方、搔器が47%を占めるようになり、スクレーパー類の総計は63%である。総計率は60%台で下層1・2と比較しても大きな相違はない。狩猟用飛び道具である石鏃24%に石槍2%が含まれる。磨石6%の存在は、下層との傾向とほぼ同じといえよう。

石器組成から推考するならば、隆起線文土器中段階および早期初頭前後に生業活動の画期を見出すことが可能である。それは、奥山閉鎖型の洞窟遺跡であろうが、河川流路開放型の自然堤防遺跡であろうが、その変化する傾向を認めることができるようである。この二時期の変動は、石器石材供給やそれを背景とした剥片剥離技術との関連が予想される。

C　活動痕跡の様相

縄文時代草創期は、縄文文化の受胎期から胎動期の時期と理解する。この時期は、浅間山の噴火によるAs-K火山灰の降灰[10]、寒冷期から温暖期への移行に反する激しい気候変動期(ヤンガー・ドリアス期)があったことが知られている。これらの自然現象が、当時の生活にどの程度の影響をもたらしたのかについては、慎重な議論が必要とされる。

草創期の活動痕跡は、このような環境下における海岸部、平野部、山地部、山岳部、高原部までと広範囲である。とくに信濃川流域近傍で注目されるのは、洞窟や岩陰の利用と、河川氾濫原に近い自然堤防への進出である。

第10図は信濃川流域近傍で確認されている洞窟、岩陰での活動動態である。

管見資料から越後における洞窟・岩陰の利用遺跡を調べたところ、15カ所が確認できた。そのうち、信濃川上流域に4カ所(3・7・8・15)、信濃川中流域に3カ所(4・3・10)、阿賀野川以北に8カ所(1・2・6・9・11~14)である。調査の頻度と精度が反映している可能性を考慮に入れても、その分布に偏りはみられず、洞窟や岩陰があれば積極的に利用していた証拠である。洞窟・岩陰の立地条件はさまざまであり、利用する場所ごとに多様な利用形態があったと推定したい。使用期間を概観するならば、草創期初頭や中期中葉~後期前葉などは使用は少ない。その使用は、草創期の隆起線文土器段階の久保寺南式期から始まり、前期中葉関山式後半並行期が第1活動期と便宜的に括ることができる。

第1活動期の中心は早期前半期の押型文土器(古相)~早期末葉の絡条体圧痕文土器の時間幅のようである。便宜的に第2期活動期として括るならば、前期中葉の有尾式並行期~中期前葉の大木7b式並行期である。第3期活動期はほとんど活動が確認できない中期中葉~後期前半期である。第4期活動期は後期後半期~弥生時代前半期であり、このうち晩期末葉から弥生時代前期にわたって積極的な使用が広範囲に認められることは特筆される。また、管見事例の立地は、海岸部や内陸平野部にはなく、山地部や山岳部が大半である。小瀬が沢洞窟遺跡・室谷洞窟遺跡・黒姫洞窟遺跡などは、山形県日向洞窟群に比べれば、奥山閉鎖型といえる。

活動季節や活動範囲に言及できる資料は少ないが、小瀬が沢洞窟遺跡のウミガメ?1点、海産

時期区分	遺跡名	1 小瀬が沢洞	2 室谷洞窟	3 黒姫洞窟	4 八木鼻第1	5 八木鼻第2	6 扉岩陰	7 竜岩窟	8 弥助尾根洞	9 長者岩屋	10 赤松岩陰	11 角嶋岩陰	12 入道岩洞窟	13 若宮洞窟	14 人ヶ谷岩陰	15 湯沢岩陰
草創期	無文															
	田沢															
	久保寺南	○														
	干溝	○		○												
	円孔文系															
	卯ノ木南	○														
	室谷1	○	○													
	(+)			○												
早期	撚糸1		○													
	撚糸2															
	押型1		○	○			○									
	押型2		○				○									
	田戸上層		○			○	○									
	子母口						○									
	田戸下層															
	鵜ヶ島		○					○								
	絡条1		○		○	○										
	絡条2		○													
前期	花積下層		○			○										
	二ツ木					○										
	関山1		○			○	○			○						
	関山2		○			○	○									
	有尾															
	諸磯a		○			○										
	諸磯b															
	諸磯c						○									
	十三菩提															
中期	大木7a							○								
	大木7b			○		○		○								
	大木8a															
	大木8b															
	大木9							○								
	大木10															
後期	三十稲場															
	南三十稲場1															
	南三十稲場2															
	三仏生1						○	○								
	三仏生2															
	(+)										○					
	(+)										○	○				
晩期	大洞B															
	大洞BC															
	大洞C1									○						
	大洞C2											○				
	大洞A									○		○				
	大洞A'									○				○	○	
	弥生	○			○								○	○	○	○
	古墳															

第10図 洞窟・岩陰の利用

二枚貝1点の稀少資料は注目される（小熊2001）。また、黒曜石の搬入は興味深い（藁科2001）。小瀬が沢洞窟遺跡では11点の黒曜石産地が分析されている。うち、在地の新発田板山産（4点）が36%を占め、近隣の信州霧ケ峰産(3点)が27%である。残りは、遠方の北海道産黒曜石(36%：白滝村赤石山産2点・置戸町所山産2点)である。分析総数が少ないデータではあるが、北海道産黒曜石が流入している事実と船底状石器の分布を含めて、今後慎重な検討が必要であろう（第11図）。

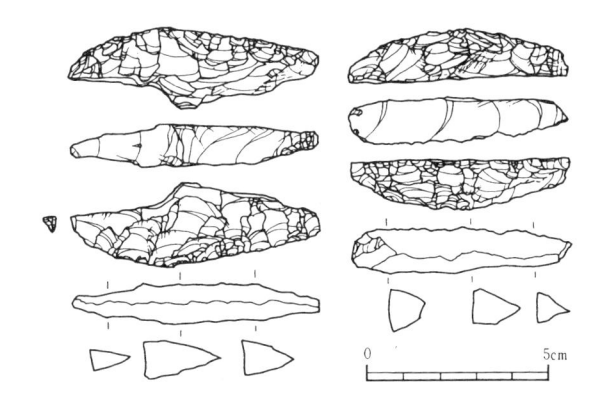

第11図　小瀬が沢洞窟遺跡の船底形石器

　一方、室谷洞窟遺跡（20点分析）では在地の新発田板山産黒曜石が0.5%（1点）しか占めない変わりようである。また、北海道産が流入しない代わりに伊豆諸島の神津島産が50%（10点）、信州霧ケ峰産が15%（3点）、栃木県高原山産10%（2点）が観察できる。北方系黒曜石は、青森県深浦産4点（20%）が持ち込まれていた。

　小瀬が沢洞窟遺跡と室谷洞窟遺跡は、同じ常浪川流域に近接する遺跡でありながら、搬入産地分布に違いがあり、注目する必要がある。この違いは活動期を背景とし、隆起線文土器期〜押圧縄文土器前半期の小瀬が沢洞窟遺跡を北方系折衝型、押圧縄文土器後半期〜早期前半期の室谷洞窟遺跡を南方系折衝型とあえて便宜的に区分し、その視点で文化的様相を慎重に検討することも大切であろう。

　荒屋遺跡の竪穴住居状遺構をどう評価するかであるが、筆者は後期旧石器時代末葉の住居跡と評価したい。住居とは、人為的な囲いによって居住空間が画され、闇の中で火をたき、暖をとれば、必然的に居住空間が明るくなり、暖かくなる。住居規模は、その居住集団に見合って決められ、火をたき暖をとって語り合う場が提供されたと理解する。同様に、洞窟は自然形成された岩肌が居住空間を画し、入り口部の開口部の構造がどうであったかによって、竪穴住居とはややことなる。岩陰はある程度の雨はしのげても、吹きさらしのイメージが高い。しかし、秋山郷に残る岩陰に作られた狩猟用滞在小屋は、片面が自然の岩肌であり、その岩肌に向けて木を掛け、竪穴住居とほぼ同様な方法で屋根や入り口を塞ぎ、居住区間を作りあげる（魚沼先史文化研究グループ1995）。

　ようするに洞窟や岩陰も居住環境として、竪穴住居と比べた場合、大差がない。しかし、住居を群配置するような集落形成はできず、居住域単体あるいは岩陰にへばりつく連居構造[11]が想定される程度であろう。

　したがって、洞窟や岩陰の利用は、活動域と使用目的を十分吟味して、自然堤防や段丘などの活動痕跡との有機的関係について考察する必要性がある。ただ、洞窟や岩陰というと奥山、急峻

な谷というイメージが筆者にはある。少なくとも小瀬が沢洞窟や黒姫洞窟、長者ケ岩屋などはそうであろう。しかし、山形県日向洞窟群などは北竜湖を望むオープンテラスに近接し、小瀬が沢洞窟と比較すれば開放的な里山に立地しているのである。今後は、洞窟、岩陰という大別的括りでなく、閉鎖型、開放型、里山立地、奥山立地などに細別する中で、それらの活動連鎖を考察する必要性がある。

ここでの問題は、洞窟や岩陰の使用時期と目的である。信濃川流域近傍において洞窟や岩陰の使用事例で、旧石器時代末葉まで遡るものはない。しかしながら、縄文時代草創期になると使用が始められ、早期～前期になると事例が増加し、中期～後期では減少し、晩期末葉以降に再び使用頻度が増加する。とくに、弥生時代などでは墓所として利用される事例が散見される。

縄文時代草創期における使用は、小瀬が沢洞窟遺跡（中村1960）、室谷洞窟遺跡（中村1964）、黒姫洞窟遺跡（小林編2004）で確認される。その出土資料から、小瀬が沢洞窟遺跡や黒姫洞窟遺跡では隆起線文土器を保有する草創期前半からの使用が確認され、室谷洞窟遺跡は草創期後半からの使用である。また、出土した遺物や動物遺存体などの量に大きな違いがあり、その活動規模を反映しているといえる。

ここでの視点は、河川氾濫原の自然堤防に積極的に進出しながらも、里山立地開放型や奥山立地閉鎖型など多様な洞窟や岩陰が活動域に組み込まれている事実である。小瀬が沢洞窟遺跡では、ウメガメなど海洋産動物の遺骸が出土しており、広域的な移動と多様な活動が想定される。しかし、そのような広域的でダイナミックな活動は、早期以降は減少する。このような草創期以前の事例の稀少性と早期以降の減少は、社会的活動のあり方と密接に関連していると思われる。

D 陥穴

草創期の石器組成は他時期と比較した場合、石槍や石鏃など狩猟用道具の比率が高いことが特徴である。彼らの狩猟方法を想定する場合、近代狩猟民の事例を踏まえ単独猟や集団猟が想定される。その中には刺突具ばかりでなく、棍棒で叩く、網を撒く、ワダラを投げるなどの方法も含まれるであろう。また、罠猟としての括り罠、仕掛け網や檻、陥穴がある。考古資料では、築跡[12]や陥穴が検出されている。陥穴は、すでに後期旧石器時代から構築されている狩猟用罠であり、広範囲に多数存在する。それらは集団追い込み猟に伴うと推定されているようである。信濃川流域においても数多くの陥穴が検出されているが、確実に草創期に含まれるものはない（佐藤1998）[13]。しかし、早期後半期と推定されている陥穴が急激に増加する傾向がある。形状は、円筒型に古い傾向が認められ、早期後半になると円筒型が変容した楕円形型や溝型が含まれ、多様化する[14]。形態的には、長幅比1：1から1：0.5への変化は見逃すことができない現象であり、狩猟対象や狩猟系譜の変化を想定せざるを得ない。

E 貯蔵穴

貯蔵穴に関しては、後期旧石器時代末葉の荒屋遺跡に確認され、草創期遺跡では押圧縄文土器

第5章　信濃川流域における縄文化の素描

段階の本ノ木遺跡（山内1960）と西倉遺跡（佐藤1988b）、卯ノ木遺跡（佐藤2003）から検出されている。ここでは卯ノ木南遺跡の事例に触れる。遺跡は船体状の自然堤防上に形成されており、西側の信濃川流路沿いに一段低い小段丘面があり、そこに21基の貯蔵穴と推定した土坑が群集していた。形態的には、頭部の短いフラスコ状を呈するもの2基、筒状を呈するもの19基に分類される。

F　墓穴

墓に関しては、湯沢町大刈野遺跡（草創期初頭）において立石を伴う配石遺構（第12図）が発見され、墓を想定した調査を実施したが、それを

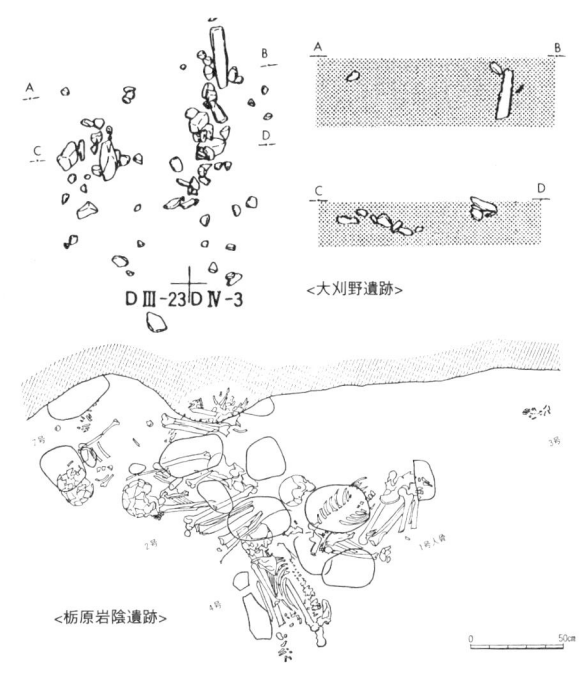

第12図　埋葬事例の検討

証明するものは検出されなかった（山本2004）。また、長野県仲町遺跡において、楕円形と隅丸方形を呈する墓穴と推定される土坑が二基並んで検出されている。覆土出土遺物から草創期中葉の爪形文土器期と推定されている（野尻湖人類考古グループ1984）。ほかに、信濃川と連結する千曲川最上流部にある栃原岩陰遺跡には早期縄文人が屈葬形態で発見され、一部に抱き石も観察されている（第12図）。少なくとも、早期前半期において、中期の埋葬形態に繋がる埋葬が存在することは重要である。

G　精神遺物

縄文文化胎動期である草創期において、精神文化を推し量る資料はほとんどない。隆起線文土器段階の上黒岩洞窟遺跡の線刻礫（春成2006）や押圧縄文土器段階の三重県粥見井尻遺跡の土偶（原田2007）が知られる程度である。信濃川流域近傍では、田沢遺跡の隆帯文土器に赤色顔料が塗布されている事例[15]、小瀬が沢洞窟遺跡や湯倉洞窟遺跡（永峯編2001）や栃原岩陰遺跡[16]などの海洋性貝殻製垂飾品の事例、仲町遺跡の墓穴埋葬過程における埋納品投擲行為（田中1992）などが知られる。これらは事例が少ないものの、多様な精神文化の一端を垣間見るものであり、縄文文化の大きな特徴をすでに示しているといえる。

4　まとめ

　以上のように、考古資料から探ることのできる現象面を拾い出し、検討するならば、信濃川流域での縄文文化の基礎はすでに後期旧石器時代にあることが強調される。すなわち、①小文化圏の形成、②堅果類への依存の可能性（黒坪2007、鈴木2007）、③精神文化を推察させる色への意識、赤色顔料の利用（新潟県荒沢遺跡）（小熊1994）、④荒屋型細石刃石器群保有集団の生活様式、などから縄文化の兆しを読み解くことができる。すなわち、遊動性が高い生活様式でありながらも、段階的に縄文化への内的変革を着実に進めていたと考えられる。その変革過程に南下流入した荒屋型細石刃石器群の保有集団との接触は、直接的に生活様式が変化するほどのインパクトを与えられた可能性が高い。それは荒屋遺跡に見る住居様式と建築技術、生業活動と火床形成、主体的拠点と小規模活動の活動痕跡などの総合的活動様式から推し量ることが可能である。

　一方、縄文時代草創期においては、縄文原体の存在から植物繊維の採取、撚り紐の獲得、編み物の存在が積極的に推定されよう。とくに、編み技術の獲得は重要であり、狩猟用網、容器などの籠類、衣類、さらには縄を利用したさまざまな運搬方法など、想像を逞しくさせる。さらに運搬が難しい土器の存在や自然資源開発と貯蔵システムの整備は、定住生活を促進させる重要な要素であり、それらによる社会的効果を歴史学的に評価する視点が重要である。このように5000年続いた縄文文化の胎動期である草創期において、縄文式生活様式の基層が整備されたと理解される。

　この草創期前半期の隆起線文土器段階中頃から押圧縄文土器段階初頭において、具体的な文化現象の変革が石器群の観察から指摘できる。それは、石材供給システムが在地型に変化し、あわせて残存していた石刃剥離技術の急激な衰退、そして、石槍や有舌尖頭器の減少と石鏃の増加、不定形石器と磨石類の増加・安定などの現象である。また、広域搬入石材である黒曜石は、組成重量比できわめて微量であるが、搬入されていた事実は重要である。小瀬が沢洞窟遺跡と室谷洞窟遺跡で観察できた黒曜石搬入ルートの変化は、興味深いものである。

　ここであえて視点を、地理的範囲と時間的範囲をやや広げて、夏島貝塚に注目するならば、外洋への構造的適応[17]、生物界への多様なアプローチ（食料資源・素材資源）、などが認められる。この実態は少なくとも前史である草創期において、その基礎が形成されていたとみるのが妥当であろう。それは、旧石器文化から伝統的に伝習された生活技術基盤を背景に、縄文文化の受胎期から胎動期にわたって一段と組織化した革新的な生活様式が整備され、それらが縄文文化の基層を支えていたといえる。

　さて、このたび信濃川流域における「縄文化」を素描するにあたり、今後、北海道や南九州という地理的位置を意識し、本州、四国、九州北部を取り込む地理的範囲での生活様式の比較検討を進める必要性を痛感した。とくに、時間軸としてのホライゾン整備が重要である。たとえば、基部が交差する凸状の石槍、凹基の石鏃、そして、凸状柄部と凹基状の逆刺が融合した有舌尖頭

器、などの組成と消長、北海道における細石刃石核と有舌尖頭器の共伴（山田2006）、さらには東北北部から北海道に草創期前半期の遺跡が皆無に近い状態などを、慎重に議論する必要がある。要するに、地理的範囲を画した段階的傾斜編年を念頭に置いた、縄文時代の開始と縄文文化の形成を考究することが求められるものである。

　すなわち、石刃剥離技術の系譜や荒屋型細石刃石器群の貫入的な動きと竪穴住居構築技術の存在、そして、その技術の断絶や石器群併存の可能性などを踏まえるならば、後期旧石器時代末から縄文時代草創期初頭への文化変動において、荒屋型細石刃石器群のとらえ方が問われると考える。それらを普遍的変化の中に埋没させることなく、その一連の南下移住と拠点整備、そして二次的な波及にさらなる光をあて、その集団行動によって生じた社会的緊張や接触、融合、順応などで生じた文化現象を考古資料から読み解くことが必要である。その作業によって、ようやく縄文文化の受胎期から胎動期の複雑で段階的な縄文化への構造変化を理解することができるのであろう。

　註
1) 縄文時代の土器出現期だけではなく、いつの時代、時期においても遠来の土器が存在する可能性がある。また、縄文時代の遠来の土器である可能性もあり、慎重な検討と議論が必要である。
2) 平成19年12月7・8日に開催された第21回東北日本の旧石器文化を語る会の討論において、長野県の中村由克氏からそのような視点に立った発言がなされた。
3) 在地系集団とは、性別や年齢など自然発生的な構成をもつバンド集団と推定される。
4) ここで指摘する集団は、意図的に構成された集団である可能性や在地系集団と基本的に変わらない遠来地の在地系集団である可能性もある。どのような集団であるかは重要な視点である。
5) 筆者は荒屋遺跡周辺地形ならびに地層の踏査検討によって、当時の信濃川や魚野川の流路が判明することで荒屋遺跡の地点が、合流点の三角州的な場所であり、幾度となく増水や洪水を受ける低地であったと理解している。荒屋遺跡の一連の調査でも遺構が砂層堆積で埋没していることが判明している。
6) 新潟県魚沼市、旧入広瀬村大栃山の狩猟経験者からの聞き込み民俗事例である。
7) 原石搬入、石核調整の段階で原面保有率がどのくらいであったのか興味深い問題である。
8) スクレーパー類と表現した機能運動は、削く、掻くを含むものを総称した。
9) 津南町屋敷田Ⅲ遺跡から縦型石匙が出土し、隆起線文土器に伴うとされている（江口1998）。また、土肥孝はその共伴報告を評価している（土肥2003）。筆者は、屋敷田Ⅲ遺跡の土層堆積状況と発掘調査過程の見学から、コンタミネーション問題を多分に含んでおり、上層の押型文土器などの草創期以降の文化層に伴う資料であると判断している。卯ノ木南遺跡の石匙も同様に、草創期以外の早期あるいは中期に伴う資料の可能性が高いと理解している。
10) 浅間山起源のAs-K層は、群馬県北部や新潟県南部の魚野川上流域および信濃川上流付近の限られた狭い範囲に降灰していることから、新潟県南西部や北部には影響はない。
11) 長野県栃原岩陰において生活面にいくつもの石囲い炉が点在する事例や、新潟県五泉市ヨノマエ岩陰遺跡では岩陰の曲面変換部を境に建物状の遺構が確認されている。
12) 簗跡の認定が定まらず、えり跡、木道跡と考える研究者がいる（倉石広太氏からご教示いただいた）。
13) 遺物出土がないことから確実に草創期に構築された陥穴は確認されていないが、津南町堂尻遺跡3トレ

ンチ拡張区から検出された3基の筒型陥穴の覆土には、As-K火山灰ブロックが斑状に包含されていることから、降灰後間もない堆積として判断している（佐藤1998）。
14）妙高山麓に立地する大堀遺跡では、岩屑なだれ堆積物に覆われた草創期後半～早期前半に比定される13基の円筒型陥穴が検出されているという（田海1999）。
15）小林達雄先生からご教示いただいた。
16）栃原岩陰遺跡には赤色顔料を塗布したカワシンジュガイなどがある。
17）公開シンポジウム『縄文文化の成立―草創期から早期へ』（2007年4月28日～29日：東京大学本郷キャンパス）の討論において、樋泉岳二は「船の構造・航海術（潮情報・ナビゲーションシステム）・漁法の三要素が揃うことで外洋における生業活動が行える」旨の発言をされたことを筆者が記憶している。間違いがあれば筆者の責任である。

引用・参考文献

阿部朝衛1991「新潟県関川村荒川台遺跡採集の石刃石器群と細石刃核」『法政考古』第16集 59-81頁
安藤正美1988『耳取遺跡等範囲確認調査報告書』見附市教育委員会
伊藤幹治1995『贈与交換の人類学』筑摩書房
魚沼先史文化研究グループ1995「秋山郷における狩猟民俗について―長野県下水内群栄村屋敷集落の調査報告―」『國學院大學考古学資料館紀要』第11輯 189-208頁 國學院大學考古学資料館
江口友子ほか1998『国道117号線第一次改築関係発掘調査報告書 屋敷田Ⅲ遺跡』新潟県教育委員会
小熊博史1994『荒沢遺跡』下田村教育委員会
小熊博史2001「Ⅳ-3 小瀬ヶ沢洞窟から出土した動物遺体」『長岡市立科学博物館開館50周年記念特別展図録 重要文化財考古資料展』106頁 長岡市立科学博物館
小野 昭編1992『真人原遺跡Ⅰ』真人原遺跡発掘調査団
角張淳一2007「先土器時代石器技法論」『列島の考古学Ⅱ 渡辺誠先生古希記念論文集』263-276頁
笠井洋祐・佐藤雅一2001『久保寺南遺跡』中里村教育委員会
梶原 洋2001「なぜ人類は土器を使いはじめたのか―東北アジアの土器の起源―」『先史時代の生活と文化』44-52頁 春成秀爾編
黒坪一樹2007「植物食利用の敲石類」『岩宿フォーラム2007 シンポジウム 敲石・叩き石 予稿集』56-61頁 岩宿博物館
小林達雄1977「縄文土器の世界 6.土器の変遷」『日本原始美術体系 1』169-181頁 講談社
小林達雄編1982・1983・1987『壬遺跡』國學院大學文学部考古学研究室
小林達雄編1983『壬遺跡1983』國學院大學文学部考古学研究室
小林達雄編1984『津南町史 資料編』上巻
小林達雄編2004『黒姫洞窟遺跡―第1期発掘調査報告書―』入広瀬村教育委員会
佐藤宏之1992『日本旧石器文化の構造と進化』柏書房
佐藤雅一1988a『大刈野遺跡』湯沢町教育委員会
佐藤雅一1988b『西倉遺跡―第2次発掘調査―』川口町教育委員会
佐藤雅一1998『堂尻遺跡試掘調査報告書』24-25頁 津南町教育委員会
佐藤雅一1999「第2章第5節第1項 草創期の石器」『新潟県の考古学』160-166頁 新潟県考古学会
佐藤雅一2002「新潟県津南段丘における石器群研究の現状と展望―後期旧石器時代から縄文時代草創期に残

された活動痕跡―」『先史考古学論集』第 11 集　1-52 頁

佐藤雅一 2003「遺跡立地と集団の動き―新潟県・信濃川上流域における活動痕跡の様相―」『季刊考古学』第 83 号　37-41 頁　雄山閣

佐野勝宏・佐藤雅一 2002『正面中島遺跡』津南町教育委員会

菅沼 亘 1996「第二章第三節　愛宕山遺跡」『十日町市史　資料編 2』考古　289-290 頁

鈴木忠司 2007「岩宿時代の台石とその意義について―植物食をめぐる基礎的研究―」『古代文化』122-120 頁　第 59 巻第 3 号　財団法人古代学協会

諏訪間順 2001「相模原旧石器編年の到達点」『相模原旧石器編年の到達点』1-20 頁　神奈川県考古学会

芹沢長介編 2003『荒屋遺跡　第 2・3 次発掘調査報告書』東北大学大学院文学研究科考古学研究室

田海義正 1999「第 2 章第 4 節生業　第 2 項狩猟」『新潟県の考古学』152-155 頁　新潟県考古学会

田中英二 1992「縄文草創期の墓―器物の配置と撒布―」『考古学研究』29-57 頁　第 39 巻第 1 号　考古学研究会

土肥 孝 2003「小瀬ヶ沢洞窟遺跡出土の石匙と奥白滝 1 遺跡・sb43 出土のつまみ付ナイフについて」『長岡市立科学博物館研究報告』第 38 号　71-74 頁

徳沢啓一ほか 1997「三島郡越路町山屋遺跡採集の大型局部磨製石斧」『越佐補遺些』第 2 号　12-19 頁　越佐補遺些の会

中川成夫編 1958「妻有地方の考古学的調査」『妻有郷』77-114 頁　新潟県教育委員会

永峯光一 1982「Ⅰ北信地区　先土器時代　横倉遺跡（下水内郡栄村）」『長野県史　考古資料編』全一巻（二）主要遺跡（北・東信）　28-30 頁

永峯光一編 1982『湯倉洞窟遺跡』高山村教育委員会

中村孝三郎 1960『小瀬が沢洞窟』長岡市立科学博物館

中村孝三郎 1964『室谷洞窟遺跡』長岡市立科学博物館

中村孝三郎 1965「Ⅴ-4　中部方北部の先土器時代」『先土器時代　日本の考古学Ⅰ』242-263 頁　河出書房

中村孝三郎 1966『長岡と先史時代の遺跡』長岡市立科学博物館

中村孝三郎 1978『越後の石器』学生社

西沢寿晃 1982「Ⅱ東信地区　縄文時代早期　栃原岩陰遺跡（南佐久郡北相木村）」『長野県史　考古資料編』全一巻（二）主要遺跡（北・東信）　559-584 頁

野尻湖人類考古グループ 1984「15　野尻仲町遺跡と向新田遺跡の旧石器・縄文草創期文化」『野尻湖の発掘 3』野尻湖発掘調査団

原田昌幸 2007『日本の美術　縄文土器　草創期・早期』No. 495　至文堂

春成秀爾 2004「女だけをあらわしたか―上黒岩の石偶―」『歴博特集　土器のはじまるころ』No. 139　2-3 頁　国立歴史民俗博物館

宮下健司 1995「小田切小野平出土の細石刃核」『市誌研究　ながの』2 号　長野市誌編さん委員会

山内清男 1960「縄紋土器文化のはじまる頃」『上代文化』1-2 頁　國學院大學考古学会

山田 哲 2006『北海道における細石刃石器群の研究』六一書房

山本 克・佐藤雅一 2004「第一章 2　大刈野遺跡」『湯沢町史　資料編』上巻　7-18 頁　湯沢町教育委員会

藁科哲男 2001「Ⅳ　小瀬ケ沢・室谷洞窟出土品の自然科学的分析」『長岡市立科学博物館開館 50 周年記念特別展図録　重要文化財考古資料展―火焔土器と小瀬ケ沢・室谷洞窟出土品―』100-102 頁　長岡市立科学博物館

第6章　東海地方 ―集団管理から世帯管理へ―

池　谷　信　之

1　はじめに

(1)「黒曜石考古学」と社会構造的変化

　3万数千年前に始まる黒曜石の採取と消費地への供給、その過程で断続的におこなわれる石器製作のあり方は、旧石器時代・縄文時代、さらに弥生時代へと移行するなかでさまざまに形を変えている。しかもその変化は集団の居住行動や移動、さらに交換・交易といった社会構造的な変化と連動する場合が少なくない。安蒜政雄は黒曜石の採取活動と利用に、石器時代史上の転換点を読み取ることができることを示し、「黒耀石考古学」成立の可能性を論じている（安蒜 2003）。
　「オブシィディアンラッシュ」と形容されることもある縄文時代前期後葉の信州系黒曜石の採掘、そして消費地である関東への組織的な供給は、中期前葉を迎えると急激に衰退していくが、その背後には中部高地一帯で極相まで進行した植物質食料の利用があると考えられる（安蒜 1999、池谷 2005b　62-65頁）。この時期、南関東・東海東部では信州系黒曜石に代わって神津島産黒曜石がその分布圏を拡大している（池谷 2006b）。
　縄文時代後期前葉には中部高地で採掘活動が本格的に再開されるが、消費地に供給される黒曜石原石は、縄文時代晩期から弥生時代にかけてしだいに小形化し、両極剥片が石器素材の主力となっていく。これと連動するように、黒曜石製石器はその組成から大形の剥片を素材とする器種を減らしていき、弥生時代中期中葉には、絶対数の少なくなった石鏃と「刃器状剥片」だけとなってしまう。こうした過程を「縄文的石器製作体系の解体」と呼ぶ（池谷・杉山 2007）。
　石錐・石匙・削器などの黒曜石製石器が担っていた機能の一部は、金属器や他の素材に置換されたものと考えられる。弥生時代中期中葉段階に、南関東周辺では本格的な農耕社会の成立をみるが、わずかに残った黒曜石製石器は中期後葉段階を最後に消滅していく。

(2)「原産地クラスター」と集団管理

　さて時代は遡るが、筆者らはかつて愛鷹・箱根山麓第4期前半（砂川期）に比定される山梨県南端の天神堂遺跡や静岡県下原遺跡において、見かけ上はひとつのブロックにもみえる「まとまり」が、実は少しずつ中心地をずらしながら分布する複数の原産地黒曜石、あるいは石材から構成されていることを明らかにし、こうした状況を「原産地クラスター」として提示したことが

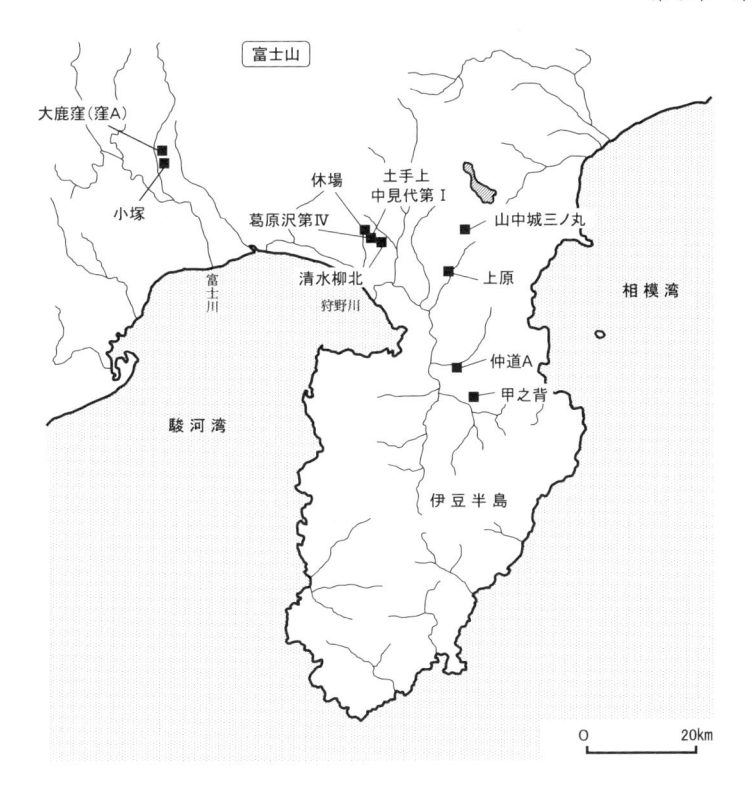

第1図　細石器・草創期段階の主要遺跡

ある（保坂・望月・池谷 2003）。天神堂遺跡は信州の原産地群からは 100km 以上離れた場所にあり、ここまでの移動に要する期間、複数の原産地からなる黒曜石は、その由来が意識されながら管理されていた可能性が高い。

また天神堂遺跡では「原産地クラスター」を構成するブロック 1 が、下原遺跡ではブロック V・W・X が石器製作の中心であり、製品としての石器はここから集落内に分配されている。この時期、石材は集団の管理下に置かれているのである。

砂川遺跡における原石と製品の共有関係を検討した安蒜政雄は、すべての「個体別資料」がブロックをこえる共有品であり、A ユニット・F ユニットというふたつのユニットごとに専有されていたことを明らかにした（安蒜 1992 127 頁）。安蒜は、ひとつのユニットは石器製作の工程を共有・分担し、製品を相互に分配しあう 3 軒前後の「軒並みのイエ」から成り立っていると考えている（安蒜 2000 494-495 頁）。また砂川遺跡のふたつのユニットには、それぞれ A1 ブロックと F2 ブロックという、移動する母岩のほとんどが経由する中枢ブロックが存在している（安蒜 1992 127 頁）。つまり安蒜は旧石器時代の「イエ」の存在を認めつつも、その自立性は低く、石材の管理は個々の「イエ」ではなくユニット、つまり集団レベルでおこなわれていたものと考えているのである。

さてその後の細石器段階や尖頭器段階、さらに縄文時代草創期へと時代が移りかわるなかで、

石材管理の担い手はどう変化していくのだろうか。筆者のフィールドである東海地方東部の資料の検討を通じて、その構造的な変化の一端を示してみたい。

本論に入る前に、中部・関東地方とはやや異なった変遷を示す該期の編年を整理しておこう。

2　石器と土器の変遷について

(1) 層位的出土例

第2図には愛鷹山麓の旧石器時代末～縄文時代草創期に関わる層位的出土状況を示した。葛原沢第Ⅳ遺跡では、尾根に貫入する埋没谷において、富士黒土層の中位やや下に挟在する風化スコリア層（FBsc層）が認められ、ここが隆帯文土器（葛原沢Ⅰ式土器）と押圧縄文土器（葛原沢Ⅱ式土器）の包含層となっていた（池谷2001　13頁）。FBsc層の直上から表裏縄文土器が出土し、またこの層を掘り込んで押型文期の集石遺構が構築されていたことから、埋没谷でしばしば問題とされる逆堆積の恐れはないと考えられる。

また葛原沢第Ⅳ遺跡とは小河川を挟んで西に位置する西洞遺跡b区では、FBsc層直下から1点ではあるが船野型細石刃核が出土している（笹原1999　280頁）。一方土手上遺跡では休場層上位から漸移層にかけて船野型細石刃核が出土している（池谷1997　95頁）。

箱根山麓の比較的標高の高い部分では、休場層（YL）中に少なくとも3枚のスコリア層が存在し、これを基準として休場層を分層している。より西方に位置する愛鷹山麓では、このスコリア層は谷部の堆積中にごく希にブロック状に観察される程度であり、箱根山麓での細分の知見を援用しつつ、スコリアの含有量や、色調・粘性などに基づいて、上位（YLU）・中位（YLM）・下位（YLL）に3分している。

YLLからYLMにかけては愛鷹・箱根第4期の石器群が出土する。愛鷹・箱根第4期はこれまで3段階に細分されてきた[1]。a段階・b段階はいわゆる「砂川期」に対比され、c段階はティアドロップ形のナイフ形石器と幾何学的なナイフ形石器が組成の大半を占める石器群、二側縁加工の小形化したナイフ形石器を中心とする石器群、両面調整の尖頭器が卓越する石器群に3分される（前嶋1995　30頁）。ただし、両面調整尖頭器を主体とする山中城三ノ丸第1地点第Ⅱ文化層の出土層準はYLUにあり、分布範囲が重複した野岳・休場型細石刃核

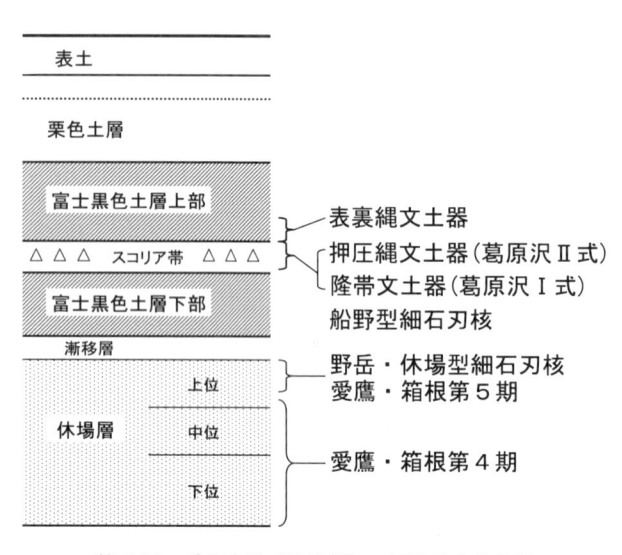

第2図　愛鷹山麓（埋没谷）の層位的出土状況

層	出土遺物
表土	
栗色土層	
富士黒色土層上部	表裏縄文土器
スコリア帯	押圧縄文土器（葛原沢Ⅱ式）
富士黒色土層下部	隆帯文土器（葛原沢Ⅰ式） 船野型細石刃核
漸移層	
休場層 上位	野岳・休場型細石刃核 愛鷹・箱根第5期
休場層 中位	愛鷹・箱根第4期
休場層 下位	

第6章 東海地方

を特徴とする第Ⅲ文化層とは、層位的にもまったく重なっていた（伊藤ほか1995）。したがって第4期c段階の一部はYLUにかかる可能性が高い。

(2) 旧石器時代終末期の編年
a 尖頭器段階の存否をめぐって

両面調整の尖頭器を主体とする確実な石器群としては、1991年に調査された山中城三ノ丸第1地点第Ⅱ文化層を唯一の例としてあげうるのみであり、その後におこなわれた第二東海自動車道関連の広大な面積に及ぶ調査を経ても、なおその類例は増えてはいない。

山中城三ノ丸第1地点の標高は555mで、箱根山麓の旧石器時代遺跡としては最高所に近い場所に立地している。尖頭器の主たる石材となった箱根畑宿原産地とは、箱根峠を越えて直線距離でわずか9kmの位置関係にあり、ブロック内では集中的な石器製作がおこなわれていることから、集落址というよりは原産地遺跡としての性格が強いものと思われる。したがって愛鷹・箱根山麓においては、尖頭器の単独での出土は認められるものの、尖頭器段階の集落址の存在は未だに確認されていないことになる[2]。

b 愛鷹・箱根第5期

当地域の旧石器時代研究は、1964年の休場遺跡の発掘調査によって本格的に開始された（杉原・小野1965）。それからの約40年間、愛鷹・箱根山麓で発見される細石刃核のほとんどは野岳・休場型であった。「愛鷹・箱根シンポジウム」において第5期を担当した前嶋秀張は、芝川町小塚遺跡出土の船野型細石刃核を、第5期の最終段階に位置づけた（前嶋1995）。

その後におこなわれた土手上遺跡の発掘調査では、50点以上の船野型細石刃核が出土したが、ここでは休場層上位と漸移層の出土点数がほぼ拮抗しており、休場層上位に出土層位のピークがある野岳・休場型細石刃核よりもわずかに上層から出土する傾向が認められた。また前述したように、西洞遺跡ではFBsc層直下から船野型細石刃核が出土しており、この状況を重視すれば、船野型細石刃核存続の下限は草創期段階まで下る可能性がある（橋本1993 15-16頁）。YLU層の層厚がより厚い箱根山麓からの出土が待たれるところである。なお、土手上遺跡からは草創期に属する可能性のある土器は出土していない。

(3) 縄文時代草創期の編年
a 草創期前半

ここでは隆帯文土器（葛原沢Ⅰ式）登場以前を便宜的に「草創期前半」として扱っておく。

愛鷹・箱根山麓では大形の尖頭器の単独出土はあるものの、神子柴・長者久保系石器群は確認されていない。箱根山麓では、三島市天台B遺跡（寺田1998）・同初音ヶ原遺跡（鈴木1999 329頁）などにみられるように、古相の有茎尖頭器が、単独でしかも比較的多く出土する例がある。これらの有茎尖頭器には神子柴系の石斧や掻器など、他の草創期の石器が伴わず、また隆帯文土器に先行する土器もこれまでのところ発見されていない。すでに指摘した愛鷹・箱根第4期末に存在

する筈の尖頭器段階と同様な状況が認められ、この時期、箱根山麓は居住地ではなく、近接する地域の狩猟対象地となっていた可能性が高い。

天城山中にある旧中伊豆町甲之背遺跡では、箱根産および遺跡直近で採取可能なガラス質黒色安山岩や黒曜石を石材とした尖頭器と有茎尖頭器、削器などの製作址が発見されている（関野1996）。葛原沢Ⅰ式古段階の土器1個体を伴うことから、厳密には「草創期前半」に位置づけることはできないが、居住活動の痕跡が薄い箱根山麓と補完的な関係にある遺跡として注目される。

b 葛原沢Ⅰ式と隆線文段階

隆帯文土器（葛原沢Ⅰ式）については、葛原沢第Ⅳ遺跡の調査によって初めてその存在が明らかにされ（池谷2001）、尾上イラウネ北遺跡（関野1992　289頁）・中見代第Ⅰ遺跡（高尾1989　195頁）・築地鼻北遺跡（鈴木1985）の既存資料の中に類例が存在することが確認された。その後、拓南東遺跡（高尾1998）・甲之背遺跡（関野1996）や第二東海自動車道関連の調査で資料の追加が続いている。

葛原沢第Ⅳ遺跡の報文中で筆者は、葛原沢Ⅰ式を規定する型式学的特徴として、1. 器厚は厚く、繊維を多量に含有する、2. 輪積み整形がおこなわれた痕跡がない、3. 太い隆帯が貼り付けられ、その上から指頭や棒状の工具で刻みが加えられる、4. 底部は例外なく平底である点を指摘した。本州において一般的な隆線文土器に比べ、明らかに太い隆帯が貼り付けられており、また後に述べるように隆線文土器の主体部分に先行する可能性が高いことから、「隆帯文土器」と呼称することにした。

この隆帯にも、隆帯上の調整がほとんど認められず、頂部に形成される稜線が曖昧な部分があるもの（A類：第3図1・2・16）と、側面に横位のナデ様の調整が認められ、隆帯の断面が三角形となって頂部に明瞭に稜線が形成されるもの（B類：第3図3～15）とがある。

A類では口縁直下に貼り付けられた隆帯が1条であるのに対して、B類には2条以上のものが認められる。また口唇部の形態を比較すると、A類ではやや内側が削げるように尖った口端に移行するのに対して、B類の口端は丸い傾向があり、上端がやや平坦に整形されるものが認められる。胴下半部をみると、A類ではおそらく直線状に底部に至り底径は相対的に大きくなるものと予想されるが、B類では湾曲しながら底部に至り底径はやや小さくなっている。

こうした特徴などを根拠として、筆者は葛原沢Ⅰ式が古段階（A類）と新段階（B類）とに細分される可能性を指摘した（池谷2003b）。芝川町大鹿窪遺跡ではこの葛原Ⅰ式新段階と「隆線文段階」～「微隆起線文段階」が（小金澤2006）、芝川町小塚遺跡では「細隆起線文段階」が出土している（秋本1987）が、葛原沢Ⅰ式古段階は認められない[3]。

大鹿窪遺跡出土の土器群には、葛原沢Ⅰ式に比べより細い隆帯文が貼り付けられ、多帯化と蛇行の傾向が認められる一群がある。これらは葛原沢Ⅰ式新段階に後続し、施文上の特徴から関東・中部地方の「隆線文段階」の主要部分に対比できると考えられる。したがって葛原沢Ⅰ式新段階は、「隆線文段階」の古い部分ないしそれ以前に置かれる可能性が高く、葛原沢Ⅰ式古段階に対比できる土器群は、現状では中部・関東地方の隆線文土器の中に認めることはできない。

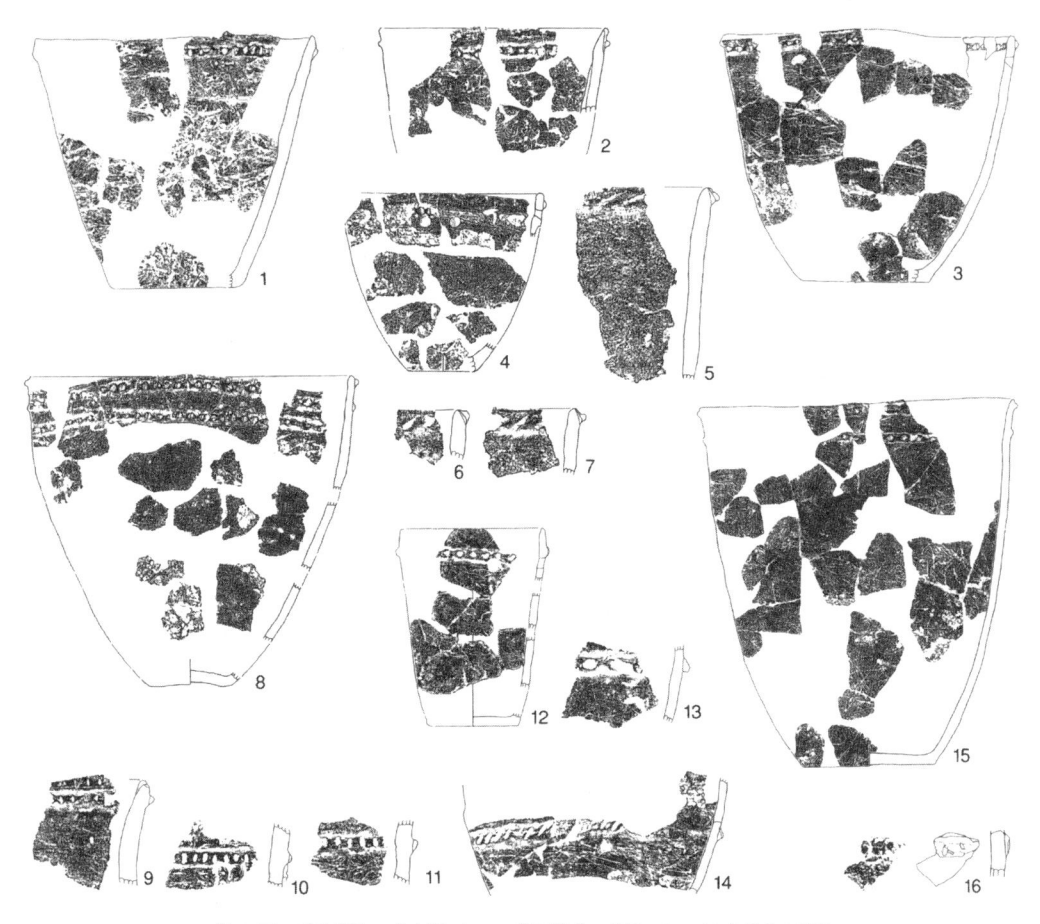

第3図 葛原沢Ⅰ式土器（1～8葛原沢第Ⅳ遺跡 9～11中見代Ⅰ遺跡
12～14拓南東遺跡 15尾上イラウネ北遺跡 16甲之背遺跡）

c 葛原沢Ⅱ式と爪形文土器

葛原沢Ⅱ式は絡条体圧痕文土器と、葛原沢Ⅰ式の系譜を引く厚手で繊維を含む無文地の土器（第4図右7）から構成される。葛原沢Ⅱ式設定に際して筆者は、絡条体圧痕文土器の特徴として、1. 薄手の胎土に金色の雲母を多量に含む、2. 輪積みによる整形がおこなわれる、3. 原体は絡条体にほぼ限定される、4. 施文は横位密接を基調とするが、部分的に斜位施文を介在させて器面が分帯されるものがある、5. 底部は尖底と平底の両方が存在する、の5点をあげた。

こうした特徴をもつ土器は中見代第Ⅰ遺跡において初めて認識され、その後、清水柳北遺跡でまとまった資料が出土して、当地方における押圧縄文段階の土器群として位置づけられた。さらに築地鼻北遺跡・丸尾Ⅱ遺跡（石川1982）の既報告資料中に類例が存在することが判明し、尾上イラウネ北遺跡、大鹿窪遺跡、第二東海自動車道関連の調査などによって資料の追加が続いている。

第5図には葛原沢第Ⅳ遺跡第1号住居址から出土した石器を示した。葛原沢Ⅱ式には体部が厚く、平面形が左右非対称となることが多い黒曜石製の尖頭器が特徴的に伴う（第5図1・2・4）。

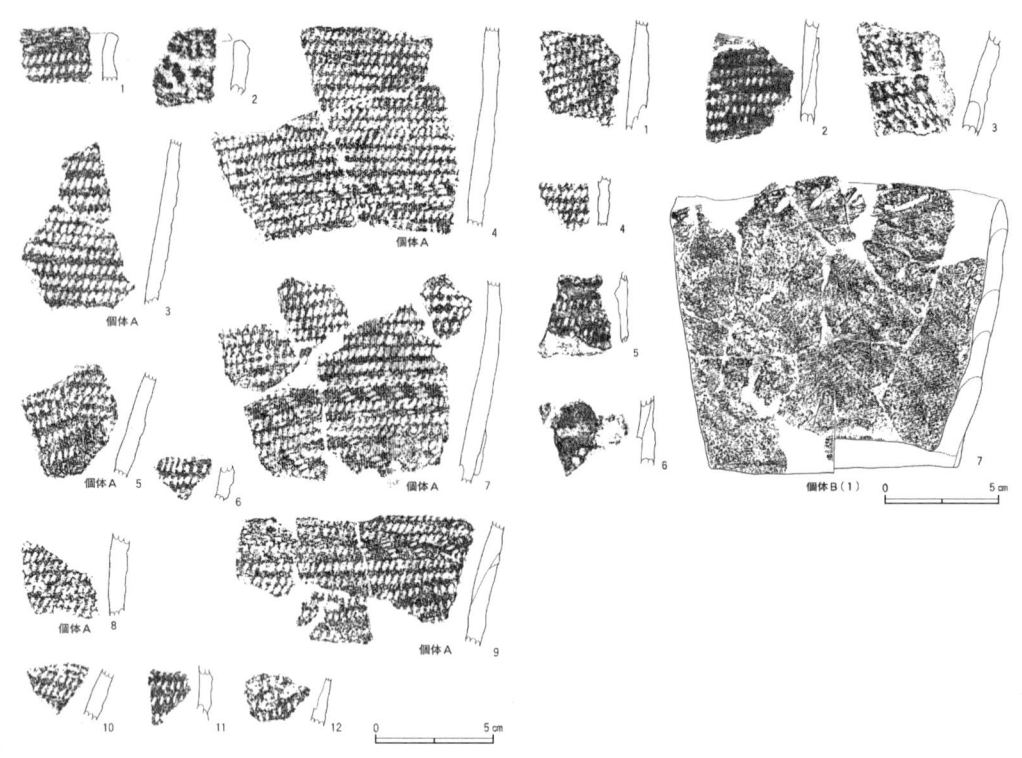

第4図　葛原沢第Ⅳ遺跡第1号住居址出土の葛原沢Ⅱ式土器

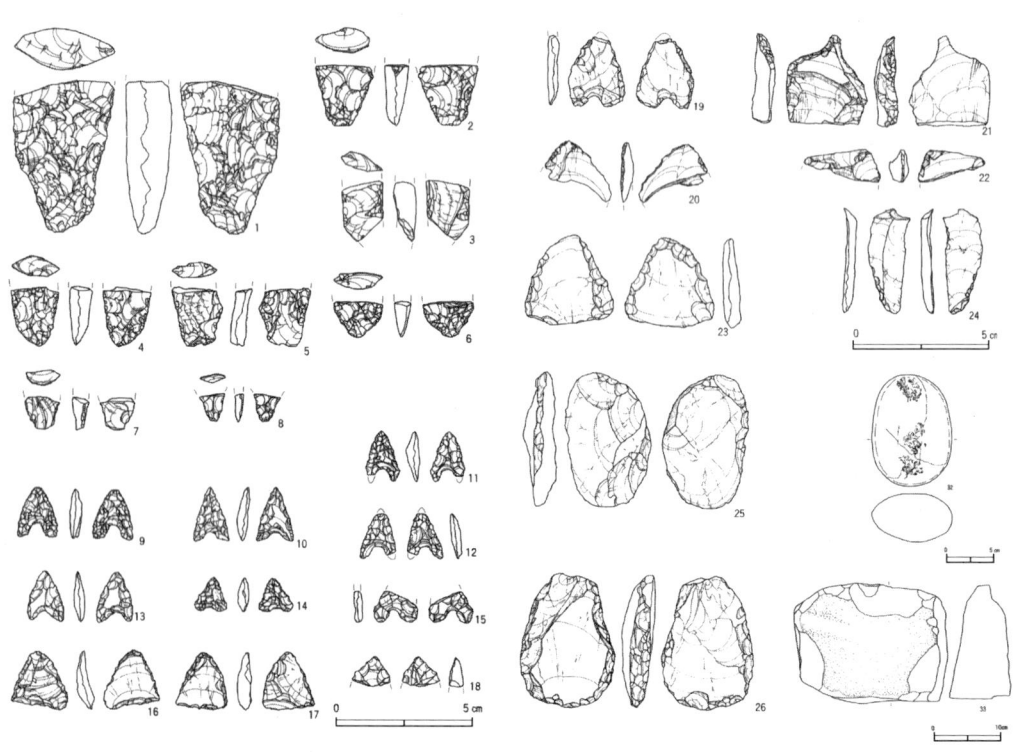

第5図　葛原沢第Ⅳ遺跡第1号住居址出土石器

先端があまり鋭利でないものがあり、折（ら）れたものも多いが、これらの尖頭器は必ずしもすべてが刺突具として機能したのではなく、一部はブランクとして扱われ、削器や掻器へと変形されたものと考えられる。

葛原沢第Ⅳ遺跡では爪形文土器がわずかに伴出したが、個体内で絡条体圧痕文と爪形文が共存する例はほとんどなかった。一方葛原沢Ⅱ式にきわめて類似する長野県お宮の森裏遺跡（新谷1995）出土の絡条体圧痕文土器には、爪形文が併用されているものがあり、両者が時間的に併存することを示している。

葛原沢Ⅱ式土器に先んじて注目を集めた仲道Ａ遺跡（漆畑1986）からは、絡条体圧痕文の他に自縄自巻原体の圧痕文、縄文原体の側面圧痕文などが出土しているが、半置半転や回転施文される例があり、地文化する傾向が認められる（大塚1989　258頁）ことから、葛原沢Ⅱ式よりも後出の位置づけがなされよう。

また最近報告書が刊行された植出遺跡（芦澤2005）からは、縄文原体の先端を横位にやや密接させて押圧したものが出土しており、葛原沢Ⅱ式に先行する押圧縄文段階の存在を示唆している。

ｄ　表裏縄文土器から駿豆撚糸文系土器へ

仲道Ａ遺跡には口縁部に縄文原体の側面圧痕が加えられ、頸部以下の表裏に縄文を施したものが存在することから、これらの土器群から表裏縄文土器へは大きな断絶なく移行したものと考えられる。

静岡県東部の表裏縄文土器のまとまった資料としては、若宮遺跡第Ⅰ群・同第Ⅱ群１類（馬飼野1983）、葛原沢第Ⅳ遺跡第Ⅳ群土器、三の原遺跡第１群第２類～５類土器（山形1991a）がある。このうち直立ないしやや内湾する口縁部をもつ葛原沢第Ⅳ遺跡第Ⅳ群土器、三の原遺跡第１群４類については、器厚や繊維含有の有無などの点で異なるものの、岐阜県椛の湖遺跡第Ⅱ文化層出土土器（紅村1974）と共通する特徴を持ち、ほぼ併行関係に置くことができよう。この点については当地域の表裏縄文土器を論じたことのある山形眞理子（山形1991b）や宮崎朝雄・金子直行（宮崎・金子1995）の見解も一致する。

意見が分かれるのは、やや外反する口縁をもつ若宮遺跡第Ⅰ群・同第Ⅱ群１類、三の原遺跡第１群５類土器の扱いである。上記の論者は外反する口縁の共通性などを根拠に、こうした表裏縄文土器を関東地方の撚糸文土器群前半期（井草式・夏島式）に併行させている。筆者は表裏縄文土器の下限は井草式段階を下らないと考えており、静岡県東部の撚糸文段階には表裏縄文土器の系統下にある土器群（「駿豆撚糸文系土器」）が存続するものと主張してきた（池谷2003aなど）。

2004年に報告された上松沢平遺跡では、待望ともいうべき井草式～夏島式段階に相当する土器群が出土した（駿豆撚糸文系土器仮称「上松沢平段階」）（池谷2003a）。この中には口縁部が折り返し口縁風に肥厚するものや、強く外反するものが含まれ、井草式との関連については疑問の余地がない。若宮遺跡出土の表裏縄文土器は縄文が横位回転されているのに対して、仮称「上松沢平段階」土器は撚糸文が縦位施文されている。若宮遺跡には「上松沢平段階」に類する土器は含まれず、また上松沢平遺跡からは表裏縄文土器は出土していないことから、両者はまったく異なる

土器として扱われるべきものである。

3　石器製作と居住施設から見た縄文化

(1) 葛原沢第Ⅳ遺跡第1号住居址

愛鷹山麓の標高200m付近に立地する葛原沢第Ⅳ遺跡からは、押圧縄文段階（葛原沢Ⅱ式）の住居址（第1号住居址）が検出されている（池谷2001）。この住居址の確認面（漸移層〜YLU）までの壁高は約35cm前後あり、炉址は検出されなかったものの、床面中央部には強く硬化した部分が認められた。床面上には炭化材が残されており、127サンプルを採取して材同定した結果、クリとアワブキが大半を占め、その分布状況から前者は柱材に後者は垂木や横木に用いられていることが想定された。よくいわれるようにクリは内部にタンニンを多く含むため腐りにくく、縄文時代を通じて柱材をはじめとする建築材に利用されてきたが、すでにこうしたクリ材の性質を理解して材を選択している可能性が高い。

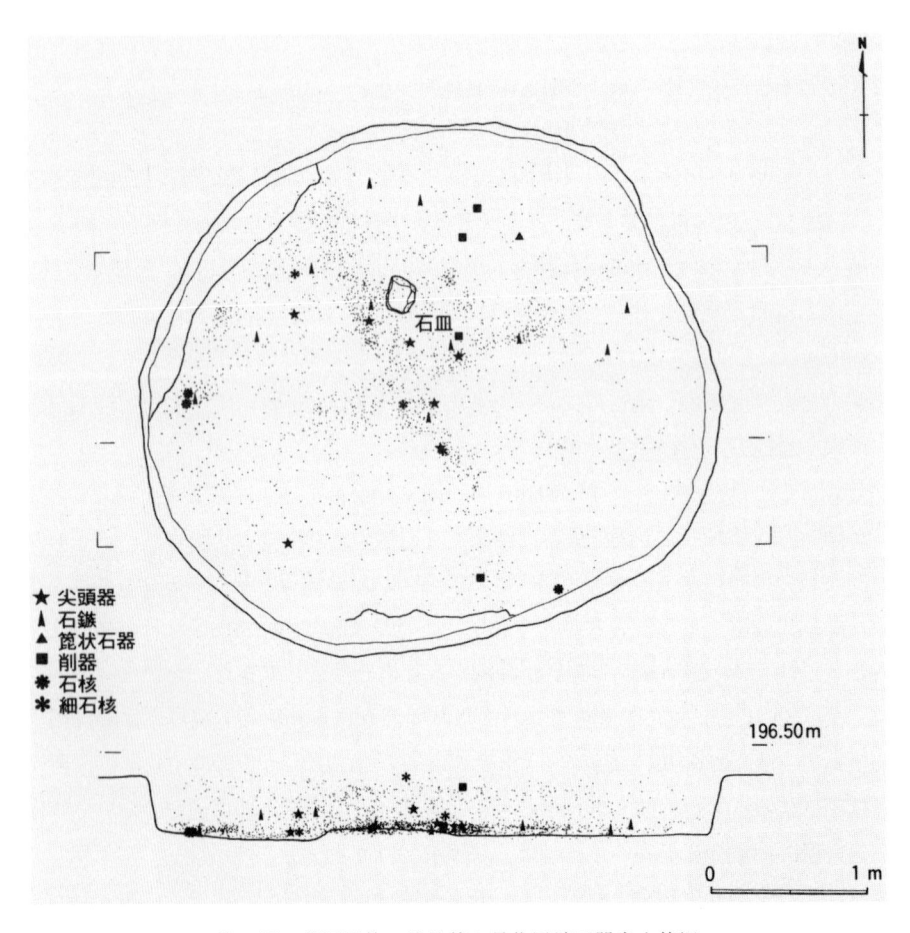

第6図　葛原沢第Ⅳ遺跡第1号住居址石器出土状況

炭化材を含む最下層（③a層）灰褐色土の上部を、暗黄褐色土（②a層）が覆っているが、この層は遺物をほとんど含まず、レンズ状の堆積を示さない部分が認められたため、屋根土に由来するものと考えた。

以上概観したように葛原沢第Ⅳ遺跡第1号住居址はすでに定住化がある程度進んだ状況を示している。一方同時期の南関東では住居址はおろか、遺物の散布地すらほとんど発見されていないのである。

この第1号住居址の最下層からは炭化材だけでなく、大量の石器製作に関わる残滓が出土している（第6図）。その大部分は黒曜石製の剥片・砕片であるが、分析可能な172点全点を蛍光X線分析法によって産地推定した結果、89.0％（153点）が神津島恩馳島産であった（第10図）。覆土から出土した石鏃に黒曜石製のものはなく、4点が出土した黒曜石製尖頭器のうち3点が神津島恩馳島産であったことから、大量の剥片・砕片は尖頭器の調整、あるいはリダクションに伴う残滓であると考えられる。

問題はこれらの残滓が床面上でおこなわれた作業に伴うものか、あるいは住居外からの投棄、流れ込みによるものであるか、という点である。床面上からは据え置かれたと考えられる石皿が1点出土しているが、この石皿の下部から無数の黒曜石製の砕片・パウダーが出土した。床面上でおこなわれた石器製作に伴う砕片を石皿の下に掻き込んだものであろう。また住居址北西側のベッド状の高まりの裾部分に石器分布の密な部分があるが、これも住居の「死角」に残滓が寄せられたためと考えられる。また、この住居址の周囲を取り囲むように葛原沢Ⅱ式土器が出土しているが、最下層（③a層）からは土器の出土がほとんど認められなかった。住居外からの投棄の可能性は残されているが、大量の石器類が流れ込みによるものではないことを示していよう。

(2) 住居址内での石器製作と石材の世帯管理

こうした住居内床面上での石器製作がおこなわれた可能性があるものとして、葛原沢第Ⅳ遺跡第1号住居址以外にも、大鹿窪遺跡第1号竪穴状遺構・同2号竪穴状遺構・同7号竪穴状遺構・同11号竪穴状遺構・鷹山遺跡群星糞峠1号遺構（安蒜ほか2000）・もみじ山遺跡竪穴状遺構1号（荻澤ほか1995）・七ツ塚遺跡161号住居址（篠崎2004）などをあげることができ、草創期には住居内での石器製作が一般化していた可能性が高い。

微細な石器の調整作業を屋内でおこなうという条件を考慮すると、この段階の住居の上屋が、なお取り外しの容易な仮設的な部分を残しているか、または採光部を広くとることができる構造となっていた可能性があろう[4]。いずれにせよ、就寝や食餌などのその他の生活活動をおこなううえでも、床面に残る石器製作の残滓は少なからず障害になった筈であり、それまで屋外でおこなわれていた石器製作を、敢えて屋内に持ち込むにはそれなりの必然性があったとみなければならない。

「はじめに」で述べたように、愛鷹・箱根第4期には、石材は集団レベルで管理されており、石器製作の中心的ブロックで製作された石器は、周辺のブロックに分配されたものと考えられる。

一方、縄文時代草創期の葛原沢第IV遺跡第1号住居内では、尖頭器製作の最終的な工程ないしリダクションがおこなわれていた。尖頭器のブランクの作出から製品に至るすべての工程が、世帯の手に委ねられていたとは限らない。しかし、葛原沢第IV遺跡をはじめ周辺の押圧縄文段階の遺跡でも、原石の搬入やブランクの作出に関わる作業は認められておらず、半製品に近い状態で愛鷹・箱根山麓に持ち込まれたものと考えられる。つまり「石材」の集落への搬入以降、石器製作の主要な工程は住居内でおこなわれていたのであり、縄文時代草創期には石材の管理（入手ではなく）が集団から世帯へと移行していたことを想定せざるをえない（池谷2006b　162頁）。

(3) 細石器段階の石器製作と石材管理
a 原産地遺跡と石材受給

それでは石材の世帯レベルでの管理はどこまで遡るのだろうか。安蒜政雄は尖頭器段階にすでに「イエ」単位の石器製作がおこなわれた可能性が高いと考えている。安蒜によれば、尖頭器段階に至ると、原産地を占有して専業的に石器生産をおこない、関東地方の生業地に石器を供給する石器製作者集団と、この集団から石器・石材を受給しながら生業地内を周回移動して狩猟と採集に専念する生業者集団とが分立するようになるという。石器製作者集団から生業地である関東地方に黒曜石製品が供給されることによって、石器製作に際して共同作業の前提となる石材の集団レベルでの共有関係は崩れ、集落を構成するそれぞれの「イエ」が自律的に石器製作を開始し、その製品を専有化するようになると考えている（安蒜2000　512頁）。

しかし続く細石器段階になると、信州の原産地周辺からは原産地遺跡が消滅する。たとえば、旧長門町鷹山遺跡群ではナイフ形石器後半段階以降の原産地遺跡と考えられる鷹山M地点、尖頭器段階の原産地遺跡である鷹山S地点が存在するが、これまでの発掘調査や踏査によっても細石器段階の原産地遺跡の存在をうかがわせる資料は得られていない。

「原形」作出にあたり大量の石材と製作者の習熟が求められる尖頭器は、原産地周辺での比較的長期の滞留を必要とするが、野岳・休場型の細石刃核の原形作出までに必要とされる時間とコストは、尖頭器に比べはるかに少なかったものと考えられる。これが原産地周辺を専有する必要がなくなった、すなわち原産地遺跡が消滅したもっとも大きな理由であろうが、いずれにせよ細石器段階においては、石器製作者集団と生業者集団という対比によって、原産地から消費地への石材受給を説明することはできない。

b 愛鷹・箱根山麓における遺跡形成と石材受給

ここではまず、愛鷹・箱根山麓における遺跡形成の動向から集落間の石材受給関係を想定してみたい。第7図は愛鷹・箱根山麓における遺跡数と遺跡規模の変化を示したものである。左側に指数を示した棒グラフは、各時期の遺跡数の合計を示している。右側に指数を示した折れ線グラフは、各時期のブロックの総数を遺跡数で割ったもので、各遺跡の「平均ブロック数」、つまり遺跡の規模を示している。この図によれば、愛鷹・箱根山麓においては第4期に遺跡数もそして遺跡の規模も最大となるが、細石器段階である第5期には、ふたつの指標が急激に減少している

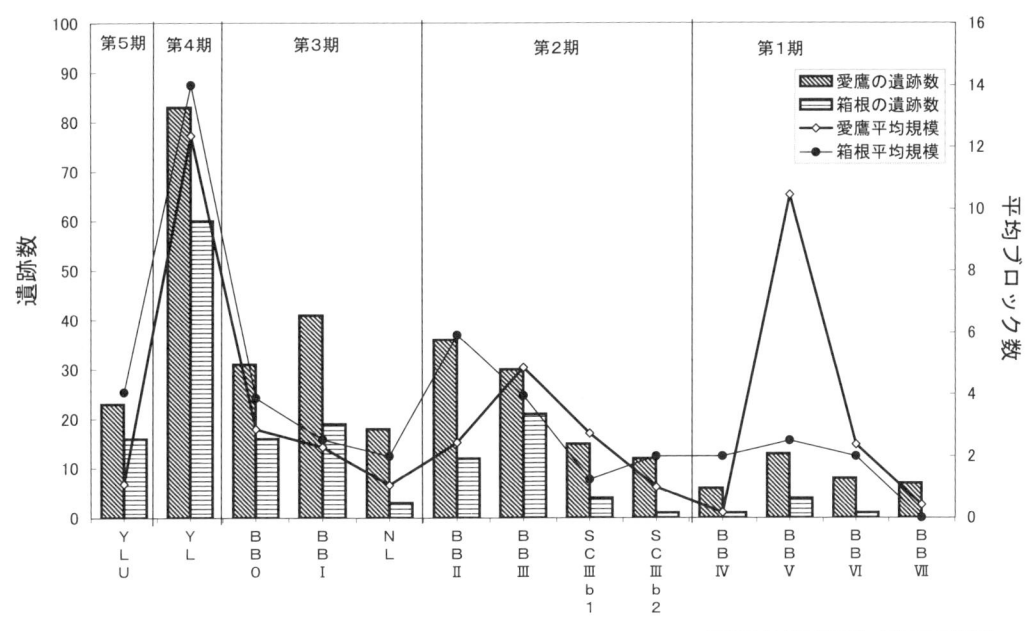

第6章　東海地方

第7図　愛鷹・箱根山麓における遺跡数と規模の変化

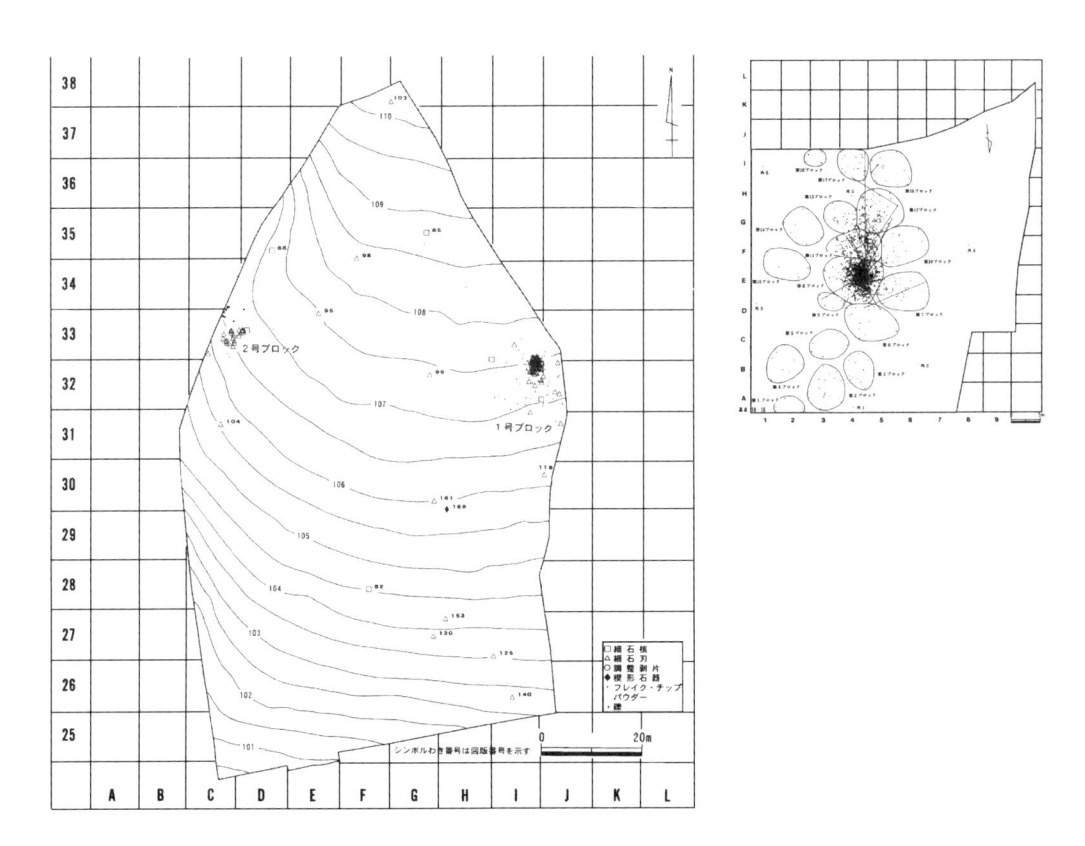

第8図　細石器段階の石器分布（左＝上松沢平遺跡　右＝上原遺跡）

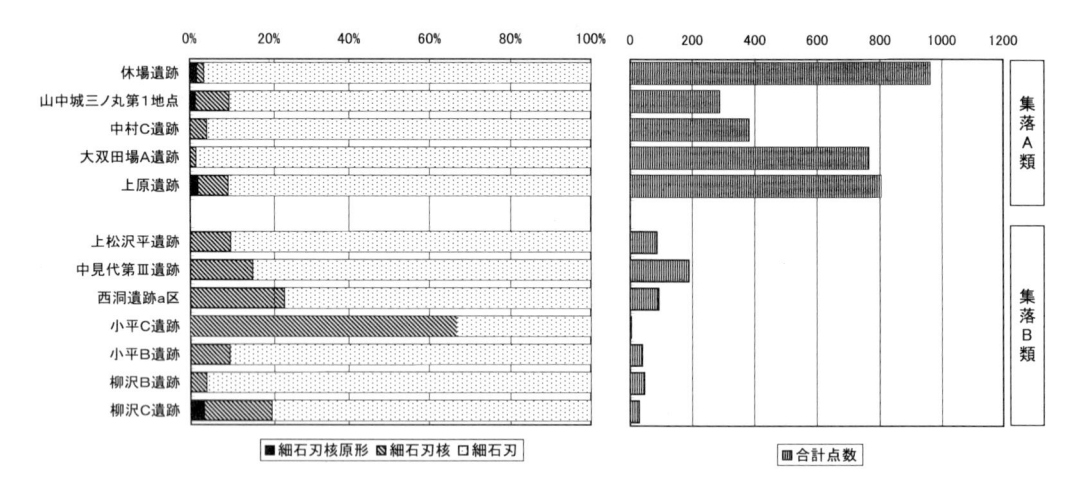

第 9 図　愛鷹・箱根第 5 期の石器組成と出土点数

ことがわかる。規模の縮小にあわせるかのように、遺跡の立地も広い尾根の中央部分から、尾根の側縁部分や狭小な痩せ尾根へと移行する傾向が認められる。

　しかしこうした第 5 期の集落の中にも、山中城三ノ丸第 1 地点・大双田場 A 遺跡（伊藤 1989）・上原遺跡（第 8 図右）（伊藤 2001）・休場遺跡のように 10 を超えるブロックから構成され、総点数も 1000 点以上からなるものと、中見代第Ⅲ遺跡（高尾 1988）・上松沢平遺跡（第 8 図左）・小平 C 遺跡（寺田 1997）・柳沢 B 遺跡（伊藤 1989）・柳沢 C 遺跡（伊藤 1989）などのように 1 〜数カ所のブロックから構成され、総点数も数百点を上限とするものの 2 者が存在する。ここでは仮に前者の集落を集落 A 類、後者を集落 B 類としておく[5]。

　A 類の集落では上原遺跡に見られるように、1 〜数カ所の石器製作の中心的なブロックが存在し、そこで製作された石器を受給したと考えられるやや分布密度の低いブロックが周囲を取り囲んでいる。これに対して B 類の集落では、上松沢平遺跡のように 1 遺跡から複数のブロックが検出された場合でも、それぞれの距離が離れ、ブロックの独自性が強い場合がある。

　第 9 図左には調整剥片などを除いた細石核関連遺物（細石刃核原形・細石刃核・細石刃）の組成を、第 9 図右にはそれらの合計点数を示した[6]。集落 A 類では細石刃の出土量に対して細石刃核が比較的少ないが、集落 B 類では逆に細石刃核の点数に対して細石刃が少ない傾向が認められる。見方を変えれば、集落 A 類は石器製作址的な傾向が強く、製作された細石刃の消費が進んでいない状況を示し、集落 B 類はむしろ生活址的な性格があり、持ち込まれあるいは製作された細石刃の消費がより進んだ状態を示していることになろう。

　ここで注目されるのは、両集落の保有する細石刃核原形の数である。集落 A 類では休場遺跡・山中城三ノ丸第 1 地点・上原遺跡で出土しているが、集落 B 類では柳沢 C 遺跡が唯一の出土例となる。つまり集落 B 類では原石の分割や細石刃核原形の作出にかかわる工程がほとんどおこなわれていない可能性が高く、集落 B 類の細石刃核原形や細石刃核は集落 A 類から持ち込まれ

たものと考えられるのである。

c 愛鷹・箱根山麓第5期における集住と散開

集落A類のうち、愛鷹山麓の休場遺跡、箱根山麓の山中城三ノ丸第1地点は、両山麓に分布する旧石器時代遺跡の中でも最高所に近く、放射状の丘陵が分派する「要」の位置に立地している。これまでの検討もあわせれば、愛鷹・箱根第5期の集団は、石器製作を主要な目的とした集落A類への集住と、生活の場としての性格が強い集落B類への散開を繰り返していたものと考えられよう。

集落A類である休場遺跡では石器集中範囲と重複するように、ほぼ同じ方向に開口するふたつの石囲炉が発見されている。石器製作を主な目的として複数の世帯が近接した場所に「住居」を構え、原石の分割から細石刃核原形の作出、細石刃核の整形、さらに細石刃の剥離をおこなっていたとすれば、近接した場所に炉が存在することも、ふたつの炉址が石器集中範囲と重複することも説明がつく。

再び集落B類の石器分布状況に注目すると、細石刃の作出はブロックの中心部分で集中的におこなわれ、ブロックの周囲へと持ち出され遺棄されることは比較的少ない。上松沢平遺跡に見られるように、ブロックの周囲に分布する石器類は細石刃よりもフレイクやチップなど、石核の調整に関わる石器類がむしろ多くなっている。こうした集落B類の石器分布は、住居内で石器製作をおこない、さらに製品の多くを住居内に残す縄文時代草創期の集落のあり方と、竪穴の有無の違いこそあれ、きわめて類似した状況であるということができよう。また1～数軒の住居址が散在するという草創期集落の一般的な景観と、集落B類のブロックの分布状況もまたよく類似する。

d 組み合わせ道具としての細石器と世帯管理

つまり集落B類に残されたブロックは世帯を反映したものである可能性が高く、そこでおこなわれた石器製作も草創期と同様に世帯の管理下にあったものと推測されるのである。

組み合わせ道具である「細石器」の石器としての本質的な特徴は、シャフトへの臨機的な石材の補給がおこなわれるという点にある。逆にいえば細石刃核が携帯されない「細石器」は、組み合わせ道具としての利点を生かせないということにもなる。こうした「細石器」の石器としての本質的な属性が、尖頭器段階にすでに認められた石材管理の世帯レベルへの移行を加速させ、それはさらに個人的な狩猟具である石鏃登場への環境を整えていったものと考えられる（池谷2006 99-100頁）。

e 細石器登場の行動論的意義

シャフトへの臨機的な補給を可能とした細石器の登場は、それまでの原産地と生活の場との頻繁な往復あるいは巡回という、石材獲得行動からの解放、ないし一定期間の猶予をもたらしたものと考えられる。世界史的にみれば、この段階に人類は極北への本格的進出と適応を果たすが、石材補給の困難な環境下で、長期の個人的狩猟を可能にした細石器登場の意義が改めて注目されよう。また東北系の頁岩を石材とする削片系細石器集団が、跳躍的な南下を果たし得たのも、「兵

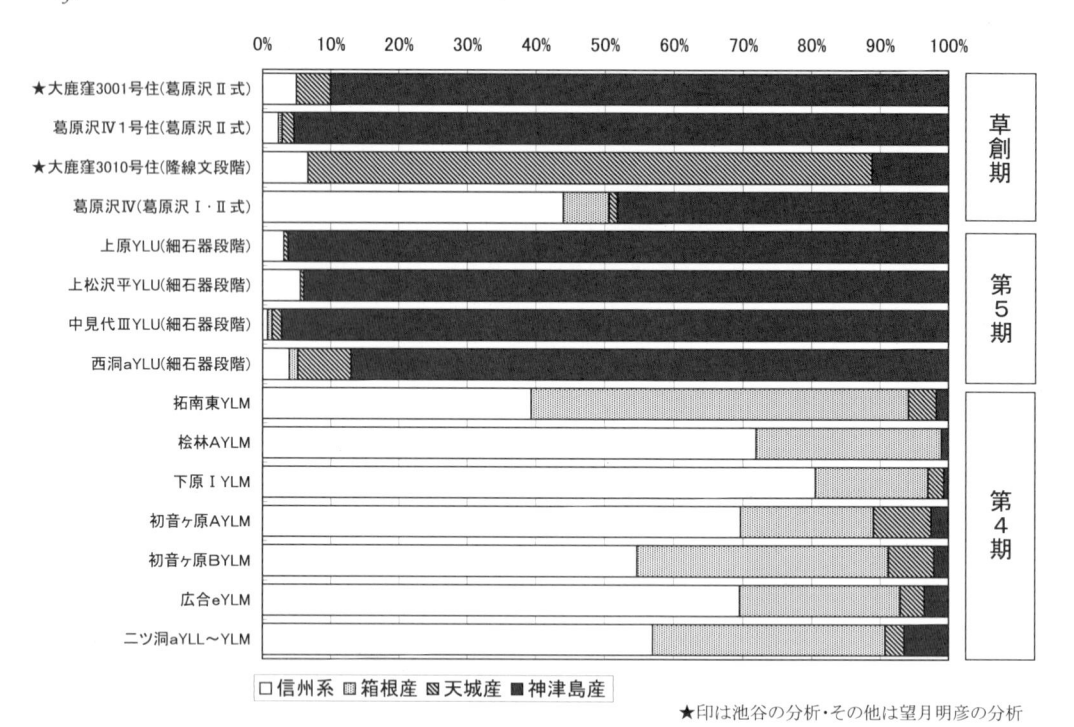

第10図　愛鷹・箱根山麓第4期～草創期の黒曜石組成の変化

　站」からある程度解放された集団ゆえの行動範囲の広さを示していよう。
　ところで愛鷹・箱根山麓では、細石器段階（第5期）を境として黒曜石の供給地が信州系から神津島産へと劇的に変化する（第10図）。そして望月明彦と堤隆の研究が明らかにしたように、その神津島産黒曜石は長野県の矢出川遺跡群においても実に34％（堤2004　64頁）という高い比率で存在する。良質な黒曜石原産地が背後に控えるこの地域の集団が、多量の神津島産黒曜石を敢えて交換という手段で入手したとは考えにくい。堤は信州系原産地が厳冬期にはアクセス不可能な状況となり、石材の不足を神津島への遠征で補ったとするシーズナリティ論を展開している。堤はまた相模野台地の細石器段階集落の黒曜石組成が、信州系か神津島産のいずれかに偏り、両者の比率が拮抗する例がほとんどないことについても、黒曜石の季節的採取の結果として解釈する（堤2003）。
　これに対して筆者は山間地を生活基盤とする集団が、しかも今よりも少なくとも2～3度は水温が低下する冬季の海峡を横断するのは不可能だと反論し、伊豆半島沿岸をホームゲレンデとする集団の存在を想定したことがある（池谷2003cほか）。しかしそこで想定した集団と愛鷹・箱根山麓に細石器段階の集落を残した集団との関係は、現状では不明というしかない。
　ただし、これまで述べてきたように、細石器段階には集団の行動範囲が飛躍的に拡張していたものと考えられ、集落A類に匹敵する大規模な集落がほとんど存在しない相模野台地は、愛鷹・箱根山麓（集落A類）を基点とする集団が散開する範囲に包摂されている可能性が高いものと考

えられる。シーズナリティ論によらずとも相模野における細石器段階の神津島産黒曜石の存在、さらに集落規模の縮小は説明できるのである。矢出川遺跡群の神津島産黒曜石については、今後さらに周辺地域での黒曜石原産地分析と集落形成についての検討をおこなう必要があろうが、その背後に細石器が可能にした行動範囲の拡張があることを強調しておきたい。

4　おわりに ―定住化に向かう社会の石器製作への射程―

　稲田孝司はナイフ形石器段階におけるブロックや礫群・炉址などの居住活動の痕跡に規則的な重複が認められないことから、「ナイフ形石器文化の社会では、(中略)、核家族が独立した居住単位を常時形成していなかったか、あるいは核家族という社会単位そのものがないかかなり不安定な社会ではなかったかと疑われるのである。」と述べ、ナイフ形石器段階における「世帯」の存在を否定した。そして「縄文時代の竪穴住居は北方から波及した細石刃文化・神子柴文化の居住様式に直接の起源をたどることができる」という見解を示し（稲田2004　10〜11頁）[7]、「世帯」という社会組織もこうした石器文化に伴って北方からもたらされた可能性を示唆している。

　これに対し安蒜政雄は中部高地の黒曜石原産地に出現する石器製作者集団の成立に、「定住と分業それに物々交換の萌芽をみることができる」とし、彼らの「イエ造り」に縄文時代竪穴住居の起源が求められる可能性を指摘している（安蒜2000　515頁）。安蒜は石器製作者集団からの石器・石材の供給が、消費地における石器製作の集団内の共有関係を崩して、「イエ」個々による石材管理の自立化と石器製品の専有化をもたらし、さらに各「イエ」の礫群専有化へ結びついたものと考えている（安蒜2000　512頁）。

　両者の意見の相違は「世帯」あるいは竪穴住居の外来説・自生説として対照的にとらえることもできよう。しかし、ナイフ形石器段階以降、石器製作を含むヒトの諸活動がしだいに限定された範囲内に集中してくる点、そこに「世帯」や竪穴住居の成立を関連づける点では共通点が見いだせる。

　本稿ではこうした視点を引き継ぎながら、細石器段階、さらに縄文時代草創期においても石材の管理が世帯レベルでおこなわれていたこと、それが「シャフトへの臨機的な補給」という細石器の石器としての本質的な特徴と深く関わること、世帯レベルの管理が個人的な狩猟具である石鏃登場の環境を整えたことを指摘した。

　石鏃が各地の集落に安定的に存在するようになる押圧縄文段階は、10軒を超える住居址からなる大鹿窪遺跡、明確な上屋構造をもつ葛原沢第Ⅳ遺跡第1号住居址が示すように、集落の定住性がしだいに高まっていった時期でもある。定住性の高まり、あるいは居住施設にかけるコストの増加は、集団の移動を前提とする旧石器時代以来の石材入手戦略に変更を余儀なくさせる矛盾をはらんだものであったと思われる。関東地方草創期の有茎尖頭器や石鏃に在地石材が多用されるのは、定住化の進行によって黒曜石原産地と居住地が分断されたことへの対処として説明することもできよう。

東海地方東部や関東地方では、縄文時代早期になると住居の床面上に残される石器は際だって減少し、集落内での石鏃製作の痕跡も希薄になっていく。この時点で石材の管理は再び世帯を離れ、原産地から消費地に至る集落を単位とする石器製作工程の「連鎖」（横山2000、及川2003）によって支配されるようになったものと考えられる。こうした連鎖的な供給ルートの存在を前提として、押圧縄文段階や表裏縄文段階にほとんど集落の存在しえなかった南関東にも、定住的集落あるいは貝塚遺跡が形成されるようになる。

　旧石器時代以来の集落の移動を前提とした石器製作がいかに解体し、原産地から消費地に至る連鎖的な供給ルートがどのように成立してくるのか、その解明は縄文社会の定住化の過程を鮮やかに照らし出すことであろう。

註
1) 最近、愛鷹・箱根第3期末の出土例が増加しており、第4期にかけてのナイフ形石器形態の連続的な変化が明らかにされつつある。高尾好之はこうした知見に基づいて第4期の編年を見直し、「第4期前半」と「同後半」に再整理している（高尾2006）。
2) 誤解を避けるために敢えて付言するが、諏訪間編年段階Ⅶに相当する「時間」が存在しないという意味ではなく、その時間幅の中で居住活動の痕跡が認められない、という意味であることを重ねて強調しておきたい。同様な状況は縄文草創期前半においても認められる。
3) 2006年4月29・30日に東京大学本郷キャンパスでおこなわれたシンポジウム『縄紋化のプロセス』での筆者の発表に対して、会場から「南九州の隆帯文土器と葛原沢Ⅰ式は似ていない」との発言があった。主旨は、①器形が違う、②胎土が違う―葛原沢Ⅰ式には繊維が含まれるのに対して、南九州の隆帯文土器には繊維が含まれない、③葛原沢Ⅰ式は輪積み成形がおこなわれていないというが、南九州では輪積み成形がおこなわれている、というものであった。

　　器形が違うというのは、南九州の隆帯文土器が、隆帯直下で屈曲して底部に至るものが多いことを指しているのだろうが、それだけではなく、葛原沢Ⅰ式新段階のように隆帯直下からわずかずつ湾曲が始まり、それが強まりながら底部に至るものも多い（たとえば奥ノ仁田遺跡の完形土器等）。ちなみに筆者は葛原沢Ⅰ式古段階ではこの屈曲が弱く、それが新段階でやや強まって、さらに尖底や丸底に変化していくと考えている（池谷2003b　56～57頁）。

　　胎土については、愛鷹・箱根山麓から出土する縄文土器のうち、胎土分析によって「在地」と判断されたものには、ほとんど繊維が含まれることをまず指摘しておこう（たとえば増島2001）。第四紀の火山活動によって形成された愛鷹・箱根山麓には土器の素材に適した粘土がないため、繊維の混和によって可塑性や粘土の「コシ」を補っていたものと考えられる。つまり繊維の混和は製作上の必然からおこなわれているのであり、地域間の影響関係を論ずる材料とはならないのである。南九州の隆帯文土器が輪積み成形によっていると判断する根拠がどこに求められるのか、筆者にはわからないが、素材である粘土の条件が変われば、成形技法に変化が生じることは十分に考えられる。
4) この点については大竹幸恵からの教示があったことを明記しておく。
5) 休場遺跡・山中城三ノ丸第1地点は調査区が遺物分布の全域に及んでいないため、実際にはこのグラフに示した数よりさらに多くの石器が存在する。

6）集落A類と集落B類では母数が違うので誤解を受けやすいが、休場遺跡の細石核原形は17点、柳沢C遺跡の細石器核原形は1点である。
7）稲田孝司は「平地にテントがあれば人間の種々の行動はその範囲に集中しやすい」と述べ、柏台1遺跡の不定形石器群の石器ブロック8カ所と細石刃石器群の石器ブロック7カ所が、いずれもその範囲に礫の集中または炉址が見られることから、中央に炉を設けた「テント」の存在を推定している。

引用・参考文献

秋本真澄 1987「芝川町小塚遺跡出土の縄文時代草創期の土器」『加藤学園考古学研究所報』17　2-3頁

芦澤玲子 2005『埋蔵文化財発掘調査報告書5』127頁　沼津市文化財調査報告書87

安蒜政雄 1992「砂川遺跡における遺跡の形成過程と石器製作の作業体系」『駿台史学』86　101-128頁

安蒜政雄 1999「鷹山遺跡群の性格と研究の意義」『鷹山遺跡群』Ⅲ　128-129頁　長門町教育委員会・鷹山遺跡群調査団

安蒜政雄ほか 2000『鷹山遺跡群』Ⅳ　1-227頁　長門町教育委員会・鷹山遺跡群調査団

安蒜政雄 2000「旧石器時代のイエ―関東・中部地方における上部旧石器時代のイエと石器製作者集団―」『大塚初重先生頌寿記念考古学論集』491-516頁

安蒜政雄 2003「黒耀石と考古学―黒曜石考古学の成り立ち―」『駿台史学』117　175-184頁

池谷信之 1997『土手上遺跡（d・e区-1）発掘調査報告書』1-141頁　沼津市文化財調査報告書63

池谷信之 2001『葛原沢第Ⅳ遺跡（a・b区）発掘調査報告書』1-353頁　沼津市文化財調査報告書77

池谷信之 2003a「縦位密接施文から異方向帯状施文へ―駿豆地方押型文土器の変遷と立野式―」『利根川』24・25　135-147頁

池谷信之 2003b「本州島中部の様相―東海地方の隆帯文土器と列島南岸―」『季刊考古学』83　55頁-58頁

池谷信之 2003c「潜水と採掘、あるいは海をわたる黒曜石と山を越える黒曜石―環中部高地における縄文時代神津島黒曜石と信州系黒曜石の盛衰、その予察として―」『黒耀石文化研究』2　125-144頁

池谷信之 2005b『黒潮を渡った黒曜石　見高段間遺跡』1-93頁　新泉社

池谷信之 2006a「東海地方」『公開シンポジウム縄文化のプロセス』予稿集　94-112頁

池谷信之 2006b「環中部高地南東域における黒曜石流通と原産地開発」『黒耀石文化研究』4　161-171頁

池谷信之・杉山浩平 2007「縄文的石器製作体系の解体―関東南部～東海東部を中心として―」『日本考古学協会第73回総会研究発表要旨』106-107頁

石川治夫 1982『子ノ神・大谷津・山崎Ⅱ・丸尾Ⅱ』229-241頁　沼津市文化財調査報告書27

伊藤恒彦ほか 1995『山中城三ノ丸第1地点』1-402頁　三島市教育委員会

伊藤恒彦 1989「Ⅲ．大奴田場遺跡」『函南スプリングスゴルフ場』15-173頁　函南町教育委員会

伊藤恒彦 1989「Ⅴ．柳沢B遺跡」『函南スプリングスゴルフ場』269-325頁　函南町教育委員会

伊藤恒彦 1989「Ⅵ．柳沢C遺跡」『函南スプリングスゴルフ場』326-430頁　函南町教育委員会

伊藤恒彦 2001『上原遺跡』1-318頁　函南町教育委員会

稲田孝司 2004「日本における定住生活の始まりと生業」『文化の多様性と21世紀の考古学』6-15頁　考古学研究会

漆畑　稔 1991『仲道A遺跡』1-305頁　大仁町教育委員会

大塚達朗 1989「草創期の土器」『縄文土器大観』256-261頁　小学館

及川　穣 2003「出現期石鏃の型式変遷と地域的展開―中部高地における黒曜石利用の視点から―」『黒耀石

文化研究』2　145-166 頁

荻澤太郎ほか 1995『みもじ山遺跡Ⅱ縄文時代・弥生時代〜古墳時代編』38-54 頁　日本道路公団・東京外かく環状道路練馬地区遺跡調査会

紅村　弘 1974『椛の湖遺跡発掘調査報告書』1-45 頁　坂下町教育委員会

小金澤保雄 2003『大鹿窪遺跡窪 B 遺跡（遺構編）』1-232 頁　芝川町教育委員会

小金澤保雄 2006『大鹿窪遺跡窪 B 遺跡（遺物編）』1-296 頁　芝川町教育委員会

笹原芳郎 1999『西洞遺跡（b 区 -1）発掘調査報告書』1-301 頁　沼津市文化財調査報告 69

篠崎謙治 2004『七ツ塚遺跡 14』1-160 頁　株式会社第三開発・日野市東光寺上土地区画整理組合

新谷和孝 1995『お宮の森裏遺跡』1-270 頁　建設省飯田工事事務所・上松町教育委員会・木曽郡町村会

杉原荘介・小野真一 1965「静岡県休場遺跡における細石器文化」『考古学集刊』1-33 頁

鈴木敏中 1999『初音ヶ原遺跡』1-438 頁　三島市教育委員会

鈴木裕篤 1985『築地鼻北遺跡発掘調査概報』1-26 頁　沼津市文化財調査報告書 34

関野哲夫 1992『尾上イラウネ遺跡Ⅱ』1-664 頁　沼津市文化財調査報告書 53

関野哲夫 1996『甲之背遺跡』1-158 頁　中伊豆町教育委員会

高尾好之 1988『土手上・中見代第Ⅱ・第Ⅲ遺跡発掘調査報告書』185-332 頁　沼津市文化財調査報告書 43

高尾好之 1989『中見代第Ⅰ遺跡発掘調査報告書』1-238 頁　沼津市文化財調査報告書 45

高尾好之 1998『拓南東遺跡発掘調査報告書』1-184 頁　沼津市文化財調査報告書 65

高尾好之 2006「東海地方の地域編年」『旧石器時代の地域編年的研究』63-102 頁　同成社

堤　　隆 2003「細石刃石器群の石材受給とセトルメントシステム」『シンポジウム日本の細石刃文化』Ⅱ　152-170 頁　八ヶ岳旧石器研究グループ

堤　　隆 2004『氷河期を生き抜いた狩人　矢出川遺跡』1-93 頁　新泉社

寺田光一郎 1997『小平 C 遺跡　小平 B 遺跡』2-73 頁　三島市教育委員会

寺田光一郎 1998『中村分遺跡 天台 B 遺跡 台崎 C 遺跡』103-205 頁　三島市教育委員会

橋本勝雄 1993「略説・日本細石器文化研究の現状と課題」『史館』24　1-22 頁

保坂康夫・望月明彦・池谷信之 2003「石材管理と石器製作—山梨県天神堂遺跡の黒曜石管理と原産地クラスターの抽出から—」『帝京大学山梨文化財研究所研究報告』11　167-204 頁

前島秀張 1995「第 4 期・第 5 期の石器群」『静岡県考古学会シンポジウムⅨ愛鷹・箱根山麓の旧石器時代石器群』28-34 頁　静岡県考古学会シンポジウム実行委員会

馬飼野行雄 1983『若宮遺跡』1-489 頁　日本道路公団名古屋建設局・静岡県教育委員会・富士宮市教育委員会

増島　淳 2001「葛原沢第Ⅳ遺跡出土草創期土器の胎土分析」『葛原沢第Ⅳ遺跡（a・b 区）発掘調査報告書』306-317 頁　沼津市文化財調査報告書 77

宮崎朝雄・金子直行 1995「回転文様系土器群の研究—表裏縄文系・撚糸文系・室谷上層系・押型文系土器群の関係—」『日本考古学』2　1-36 頁

山形眞理子 1991a『三の原遺跡』1-247 頁　立教学院三の原遺跡調査団

山形眞理子 1991b「多縄紋土器編年に関する一考察—「室谷下層直後、井草式以前」を中心として」『東京大学文学部考古学研究室紀要』10　277-314 頁

横山　真 2000「縄文時代草創期後半における黒耀石製石器の生産形態—中部高地を例に—」『鷹山遺跡群Ⅳ』197-206 頁　長門町教育委員会・鷹山遺跡群調査団

第7章　近畿地方における縄文化の様相

光　石　鳴　巳

はじめに

　旧石器時代・縄文時代草創期ともに層位的事例や良好な一括資料に恵まれない近畿地方において、旧石器時代の終末から縄文時代の初頭にかけての過程をたどる作業は容易ではない。また、実際に積極的に取り組まれてきた課題ともいい難いだろう。尖頭器石器群や細石刃石器群の出土がほとんど知られていないという現状は、"旧石器時代の終末"像を不鮮明にしている大きな要因となっている。それをこの地域の特殊性ととらえるのか、あるいはあくまで"存在するはずだが見つかっていない"と考えるのかによって、その評価は大きく異なってくる。

　続く縄文時代初頭についても、縄文時代研究そのものが他地域に比べて立ち遅れていることが早くから指摘され、該当する資料が不明な状況が長く続く。縄文時代草創期の土器資料は1973年、京都府福知山市の武者ヶ谷遺跡における「武者ヶ谷式土器」の出土が初例である（渡辺・鈴木1977）。しかし土器は古墳の墳丘の下位から単独で出土し、草創期"遺跡"としての全体像は不明である。1980年代前半の福井県鳥浜遺跡における調査では、隆起線文土器と「斜格子沈線文土器」、爪形文・押圧縄文土器、多縄文土器という3段階にわたる層位的な出土が確認された。隆起線文土器の共伴遺物（石器群）は不明だが、多縄文土器には豊富な石器群が伴うことが確認され、現在でも重要な知見である（鳥浜貝塚研究グループ1987、田中2002）。

　そうしたなか、1980年代後半の桐山和田遺跡（松田編2002）、北野ウチカタビロ遺跡、1996・97年の上津大片刈遺跡（米川2003）における発掘調査が、近畿地方における縄文時代草創期資料の蓄積に大きく貢献したことは間違いない。いずれも奈良県の東部山間地域である山添村に位置するこれら3遺跡は、屈曲する河川の河岸に位置し、草創期から早期にわたる累積的な遺跡形成過程など共通点も多い。ただし、これらの資料がある程度報告書として刊行された今日にいたっても、草創期に関する議論が格段に進んだとはいえず、そうした意味でも、依然として資料蓄積の段階から脱していないということを確認しておかねばならないだろう。

　このように近畿地方においては、「縄文化」を議論するには遠く及ばないのが現状である。本稿では、上述のような現状をふまえながら、旧石器時代終末から縄文時代草創期の様相について筆者なりの見解を述べつつ、今後の課題と展望を示すことにつとめたい。

1　旧石器時代終末の近畿地方

(1) ナイフ形石器文化終末期

　近畿地方におけるナイフ形石器文化の編年観は、松藤和人、久保弘幸、佐藤良二、絹川一徳といった諸氏によって提示されている（松藤1980、久保1989、佐藤1989、絹川2004）。いずれも、瀬戸内技法の盛行期（国府期）を姶良Tn火山灰降灰の前後に想定し、瀬戸内技法の崩壊・消滅とナイフ形石器の小型化という過程を想定しており、大枠で相違がないものとして理解される。
　作業仮説としてナイフ形石器文化終末期（以下、単に"終末期"と記す）の石器群を設定するにも、層位的な裏づけに乏しく、多分に型式学的操作に頼らざるを得ないという側面がある。実態として、瀬戸内技法に関連する石器器種や国府型ナイフ形石器を含まず、相対的に「小型」のナイフ形石器を主体とする石器群があてられる。絹川氏の見解を例とすれば、終末期に該当するものには、大阪平野では八尾南遺跡第2地点、同第6地点、長原遺跡89-37次調査地、星田布懸遺跡、粟生間谷遺跡ブロック1などといった石器群があげられている（絹川2004）。しかし絹川氏も指摘するとおり、比較的至近な範囲に位置している八尾南遺跡第2地点石器群と、八尾南第6地点・長原遺跡89-37次調査地石器群とを比較すると、前者が幾何形のナイフ形石器を主とするのに対し、後二者は横長剥片剥離技術を基盤として柳葉形のナイフ形石器を主としており、終末期の石器群とされるものも一様ではないらしい。
　一方で、奈良県側で終末期石器群の候補と目される馬見二ノ谷遺跡の石器群は、その一括性には問題を残すとはいえ、ナイフ形石器に小型の二側縁加工のものや幾何形のものを含むといった特徴があり、上述の大阪平野での二態をともに含んでいる。周縁加工の小型尖頭器を含むことも、この石器群を終末期の所産と考えるうえで傍証となると思われる（光石編2006）。筆者は、細石刃状ともいえる小型の石刃状剥片を剥離する一群が存在することに注目し、終末期石器群が細石刃文化期に近似した年代的位置をもつ可能性を考えている。また、1点のみ出土した国府型ナイフ形石器の共伴を積極的に評価するなら、終末期段階になって国府型ナイフ形石器がまったく消滅したともいいきれない。すなわち、中国山地における恩原2遺跡の事例（稲田編1996）を参照すれば、近畿地方でも大山系火山灰の降灰以降に国府型ナイフ形石器が残存する可能性はあり、国府型ナイフ形石器の継続時期が相当に長いものであったと推定される（光石2006）。
　後述するように、近畿地方においては細石刃石器群の存在が希薄であり、ナイフ形石器を主体とする石器群が、他地域と比べて長く残存した可能性は高い。近畿地方のナイフ形石器文化は、サヌカイトという石材を運用する必要性から瀬戸内技法を含む横長剥片剥離技術への依存度が高いことを背景に、かなり緩慢な変遷をたどったものと思われる。

(2) 細石刃文化期

　近畿地方において細石刃文化期の資料とされるものの多くは表面採集あるいは単独出土であ

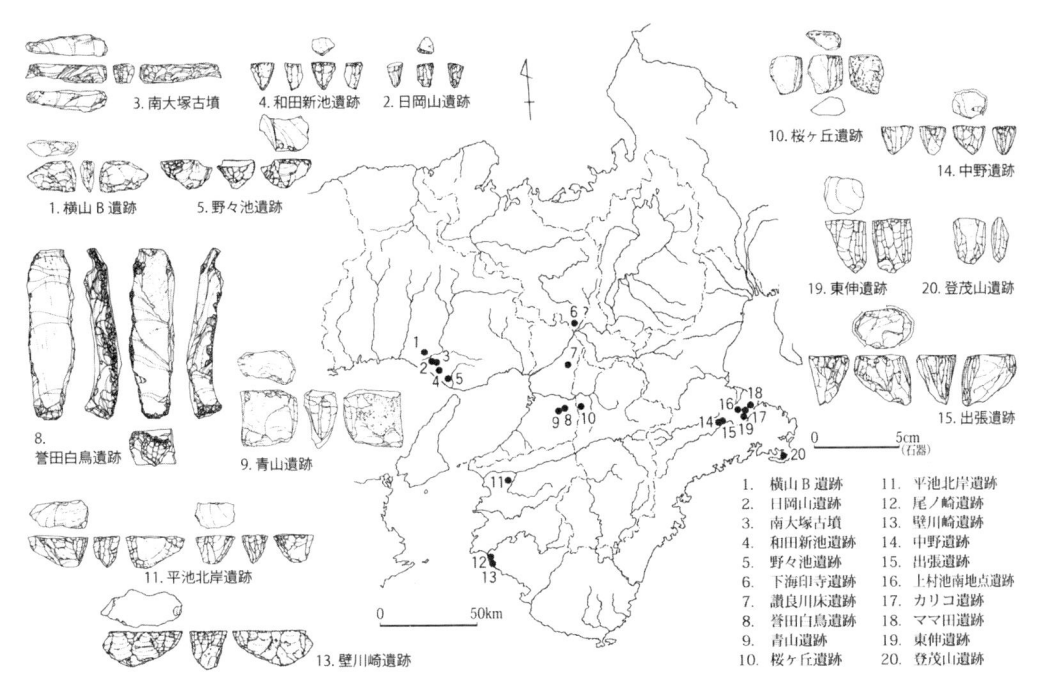

第 7 章　近畿地方における細石刃文化の様相　137

第 1 図　近畿地方の細石刃関連資料出土遺跡（松藤 1992 を改変）

り、発掘調査による出土資料の場合も、1 遺跡あたり 1 〜数点という例がほとんどである（第 1 図）。例外的に和歌山県にややまとまった石器群が知られるが、発掘調査によって石器群の全体が明らかになった事例は皆無に等しいというのが実態である。

　近畿・東海西部の細石刃石器群を集成した松浦五輪美氏は、細石核の形態から推定される細石刃技法として、船野技法、野岳・休場技法、湧別技法、羽佐島技法の 4 種を認めている（松浦 2003）。船野技法によると推定される細石核の出土地は、和歌山県から三重県を経て愛知・岐阜県にわたる分布をみせ、これら太平洋岸に一定の分布圏を想定できる。和歌山県で頁岩やサヌカイト、三重県ではチャート、愛知・岐阜県ではチャートや流紋岩が主体的に用いられ、在地石材を選択する傾向がある。角錐（角柱）状を呈する細石核がいくつか知られるが、明確に野岳・休場型に分類できる資料はきわめて少ない。湧別技法によるものは、大阪府誉田白鳥遺跡と兵庫県南大塚遺跡の 2 例である。ともに削片で、前者が玉髄製、後者が黒曜石製であり、搬入石材の可能性が高いという点で共通する。羽佐島技法については「瀬戸内海島嶼部に見られる板状の細石刃核の製作技法」で、大阪府青山遺跡、奈良県桜ヶ丘第 1 地点遺跡、兵庫県まるやま遺跡[1]などの出土資料があり、いずれもサヌカイトを用いる。使用石材との関係から松浦氏は、「湧別技法を除けば、技法が波及するというより、石材の分布状況によって技法が制約されていたと見るべき」と指摘する。

　しかし、近畿地方で細石核、細石刃とされるものには、そうした器種としての認定に躊躇されるものもあって、全体として細石核の型式で示されるような地域性を指摘しにくく、石器製作の

痕跡を認められるような出土状況も知られていない。とくにナイフ形石器文化期を通じてサヌカイトによる石器製作を盛んにおこなう大阪平野やその周辺に、前段階までの活発な様相が継続した様子がうかがえないことが特徴的である。近畿地方でも、とりわけサヌカイトを主要石材として選択する地域に、一般的にいわれるような細石刃文化が定着したとは考えにくい。

細石刃文化が定着しなかったということの背景には、極端な人口の減少なども想定できるが、それを具体的に考古資料のうえで論じることはきわめて困難である。別の可能性をあげるなら、他地域と違った種類の石器器種をおもに使う石器文化が、細石刃文化に代わる位置を占めていたことを想定するものだろう。松藤和人氏は「東日本で尖頭器が盛んに製作されたころ、近畿西部のサヌカイト地帯では依然としてナイフ形石器文化の伝統が続いていたのであろう」（松藤1992）と述べているが、それは細石刃文化期についても大きく違わないのではないだろうか。

細石刃文化期がまったく存在しなかったと考えるのは極論としても、それがきわめて短期間であったということでも充分実態に近いかもしれない。いずれにしても、この地域の集団すべてが細石刃石器群を駆使した時期が、他地域と同等に継続したと考えるにはあまりにも資料数が少なく、むしろ点々と認められている単独資料は、他地域から流入した集団がのこした一過性の痕跡と考えてよいかもしれない。細石刃文化期の存在を示す確かな資料が将来的に出土する可能性があるのか、地形形成のあり方を含めた古環境なども視野に入れた検討を進めることが必要ではあるが、日本列島にくまなく等質的な石器群の変遷観を想定することが妥当なのか、いま一度考え直したい課題である。

2　縄文時代草創期の編年に関する問題

先に旧石器時代の終末に近い時期までナイフ形石器文化が継続した可能性を指摘したが、その後の縄文時代初頭への推移もさほど明瞭にとらえられるわけではない。縄文時代草創期における石器群の変遷観については、隆起線文土器→爪形文土器→多縄文系土器という土器の編年観に依拠し、あるいは神子柴石器群→有茎尖頭器→石鏃といった、他地域で一般化されている石器群の変遷観に資料をあてはめて整理するといった手法に依らざるを得ない（松田1998・2005、光石2003）。近隣地域では、福井県鳥浜遺跡（鳥浜貝塚研究グループ1987、田中2002）や、岐阜県椛の湖遺跡（原・紅村1974）で爪形文・押圧文土器→多縄文系土器へという土器の変遷観に対応した石器群の変化がとらえられているが、近畿地方の資料のみによって編年を組み立てるには、さらなる資料の蓄積が不可欠である。

神子柴型（系）石斧については、岐阜、愛知から三重県にかけて比較的出土例が多いが、近畿地方での出土例は8遺跡（9例）とかなり限られている（奥2006）。発掘調査による出土例が主体ながら、共伴遺物の明確なものは少ない（第2図）。兵庫県伊府遺跡（深井1980）で木葉形尖頭器、削器、石鏃、磨製石斧、剥片とともに出土したとされているが、調査範囲が限定されているため全体像は不明で、とくに磨製石斧までを共伴遺物に含め得るものか疑問は残る。兵庫県まるやま

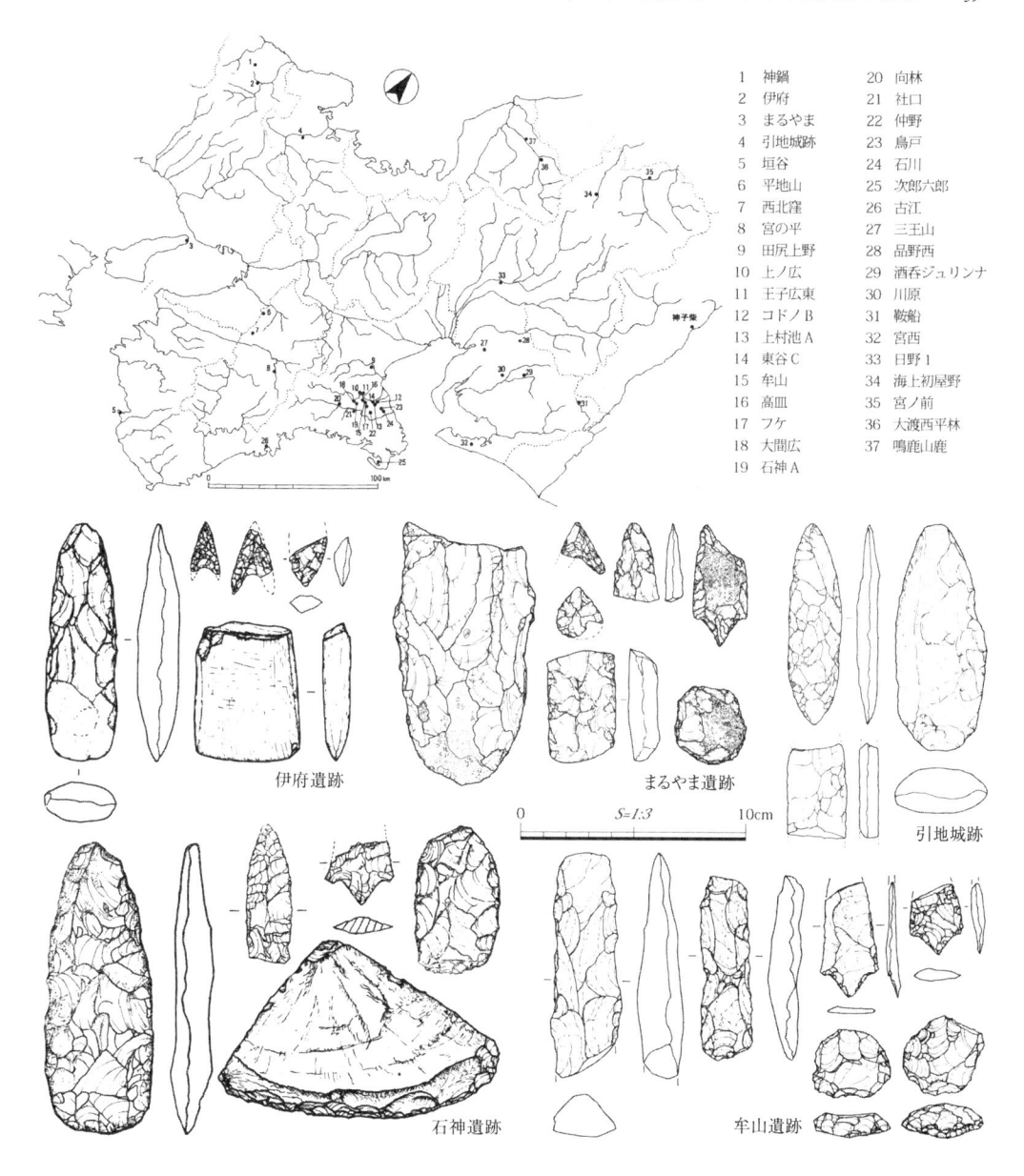

第 7 章 近畿地方における縄文化の様相

1	神鋼	20	向林
2	伊府	21	社口
3	まるやま	22	仲野
4	引地城跡	23	鳥戸
5	垣谷	24	石川
6	平地山	25	次郎六郎
7	西北窪	26	古江
8	宮の平	27	三王山
9	田尻上野	28	品野西
10	上ノ広	29	酒呑ジュリンナ
11	王子広東	30	川原
12	コドノB	31	鞍船
13	上村池A	32	宮西
14	東谷C	33	日野1
15	牟山	34	海上初屋野
16	高皿	35	宮ノ前
17	フケ	36	大渡西平林
18	大間広	37	鳴鹿山鹿
19	石神A		

第 2 図　神子柴型（系）石斧出土遺跡（奥 2006）と主要な石器群

遺跡では有茎尖頭器、木葉形尖頭器、搔器、削器、石鏃が伴い、風化・摩滅の激しい土器の細片も伴うとされるが（三原編 1998、山本編 2002）、この共伴関係をどの程度積極的に評価すべきか、判断の分かれるところだろう。京都府引地城跡では柳葉形尖頭器などがともに出土しているが、両者が伴うものか不明とされる（筒井・黒坪 1996）。また、三重県を含む東海西部の資料をみる限り、ほとんどの事例で有茎尖頭器が共伴、あるいはともに採集されており、いわゆる神子柴石器群のみで構成されるような資料はみあたらない。これらの地域では、神子柴石器群は本来の形[2]

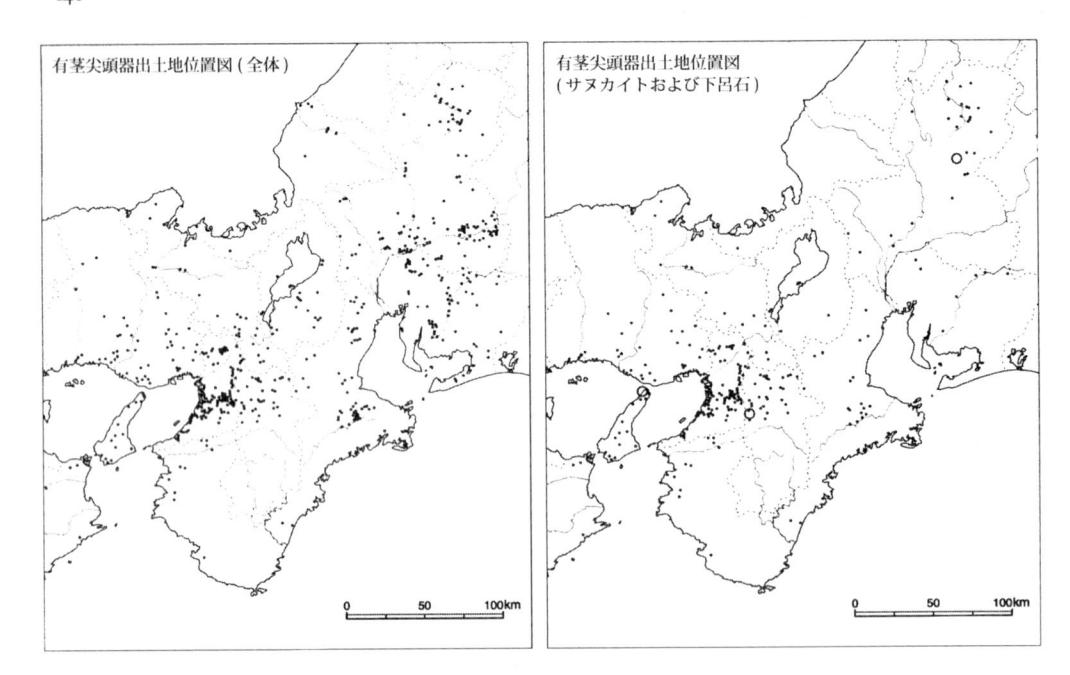

第3図 近畿地方における有茎尖頭器出土地の分布（川合 2002）

をとどめておらず、いわば分解された要素として有茎尖頭器主体の石器群に組み込まれていると考えるのが妥当だろう。

　資料の実態に即していうと、近畿地方における縄文時代草創期は有茎尖頭器の時代と呼び替えてもよいほどである。実際に多くの遊離資料にいたるまで丹念に数え上げれば、石器器種や土器といった構成要素の中でも有茎尖頭器が突出した数量を示し、出土遺跡・地点も格段に多い（第3図）。神子柴石器群から有茎尖頭器石器群へという変遷観による限り、見かけ上は爆発的ともいうべき点数の増加で、大阪府の168点、三重県の134点が突出しており、兵庫県の80点、奈良県の70点がこれに続く（光石 2005）。後述するように、確実に草創期のものと限定できる石鏃主体の石器群というのがさほど多くないという現状から考えれば、大部分が単独資料であるということを差し引いても、草創期の資料として有茎尖頭器が多数であることは動かし難い。有茎尖頭器を主体とする石器群が近畿地方を席捲する時期が存在したことはほぼ間違いないが、その帰属期間がかなり長期にわたった可能性を考えてもよいかもしれない。ひとまずこれを"有茎尖頭器文化期"と呼んでおこう。

　多数の石鏃を含む草創期の石器群というのも、実態としてはきわめて限定される。三重県で7カ所があげられ、発掘調査によるものでは粥見井尻遺跡の120点以上（中川・前川 1997）というのが目立つほか、採集資料ながら西江野A遺跡の220点以上（関西縄文文化研究会 2002）というのも特筆すべき数量だろう。その他には、奈良県の3カ所（桐山和田遺跡、北野ウチカタビロ遺跡、上津大片刈遺跡）と和歌山県藤波地区遺跡（藤井・渋谷 1985）、さらに石鏃が数点出土した兵庫県の2カ所（伊府遺跡、まるやま遺跡）があげられるだけであるから、先にみた有茎尖頭器の場合と比

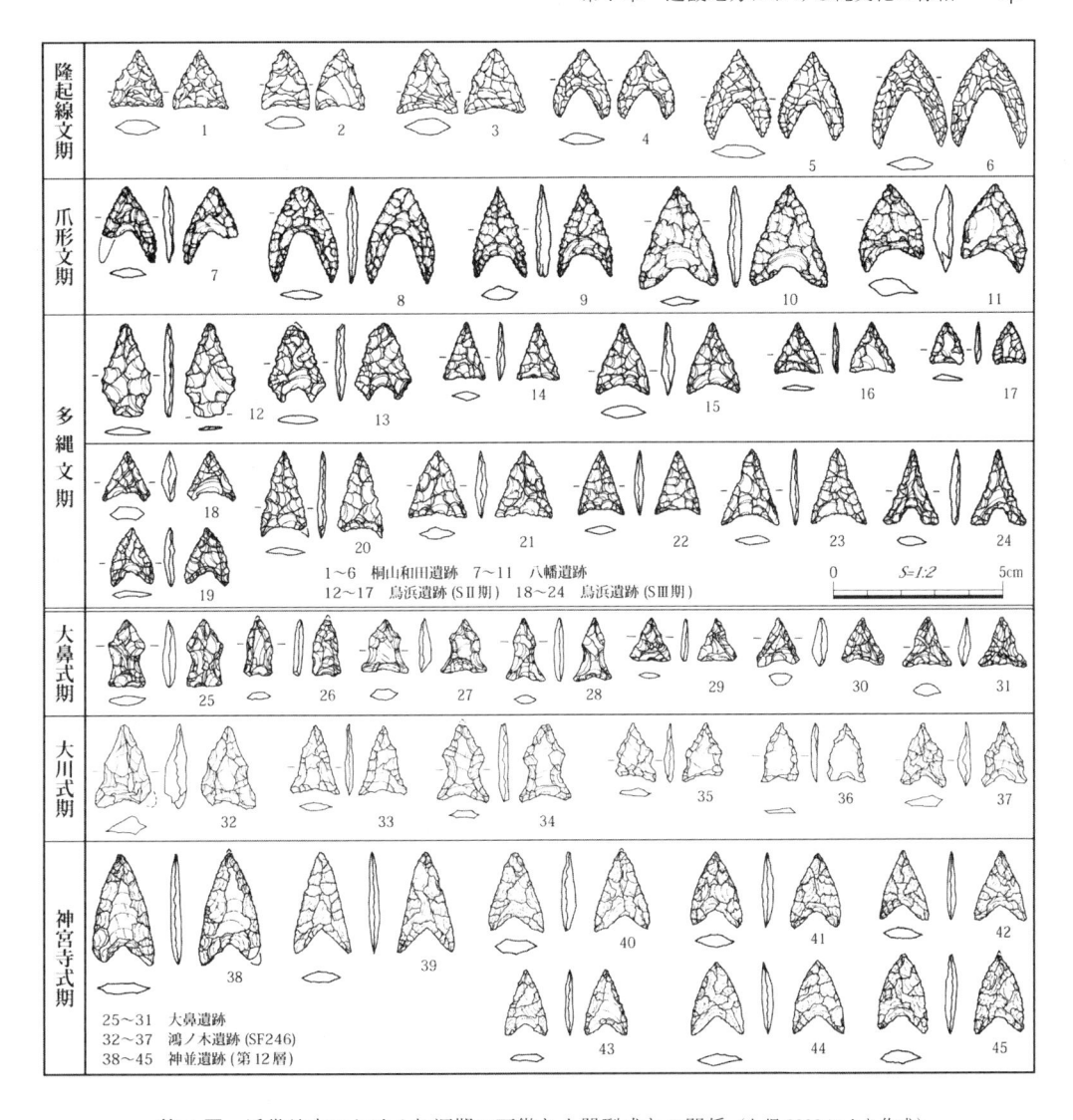

第 4 図　近畿地方における初源期の石鏃と土器型式との関係（久保 2002 により作成）

べるとかなり見劣りする数字である。しかも、これらの中にも草創期に帰属するという評価に問題のあるものが皆無ではない[3]。

　三重県内の資料を中心に近畿地方の主要な草創期・早期石器群における石鏃を概観した久保勝正氏によれば、「全般にわたって安定した数量を保持する形態がなく、形態の保持・変化がおおむね土器型式のあり方と合致・対応」するという（久保 2002）。以下、久保氏による各土器型式と石鏃形態との対応を示しておこう（第 4 図）。隆起線文期は三角形鏃を主体に長脚鏃が伴い、爪形文期には長脚鏃が主体となる[4]。多縄文期には長脚鏃が欠落し、三角形鏃が主体となる段階（鳥浜遺跡 S II 期：爪形文・押圧縄文）から、側縁部がやや外彎し、抉り込みも浅いが明瞭な二等辺三角形状のものが主体となる段階（鳥浜遺跡 S III 期：多縄文）という流れが読み取れる。早期押型文

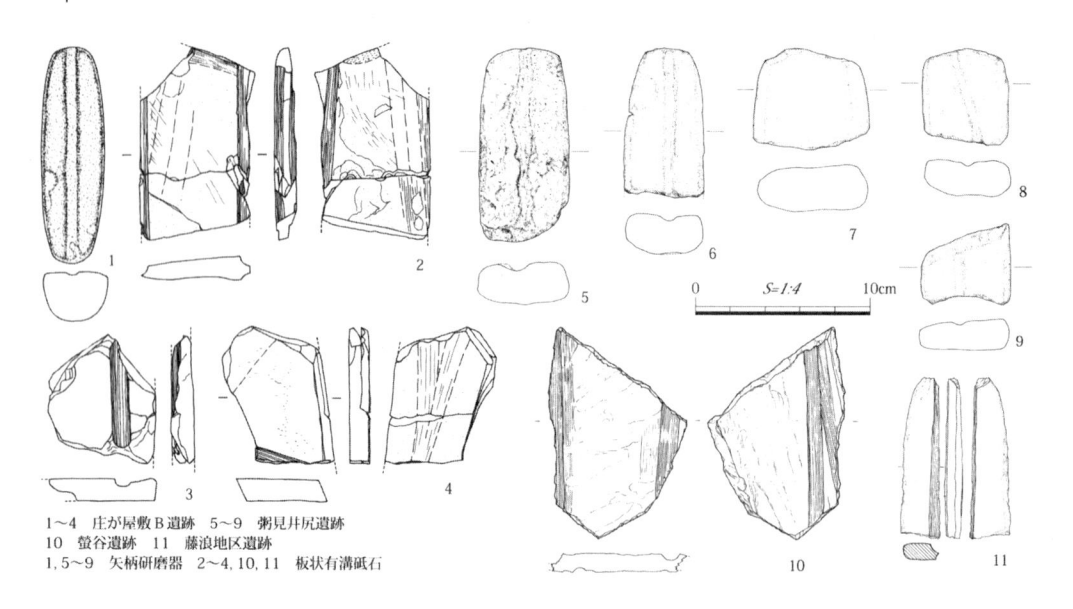

1~4 庄が屋敷B遺跡　5~9 粥見井尻遺跡
10 螢谷遺跡　11 藤浪地区遺跡
1,5~9 矢柄研磨器　2~4,10,11 板状有溝砥石

第5図　各地の有溝砥石（各報告書による）

期の前半に相当する大鼻式期から大川式期にかけては五角形鏃と三角形鏃が主体である。これに対し、押型文期の後半の神宮寺式期には五角形鏃と三角形鏃が皆無に近く、二等辺三角形状の形態が主となり、いわゆる鍬形鏃が一定数認められるようになるという。

このように近畿地方における石鏃は、初源期においてすでに複数の形態が組み合わさった状態であったと思われる。時期の推移に対応して形態組成が変化するようだが、その変化の方向性は一定ではなく、特定の形態が時間的・空間的限定を示すものではないらしい。もちろん、こうした石鏃形態の遺跡間での差異が、遺跡がのこされた時点で集団が置かれていた環境をある程度反映しているという側面は考慮すべきであり、機能差の問題には検討の余地が残されている。いずれにしても、複数の形態で構成される状態でこの地域に現れることを重視すれば、石鏃主体の石器組成そのものが、他地域から導入された外来的要素であったことを示すとみてよさそうである。

また、隆起線文期から爪形文期にかけて、有茎尖頭器も組成の一員であることがほぼ常態で、有茎尖頭器と石鏃の両者が併存するあり方も普遍的だったと考えてよいだろう[5]。これら両者の関係については、製作技術や使用法推定のいずれをとっても充分に検討されてきたとはいえず、課題とすべき点である。

ところで、近畿地方の草創期石器群の構成要素として見逃せないのが、有溝砥石類の存在である（第5図）。西江野A遺跡、粥見井尻遺跡、桐山和田遺跡や北野ウチカタビロ遺跡など、石鏃を多数含む石器群に伴うことが多く、石鏃の使用との関係を想定するのが一般的である。有溝砥石類には、いわゆる矢柄研磨器の形態をとるものと、筆者が「板状有溝砥石」と呼んでいるものの2形態がある。伴出する土器や石器の内容が明らかなものばかりではないが、とくに後者は近畿とその周辺に出土例が多い。日本海側には石川県庄が屋敷B遺跡（西野1999）、鳥浜遺跡、鳥

取県智頭枕田遺跡の例が点在し、東海西部では椛の湖遺跡、愛知県宮西遺跡（白石編 2007）、近畿では桐山和田遺跡に加えて奈良県池田遺跡（前澤 2001）、滋賀県蛍谷遺跡（滋賀県教育委員会 1992）、藤波地区遺跡などの事例があげられる。例数が限られるとはいえ、地域性を考えるうえで注意すべき資料であることを指摘しておきたい。

3 縄文時代草創期の石器製作と石材利用

近畿地方の縄文時代草創期の遺跡で、石器製作跡とされるものはごく少数である。長原遺跡 89-19 次調査地と兵庫県国領遺跡の石器群が、その可能性が指摘される事例である[6]。

長原遺跡 89-19 次調査地における石器集中部 LC1203 は、12/13 層漸移帯に位置し、「半径約 2m の範囲から出土した石核 7 点（接合後の実数 3 点）、板状剥片を含む剥片 1027 点、および叩き石 2 点」を含んでいる（趙編 1997）。層位的な位置づけや、複数得られた接合資料の多くが両面調整石器の製作に関わるとみられる点、隣接地点である 89-23 次調査地で出土した有茎尖頭器が LC1203 の母岩 21 と酷似することなどから、縄文時代草創期に帰属する可能性が示唆されている。使用石材は叩き石を除きすべてサヌカイトである。接合資料が得られたことで、ここでの石器製作が長径 10cm あまりの転礫、もしくはそこから割り出した厚手の剥片を素材として開始されたことが読み取れる。

国領遺跡は、近傍で採取されたと思われるチャートを素材とした槍先形尖頭器の製作跡と考え

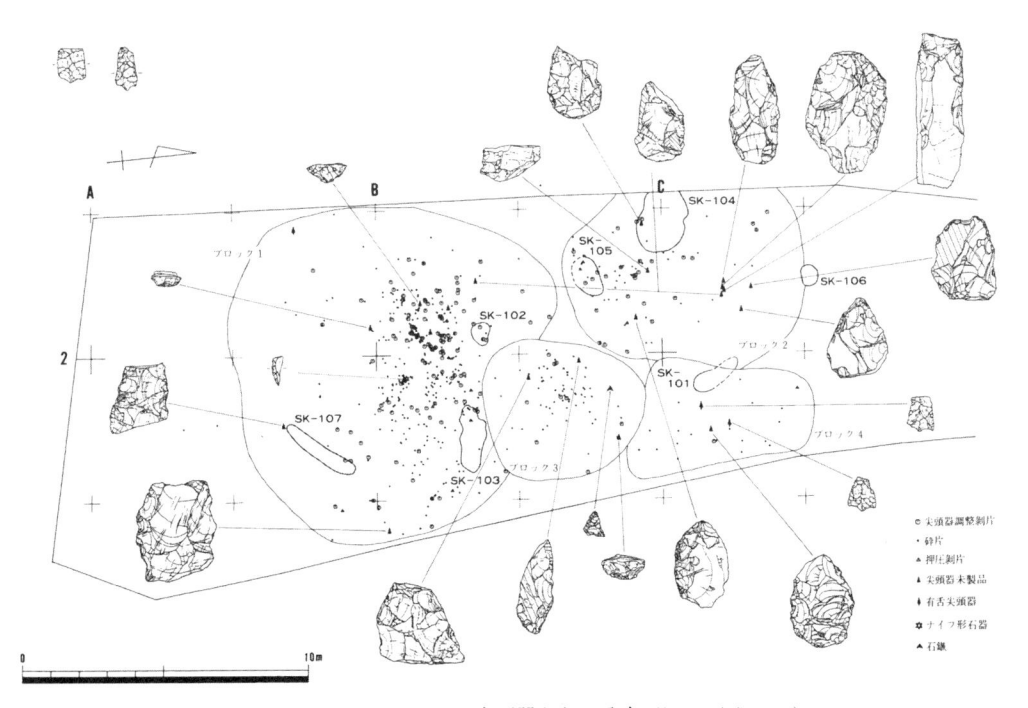

第 6 図　国領遺跡における尖頭器などの分布（村上・久保 1991）

られている（第6図）（村上・久保編1991）。チャート製の石器類には尖頭器の未成品があり、剥片どうしや剥片と未成品との接合資料を含んでいる。一方、サヌカイトの一群は点数比で3％程度と少数で、有茎尖頭器以外に尖頭器調整剥片とされるものが6点あるとはいえ、積極的な石器製作がおこなわれたとは考えにくい。報告書で指摘されるとおり、サヌカイト製の有茎尖頭器は搬入品ととらえるのが妥当だろう。

　長原遺跡は、二上山北麓の遺跡群から直線で10km足らずのところに位置している。国領遺跡は明らかに二上山からみて遠隔地で、むしろチャートの原産地に立地している。石材入手と運用の形態を考えるには、両者は対照的で興味深い事例である。長原遺跡のあり方は、両面調整素材の集中生産と、製作物の搬出がおこなわれたことを示している。国領遺跡におけるチャートの接合資料はいずれも断片的なものにとどまっているが、のこされた未成品や、押圧剥片が比較的集中する部分があることなどから、おもに槍先形尖頭器が製作されたと推定される。この場合、出土した小型の有茎尖頭器が何らかの事情で放棄されたものと考えれば、これに代わるものの製作を想定するのが自然で、同様のプロセスから新たに有茎尖頭器が製作されたことは考えておいてよいだろう[7]。これらふたつの事例からは、石材原産地の近傍地で槍先形尖頭器や有茎尖頭器、あるいはそれらの原形を集中的に製作し、製作物を搬出した様子がうかがわれる。

　上述のようなことをふまえると、サヌカイト原産地での草創期石器群のあり方に関心が持たれるところであるが、実際にはほとんど不明といってよい。大阪平野や奈良盆地を中心とした地域で有茎尖頭器の大部分がサヌカイト製であり、また桐山和田遺跡などでの使用石材が圧倒的にサヌカイトを主体としていることから考えると、二上山周辺のサヌカイト原産地への開発行為が旧石器時代に引き続いておこなわれていたことは間違いないが、そのことを具体的に示す事例はきわめて乏しいのである。1974年の『ふたがみ』刊行時点では、同書に3点の有茎尖頭器が掲載されているが[8]、それ以降、長く資料の増加はなく、これらが数少ない二上山周辺での草創期資料であった（同志社大学旧石器文化談話会1974）。

　近年になり、平地山遺跡の調査によって、神子柴型石斧や有茎尖頭器の出土が知られるようになった。これまでに公表された限りでは、有茎尖頭器、木葉形尖頭器、石斧のほか、わずかに円形掻器が出土したというが、同時に出土した剥片や石核について共伴とみることは難しいという（佐藤・森川2003）。また、石斧には凝灰岩製とみられるものがあり、これもサヌカイト原産地への集団の関わり方を考えるうえで見落とせない事例のひとつである。

　ところで、『ふたがみ』に掲載されたうち、鶴峯荘第1地点の有茎尖頭器はチャート製で、サヌカイト分布圏の縁辺部にあたる丹波山地や三重県北部など、チャートを多用する地域の集団との関係を思わせる。また、これと対をなす現象として、国領遺跡の例や、伊勢湾沿岸のいくつかの事例に見られるように、サヌカイトの使用例は大阪平野や奈良盆地といった範囲をこえて認められ、三重県石神遺跡の場合には、石斧を含むすべてがサヌカイトという構成となっている（早川・奥1965）。伊勢湾沿岸地域ではサヌカイト製の国府型ナイフ形石器や翼状剥片の出土も知られており（奥1999）、早くから二上山周辺地域との間に集団の往来があったことが予想されるが、

草創期文化の導入がこうした集団関係を下敷きとして進行したことは想像に難くない。

4 近畿地方における縄文化の様相

　近畿地方において、旧石器時代終末から縄文時代初頭へ向かう過程は、必ずしも連続的にとらえられるわけではない。しかし、ふたつの点で特徴的なあり方が指摘できる。

　ひとつは、尖頭器石器群や細石刃石器群の卓越に示されるような、一般的な意味での旧石器時代終末期の様相がきわめて不明瞭であるという点である。少なくとも尖頭器石器群が卓越するような段階を想定することはできず、細石刃文化と時間的に並行する時期のかなりの部分をナイフ形石器文化が占めていた可能性が高いと思われる。もうひとつは、縄文時代草創期の階梯が、段階的あるいは漸移的な変遷過程を経た痕跡があまりなく、見かけ上はかなり早い段階で隆起線文土器に有茎尖頭器や石鏃が伴うセット関係が成立していたと考えられることである。その前段階からの経過を具体的に読み取ることは難しく、有茎尖頭器を用いる文化の展開が急激なものであったかのような印象を受ける。

　つまり現状での資料を素直に解釈すれば、サヌカイトという特定の石材に依存する比率が高いという条件のもと、緩慢ともいえるほどに変化の乏しいナイフ形石器文化が長く続いた後に、草

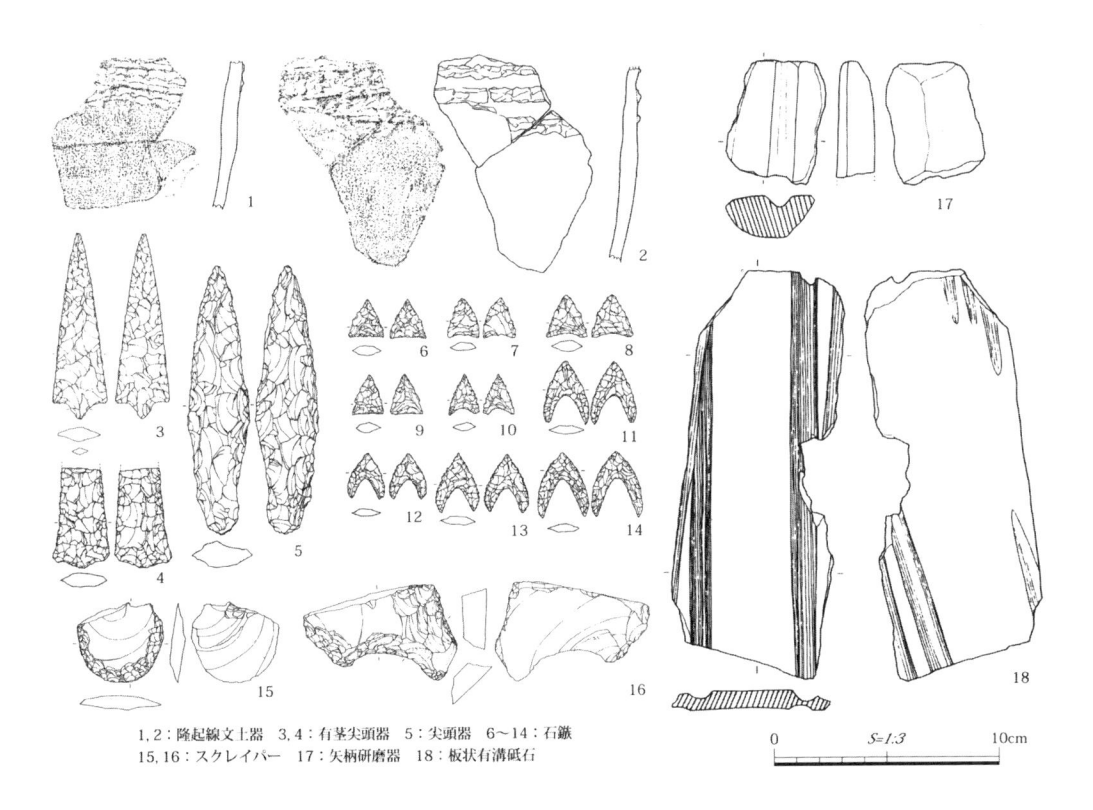

1,2：隆起線文土器　3,4：有茎尖頭器　5：尖頭器　6～14：石鏃
15,16：スクレイパー　17：矢柄研磨器　18：板状有溝砥石

第7図　桐山和田遺跡の出土遺物（松田編 2002）

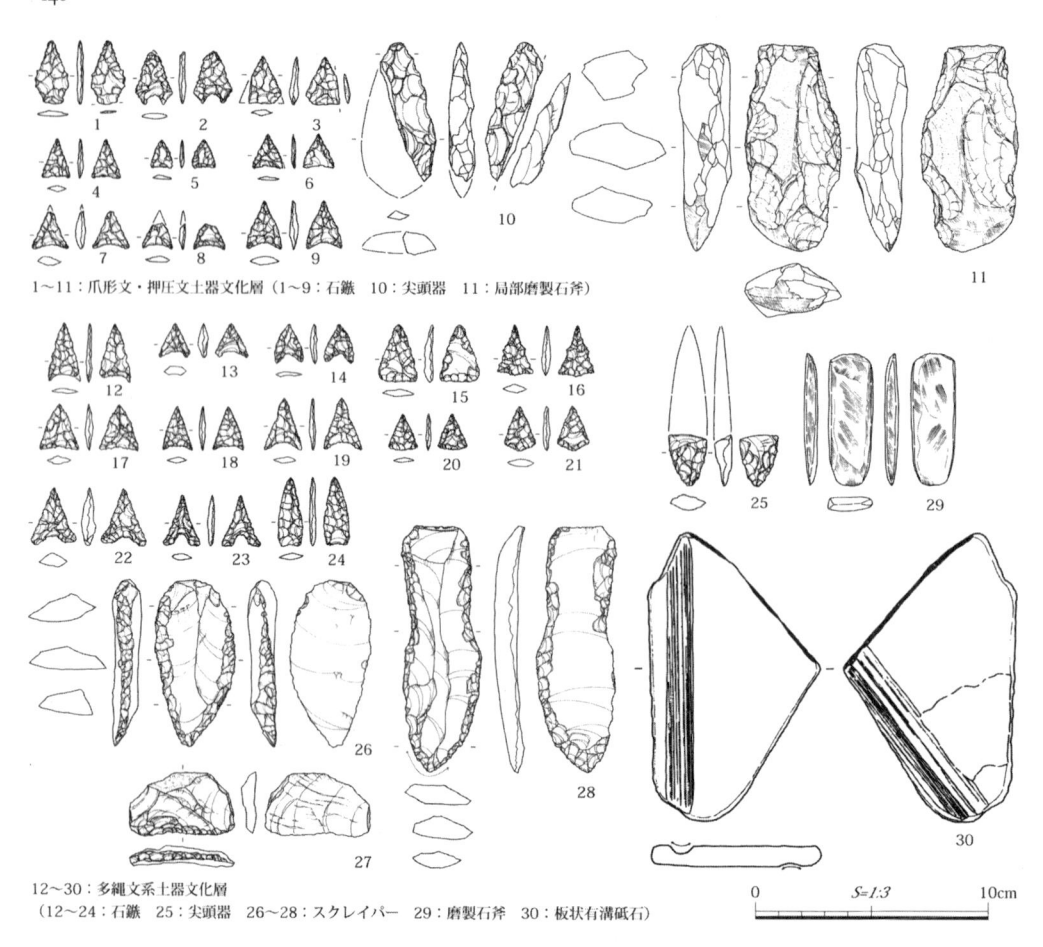

1~11：爪形文・押圧文土器文化層（1~9：石鏃　10：尖頭器　11：局部磨製石斧）

12~30：多縄文系土器文化層
（12~24：石鏃　25：尖頭器　26~28：スクレイパー　29：磨製石斧　30：板状有溝砥石）

第8図　鳥浜遺跡の石器群（田中 2002）

創期でも有茎尖頭器を主体とする石器群をもつ段階へと急激に移行するようにみえるのである。

　こうした流れのなかで、神子柴石器群についてはもっぱら分解した要素として散見され、"神子柴文化期"と呼べるような一定の段階を形成したとは考えにくい。中部高地にあって、隆起線文土器に神子柴型石斧と有茎尖頭器を含む石器群が伴うものとして星光山荘B遺跡の事例（土屋・中島 2000）が想起されるが、東海西部を媒介として中部高地と近畿地方との関係を考えることは比較的無理がないと思われる。中部高地から東海西部を経由するような集団関係が成立していたと考えてもよいだろう。さらに時間の経過と、サヌカイト主体の石材環境へと適応する過程のなかで、神子柴型石斧などが脱落することで成立するのが桐山和田遺跡のような器種構成と考えておきたい（第7図）。また、散見される木葉形尖頭器の一群や神子柴型石斧の単独資料などは、湧別技法関連のいくつかの資料とともに、隣接地域の集団が近畿地方へ断続的な干渉を試みた痕跡ととらえることも可能だろう。

　一方、縄文時代草創期後半（爪形文期、多縄文期）の様相もいまひとつ不鮮明で、鳥浜遺跡（第8図）を除けば、近畿地方におけるこの段階については資料不足といわざるを得ない。とくに、有茎尖

第7章　近畿地方における縄文化の様相　147

頭器を欠くようになると推定される多縄文期の様相がいまひとつとらえにくく、押型文期にいたる過程をスムーズに追うことは難しい。先に、有茎尖頭器を主体とする石器群が長期にわたって継続した可能性に言及したが、それは、多縄文系土器や、石鏃単純の組成をもつ石器群が把握しにくいことも一因である。いずれにせよ、明らかに押型文期を境にして、遺跡数が増し、土器の保有量が増加するほか、礫群・配石といった構造物の増加といった方向へ転ずるが、その様相については改めて考察の機会をもちたい。

おわりに

　近畿地方における旧石器時代終末から縄文時代草創期については、資料的な制約も多く、議論にも自ずと限界がある。現状で得られる資料をありのままにとらえると、旧石器時代終末期から縄文時代初頭にかけて推移するなかでは、有茎尖頭器文化の成立に大きな画期が見出せそうであり、それは隆起線文土器の導入とほぼ軌を一にする。比較的長い有茎尖頭器文化期ののちにその衰退期を経て、押型文期にいたる時点が次の大きな画期ということになる。こうした見かけ上の現象から、当時の集団関係をどのように読み取るべきか、まだ充分な見通しを持ちあわせないし、将来的な資料の増加によって修正される部分もあるだろう。しかし、他地域との対応関係にとらわれるあまり、実態の乏しい階梯を想定するよりも、「ない」あるいは「少ない」ことの意味を積極的に評価することが、歴史的事実に近づくにはより有効なのではないかと思われるのである。また今後、研究の核となるような良好な資料の増加が期待されるところだが、それとともに既存の資料についても、再検討を要するものはあるだろう。いましばらく、地道な取り組みが求められそうである。

註
1) 細石核、細石刃とされる石器類は、縄文時代の石器群から抽出されている。また、細石核として報告されているものには、楔形石器と思われるものが含まれている。
2) 長野県神子柴遺跡（林・上伊那考古学会編2008）のような、局部磨製石斧、大型の槍先形尖頭器と掻器類などを指標とする構成。
3) 一方で、草創期に帰属することを示す共伴遺物が数量的にもまとまっていて明らかに時期を限定できる場合を除いて、石鏃だけでは時期の限定が難しい資料も多いだろうから、潜在的にこれを上まわる資料数が得られている可能性についても考慮の余地はあるに違いない。
4) ただし、爪形文期に位置づけられる上津大片刈遺跡では長脚鏃は認められず、小型の三角形鏃のみで占められるとされる（米川2003）。上津大片刈遺跡については、遺物分布などについて再整理が必要と思われるが、いまだ実現できていない。
5) 筆者は桐山和田遺跡で大小各種の有茎尖頭器と多数の石鏃が共伴することなどから、「本州西部への有茎尖頭器の導入と石鏃のそれとの間に、あまり時間差がなかった可能性」があることを指摘したが（光石2003）、実際には両者がセットとなる形で導入されたと考えるのが妥当だろう。また、藤山龍造氏も有茎

尖頭器と石鏃の共伴のあり方などから、有茎尖頭器など既存の石器器種を母体として石鏃の出現を考えることができないとしている（藤山 2003）。
6) 近畿地方における代表的な資料として桐山和田遺跡などが想起されるが、残念ながら刊行された報告書（松田編 2002）から遺跡内でおこなわれた行為のあり方をうかがうことは難しい。草創期の様相に不明な部分を多くしている要因のひとつといわざるを得ず、再検討の必要性を強く感じるところである。
7) 同様に草創期の集中的な石器製作跡と考えられる富山県臼谷岡ノ城北遺跡では、製作された槍先形尖頭器の一部が有茎尖頭器の母型であったことが推定されているが（山森 1992）、国領遺跡でも同様の推定が可能であろうか。
8) それぞれ新池第3地点遺跡、屯鶴峯第1地点遺跡、鶴峯荘第1地点遺跡で採集されたものである。

引用・参考文献

稲田孝司編 1996『恩原2遺跡』岡山大学考古学研究室
奥　義次 1992「原始」『多気町史』73-116頁
奥　義次 1999「勢和のあけぼの」『勢和村史　通史編』62-107頁
奥　義次 2006「近畿・東海の神子柴型石斧小考」『伊勢湾考古』第20号　35-50頁
川合　剛 2002「近畿・東海地方の有舌尖頭器」『縄文時代の石器―関西の縄文時代草創期・早期―』49-55頁　関西縄文文化研究会
関西縄文文化研究会 2002『縄文時代の石器―関西の縄文草創期・早期―』
絹川一徳 2004「近畿と瀬戸内」『中・四国地方旧石器文化の地域性と集団関係』85-98頁　中・四国旧石器文化談話会
久保勝正 2002「石鏃形態とその変遷―サヌカイト分布圏から見た様相―」『縄文時代の石器―関西の縄文時代草創期・早期―』62-73頁　関西縄文文化研究会
久保弘幸 1989「大阪湾沿岸地域における小型ナイフ形石器とその編年について」『旧石器考古学』38　83-92頁　旧石器文化談話会
佐藤良二・森川　実 2003「サヌカイト原産地における採掘址―二上山麓、サカイ遺跡・平地山遺跡発掘調査中間成果―」『黒耀石文化研究』第3号　21-33頁　明治大学黒耀石研究センター
滋賀県教育委員会・(財) 滋賀県文化財保護協会編 1992『蛍谷遺跡・石山遺跡』
白石浩之編 2007『愛知県田原市宮西遺跡の発掘記録』愛知学院大学文学部歴史学科
田中裕二 2002「鳥浜貝塚出土の石器群（1）草創期石器群の器種分類」『鳥浜貝塚研究』3　69-86頁　鳥浜貝塚研究会
趙哲済編 1997『長原・瓜破遺跡発掘調査報告IX』(財) 大阪市文化財協会
土屋　積・中島英子 2000『上信越自動車道埋蔵文化財発掘調査報告書16―信濃町内　その2―』長野県埋蔵文化財センター発掘調査報告書 49
筒井崇史・黒坪一樹 1996「引地城跡・南有路城跡発掘調査概要」『京都府遺跡調査概要』第73冊　11-20頁　(財) 京都府埋蔵文化財調査研究センター
同志社大学旧石器文化談話会 1974『ふたがみ―二上山北麓石器時代遺跡群分布調査報告―』学生社
鳥浜貝塚研究グループ 1987『鳥浜貝塚―1980～1985年度調査のまとめ―』福井県教育委員会・福井県立若狭歴史民俗資料館
中川　明・前川明男 1997『粥見井尻遺跡発掘調査報告書』三重県埋蔵文化財調査報告 156集　三重県埋蔵文

化財センター

早川正一・奥　義次 1965「三重県石神遺跡出土の石器群」『考古学雑誌』第 50 巻第 3 号　1-11 頁

林　茂樹・上伊那考古学会編 2008『神子柴―後期旧石器時代末から縄文時代草創期にかかる移行期石器群の発掘調査と研究―』信毎書籍出版センター

原　寛・紅村　弘 1974『椛の湖遺跡』坂下町教育委員会

深井明比古 1980「兵庫における先土器時代終末から縄文時代草創期の石器群の様相」『藤井祐介君追悼記念考古学論叢』97-115 頁

藤井保夫・渋谷高秀 1985『野田・藤波地区遺跡発掘調査報告書』和歌山県教育委員会

藤山龍造 2003「石鏃出現期における狩猟具の様相―有舌尖頭器を中心として―」『考古学研究』第 50 巻第 2 号　65-84 頁　考古学研究会

前澤郁浩 2001『奈良県大和高田市遺跡調査報告ダイジェスト　池田遺跡』大和高田市教育委員会

松浦五輪美 2003「近畿・東海西部の細石刃文化」『シンポジウム日本の細石刃文化Ⅰ―日本列島における細石刃文化―』253-267 頁　八ヶ岳旧石器研究グループ

松田真一 1998「近畿地方における縄文時代草創期の編年と様相」『橿原考古学研究所論集』第 13　1-29 頁　吉川弘文館

松田真一編 2002『桐山和田遺跡』奈良県文化財調査報告書第 91 集　奈良県立橿原考古学研究所

松田真一 2005「近畿地方と近隣地域における縄文時代初頭前後の階梯」『地域と文化の考古学Ⅰ』197-212 頁　明治大学文学部考古学研究室

松藤和人 1980「近畿西部・瀬戸内地方におけるナイフ形石器文化の諸様相」『旧石器考古学』21　213-259 頁　旧石器文化談話会

松藤和人 1992「火山灰の降る中で」『新版古代の日本 5　近畿Ⅰ』25-48 頁　角川書店

光石鳴巳 2003「本州島西半部の様相―東海西部・近畿地方を中心に―」『季刊考古学』第 83 号　51-54 頁　雄山閣

光石鳴巳 2005『本州西半部における縄文時代草創期の様相』平成 14～16 年度科学研究費補助金（若手研究（B））研究成果報告書

光石鳴巳 2006「馬見二ノ谷石器群の編年的位置づけに関する予察」『馬見二ノ谷遺跡―馬見丘陵における旧石器時代遺跡の調査―』174-183 頁　奈良県立橿原考古学研究所

光石鳴巳編 2006『馬見二ノ谷遺跡―馬見丘陵における旧石器時代遺跡の調査―』奈良県立橿原考古学研究所調査報告第 95 冊

三原慎吾編 1998『まるやま遺跡』兵庫県文化財調査報告第 178 冊

村上泰樹・久保弘幸編 1991『国領遺跡発掘調査報告書』兵庫県文化財調査報告第 93 冊

山本　誠編 2002『まるやま遺跡Ⅱ』兵庫県文化財調査報告第 230 冊

山森伸正 1992『臼谷岡ノ城北遺跡発掘調査概要』小矢部市埋蔵文化財調査報告書第 34 冊

米川仁一 2003『上津大片刈遺跡』奈良県文化財調査報告書第 104 集　奈良県立橿原考古学研究所

渡辺　誠・鈴木忠司 1977『京都府福知山市武者ヶ谷遺跡発掘調査報告書』

第8章　中国地方 ―帝釈峡遺跡群からみた縄文文化初頭の変動―

竹　広　文　明

1　はじめに

　帝釈峡遺跡群は、中国山地の中央部に位置し、瀬戸内海にそそぐ高梁川の支流、帝釈川流域を中心に分布している。遺跡群は、石灰岩地帯にあり、洞窟、岩陰遺跡が特徴的に認められる。現在までに50遺跡あまりが発見され、その内、14遺跡について調査がおこなわれてきており、旧石器時代終末・縄文時代草創期以降、縄文時代の各時期に利用されていたことが明らかになってきている。

　本稿では、草創期から早期にかけての時期に焦点をあて、帝釈峡遺跡群における縄文文化初頭の様相について考えていきたい。遺跡群は、山間地、そして河川上流域に立地するわけであるが、こうした環境が縄文文化初頭に活動領域のひとつとなっていたことを示しており、その特徴について検討してみたい。また、洞窟、岩陰遺跡の土層は、石灰岩地帯でアルカリ性土壌であり（永田・順田・石貫2006）、山間にありながら貝塚等でないと確認できないような、骨、貝類の遺存状況に恵まれている。そして、帝釈峡遺跡群の調査は、開始当初から、他機関の研究者の参加も得て、学際的な研究が進められてきたが、そうした成果を活かせればと思う。

2　帝釈馬渡岩陰遺跡の調査成果

　帝釈馬渡岩陰遺跡（広島県庄原市）は、遺跡群調査の契機となった遺跡であるが、現在でも帝釈峡遺跡群の中では、縄文文化初頭の様相を良く示す調査事例となっている。遺跡は帝釈川支流の馬渡川に面して立地している。層位にしたがって、その様相をみてみよう（潮見1976、高井・長谷川1978）。

　第5層は、旧石器時代と位置づけられており、人工遺物としては剥片類（第5図a）のみが出土している。その特徴からみると、槍先形尖頭器の製作に伴う剥片と考えられることが指摘されている（藤野1996）。そして、獣骨片が出土しており、獣骨で同定されたものとしては、絶滅種のヤベオオツノジカが確認され、上顎骨が出土している（第5図b）。獣骨以外には、動物遺体の出土は報告されていない。

　第4層は、縄文時代草創期の層であり、第5層との間に厚さ50cmの無遺物層を挟んで堆積し

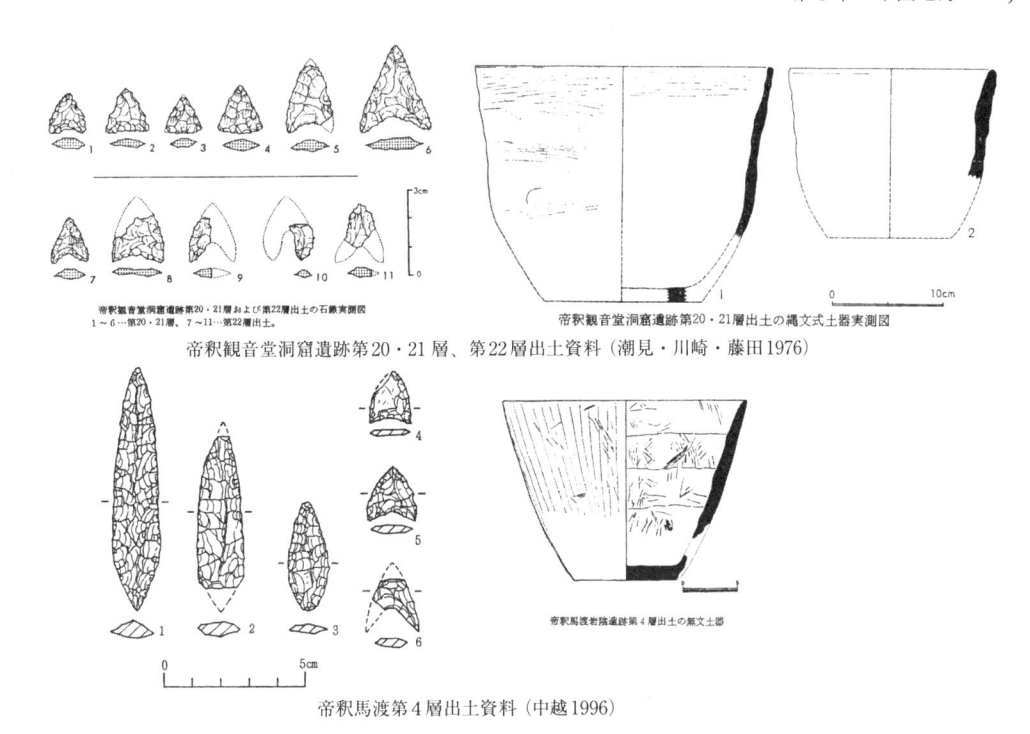

第8章　中国地方　151

帝釈観音堂洞窟遺跡第20・21層および第22層出土の石鏃実測図
1～6…第20・21層，7～11…第22層出土．

帝釈観音堂洞窟遺跡第20・21層出土の縄文式土器実測図

帝釈観音堂洞窟遺跡第20・21層、第22層出土資料（潮見・川崎・藤田1976）

帝釈馬渡岩陰遺跡第4層出土の無文土器

帝釈馬渡第4層出土資料（中越1996）

第1図　帝釈馬渡岩陰遺跡と帝釈観音堂洞窟遺跡の草創期の土器・石器類

ている。無文土器が出土しており、平底で、胎土に繊維を含む。現在、遺跡群ではもっとも古い段階の土器である。石器類としては、小型の槍先形尖頭器、有茎尖頭器、石鏃が出土している（第1図下段）。獣骨としては、ヤベオオツノジカの臼歯破片が出土しており、絶滅種が縄文時代まで生き残っていたことを示す数少ない例として注目されてきた。そして、本層では、貝類が出土しており、カワシンジュガイが認められ（第5図c）、煮沸して食用にされたと考えられている。今のところ、遺跡群では、水産資源が利用されたことを示すもっとも古い例である。なお、カワシンジュガイの ^{14}C 年代測定では、12080 ± 100yBP（HR-330）の年代値がでている（川越1995）。

第4層の上位では、無遺物層をはさみ早期押型文土器期の第3層、早期終末～前期の第2層、前期末の第1層の各文化層が認められる。

3　生業の内容

(1) 狩猟具と動物相・狩猟動物
a　帝釈観音堂洞窟遺跡の動物相・狩猟動物

動物相については、帝釈観音堂洞窟遺跡（広島県神石高原町）が更新世から完新世におよぶ層位的な出土例として、西日本でも標識的な遺跡となっている（第2図）。遺跡は、帝釈川支流の岩屋谷川沿いに立地する。第23層以下が旧石器時代層、第22層以上は縄文時代以降の層である。な

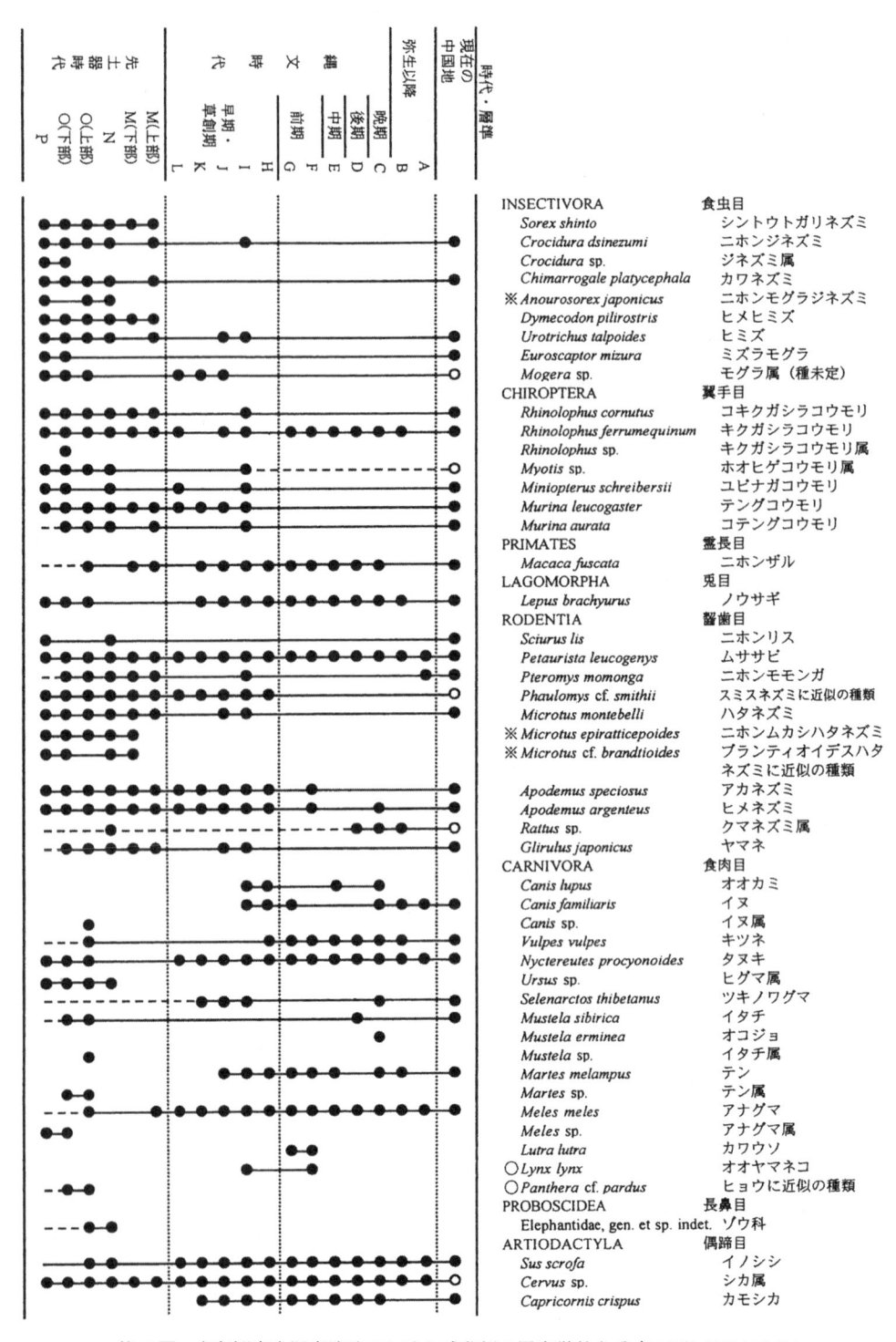

時代・層準		INSECTIVORA	食虫目
		Sorex shinto	シントウトガリネズミ
		Crocidura dsinezumi	ニホンジネズミ
		Crocidura sp.	ジネズミ属
		Chimarrogale platycephala	カワネズミ
		※Anourosorex japonicus	ニホンモグラジネズミ
		Dymecodon pilirostris	ヒメヒミズ
		Urotrichus talpoides	ヒミズ
		Euroscaptor mizura	ミズラモグラ
		Mogera sp.	モグラ属（種未定）
		CHIROPTERA	翼手目
		Rhinolophus cornutus	コキクガシラコウモリ
		Rhinolophus ferrumequinum	キクガシラコウモリ
		Rhinolophus sp.	キクガシラコウモリ属
		Myotis sp.	ホオヒゲコウモリ属
		Miniopterus schreibersii	ユビナガコウモリ
		Murina leucogaster	テングコウモリ
		Murina aurata	コテングコウモリ
		PRIMATES	霊長目
		Macaca fuscata	ニホンザル
		LAGOMORPHA	兎目
		Lepus brachyurus	ノウサギ
		RODENTIA	齧歯目
		Sciurus lis	ニホンリス
		Petaurista leucogenys	ムササビ
		Pteromys momonga	ニホンモモンガ
		Phaulomys cf. smithii	スミスネズミに近似の種類
		Microtus montebelli	ハタネズミ
		※Microtus epiratticepoides	ニホンムカシハタネズミ
		※Microtus cf. brandtioides	ブランティオイデスハタネズミに近似の種類
		Apodemus speciosus	アカネズミ
		Apodemus argenteus	ヒメネズミ
		Rattus sp.	クマネズミ属
		Glirulus japonicus	ヤマネ
		CARNIVORA	食肉目
		Canis lupus	オオカミ
		Canis familiaris	イヌ
		Canis sp.	イヌ属
		Vulpes vulpes	キツネ
		Nyctereutes procyonoides	タヌキ
		Ursus sp.	ヒグマ属
		Selenarctos thibetanus	ツキノワグマ
		Mustela sibirica	イタチ
		Mustela erminea	オコジョ
		Mustela sp.	イタチ属
		Martes melampus	テン
		Martes sp.	テン属
		Meles meles	アナグマ
		Meles sp.	アナグマ属
		Lutra lutra	カワウソ
		○Lynx lynx	オオヤマネコ
		○Panthera cf. pardus	ヒョウに近似の種類
		PROBOSCIDEA	長鼻目
		Elephantidae, gen. et sp. indet.	ゾウ科
		ARTIODACTYLA	偶蹄目
		Sus scrofa	イノシシ
		Cervus sp.	シカ属
		Capricornis crispus	カモシカ

第2図　帝釈観音堂洞窟遺跡における哺乳類の層序学的な分布（河村 2005 による）
　　　●：同一属の近縁種が現在の中国地方に分布。※：絶滅種またはそれに近いもの
　　　○：現在の日本には分布しない現生種またはそれに近いもの

第1表 帝釈観音堂洞窟遺跡出土の中型以上の哺乳動物推定最少個体数（石田 1978 による）
L〜J 草創期　I 早期押型文土器期　H 早期終末　G 前期前半　F 前期後半　E 中期
D 後期前半　C 後期後半〜晩期　B 晩期後半〜弥生前期　A 弥生以降

層準 動物名	A	B	C	D	E	F	G	H	I	J	K	L	合計
ニホンザル	—	—	1	1	3	2	2	1	2	1	1	—	14
オオカミ	—	—	1	—	1	—	—	1	1	—	—	—	4
イヌ	1	1	1	—	—	—	1	2	1	—	—	—	7
タヌキ	1	1	19	2	3	5	10	8	12	5	1	1	68
キツネ	—	1	1	1	1	1	1	1	—	—	—	—	7
ツキノワグマ	—	—	1	—	—	—	—	—	1	1	1	—	4
テン	—	1	1	—	1	1	2	1	4	1	—	—	12
イタチ	—	—	—	—	1	—	—	—	—	—	—	—	1
オコジョ	—	—	—	1	—	—	—	—	1	—	—	—	2
アナグマ	1	1	5	2	2	1	4	2	3	4	1	1	27
カワウソ	—	—	—	—	—	1	2	—	—	—	—	—	3
オオヤマネコ	—	—	—	—	—	—	1	—	1	—	—	—	2
イノシシ	1	2	13	6	8	8	25	14	13	5	2	1	98
ニホンジカ	2	4	31	5	9	5	21	11	11	4	3	2	108
カモシカ	—	—	2	1	1	1	2	1	1	1	1	—	12

お、L、K、J が第22〜20層にあたり草創期に、I 層が第19層にあたり早期押型文土器期に、H 層が第18・17層にあたり早期終末繊維土器期にあたる。

　観音堂洞窟遺跡の縄文時代の哺乳動物骨で中心となるのはニホンジカとイノシシである。河村らの研究（河村2005ほか）によれば、イノシシは更新世の層準ではきわめて少ないが完新世になると急増するという。シカ属は両段階ともに多いが、更新世の資料で同定可能なものは絶滅種のニホンムカシジカであった。また、カモシカは完新世の層準から点々と出土するようになる。

　また、石田により縄文時代以降の層準出土の中型以上の哺乳動物遺体について最少個体数の推定がなされている（第1表）（石田1978）。それによれば、各層準ともに、1から2個体と少ない種、イノシシ、ニホンジカ、タヌキのように特定の層準で個体数が増加する種に分かれるようである。アナグマも後者の傾向を示している。草創期から早期の中型以上の哺乳動物をみると、草創期では、イノシシ、ニホンジカ、カモシカ、ニホンザル、タヌキ、ツキノワグマ、テン、アナグマ、早期では、これに加えオオカミ、オコジョ、オオヤマネコが狩猟による捕獲の対象となっていたと考えられる。その内、前述した、ニホンジカ、イノシシ、タヌキについては、J 層準からやや増加し、I、H 層準では10個体程度が確認でき、狩猟においてこうした種の捕獲の機会が多かったことを示している。なお、小型哺乳動物については、河村が最少個体数の推定をおこなっており（河村1978・1979）、その中で少なくともノウサギは狩猟対象獣とみられ、草創期から早期で出土が確認できる。ノウサギの個体数の層準による変化は、アナグマと類似した増減を示している。

　そして、野苅家・小野により両生類・鳥類の最少個体数の推定がされている（第2表）（野苅家・小野1980）。鳥類については、陸鳥が主に認められ、キジが多い。水鳥については、草創期から

第2表 帝釈観音堂洞窟遺跡出土の鳥類の推定最少個体数（野苅家・小野1980による）
層準凡例は第1表に同じ

	層　準											合計
	A	B	C	D	E	F	G	H	I	J	K	L	
（ガンカモ目） ガン　　*Ansers* p.	—	—	—	—	—	—	—	—	1	1	—	—	2
コガモ　*Anas* sp.	—	—	—	—	—	—	1	—	—	—	—	—	1
スズガモ　*Aythya* sp.	—	—	—	—	—	1	—	—	—	—	—	—	1
（ワシタカ目） ワシ　　*Aquila* sp.	1	—	1	—	—	1	1	—	1	—	—	—	5
タカ　　*Accipiter* sp.	—	—	—	1	—	—	—	—	—	—	—	—	1
（キジ目） ヤマドリ *Phasianus soemmerringii* TEMMINCK	—	—	1	—	1	—	—	11	3	1	—	—	17
キジ *P. colchicus* LINNAEUS	—	2	7	2	6	1	6	3	10	4	2	1	44
（フクロウ目） トラフズク　*Asio* sp.	—	—	—	—	—	1	—	—	—	—	1	—	2
コノハズク *Otus scops* TEMMINCK & SCHLEGEL	—	—	2	—	1	1	—	—	—	—	—	—	4
（スズメ目） ヒヨドリ *Hipsipetes amaurotis* (TEMMINCK)	—	—	—	—	—	—	—	—	1	1	—	—	2
ツグミ *Turdus naumanni* TEMMINCK	—	—	—	—	—	—	—	—	—	1	—	—	1
ヤマガラ *Parus varius* TEMMINCK & SCHLEGEL	—	—	—	—	—	—	—	—	—	1	—	—	1
ホオジロ *Emberiza cioides* BRANT	—	—	—	—	—	—	—	—	—	1	—	—	1
アカマシコ *Corpodacus erythinus* (PALLAS)	—	—	—	—	—	—	—	—	—	1	—	—	1
ベニマシコ *Uragus sibiricus* (PALLAS)	—	—	—	—	—	—	—	—	—	1	—	—	1
イカル *Eophona personata* (TEMMINCK & SCHLEGEL)	—	—	—	—	—	—	—	—	2	—	—	—	2
コムクドリ *Sturnus philippensis* (FOSTER)	—	—	—	—	—	—	—	—	—	1	—	—	1
ムクドリ *S. cineraceus* TEMMINCK	1	1	1	—	—	1	—	1	1	—	—	—	6
カケス *Garrulus glandarius* (LINNAEUS)	—	—	—	—	1	1	1	1	1	—	—	1	6
ハシブトガラス *Corvus macrorhychos* WAGLER	1	—	—	—	—	—	—	—	—	—	—	—	1

　早期では、I、J層準からガンが1個体ずつ確認されている。生態的には、留鳥のほか、ガンなど渡り鳥も少ないながら認められる。キジ以外は確認個体数が少なく傾向はとらえにくいが、早期押型文土器期のI層準では、多様な種の鳥類が認められるのが注目される。両生類については、ヒキガエルがまとまって出土しており、食料となっていたと考えられている。

　b　草創期から早期の狩猟具

　観音堂洞窟遺跡で狩猟動物について検討したが、本遺跡で確認できる狩猟具については、草創

期のL層準から、すでに石鏃のみの構成となっている（藤田・川越・潮見1976）。なお、骨角器で刺突具と考えられる資料が出土しているが、これについては後述する。

帝釈峡遺跡群では、馬渡岩陰遺跡第4層（第1図下段・第5図d）、観音堂洞窟遺跡第22〜20層（同図上段・第5図e、f）との関係から、草創期の中で有茎尖頭器・槍先形尖頭器・石鏃の構成から石鏃のみの構成へ変化することが、そして、馬渡岩陰遺跡第4層ではヤベオオツノジカが認められることが、古くから注目されている。その後の調査では、この時期の調査例は少ないこともあり、狩猟具の変化について今のところ知見の変化はない。

こうした狩猟具の変遷と、狩猟動物との関係については、事例が少なくまだ一般化するのは難しい。馬渡岩陰遺跡の動物骨の層ごとの出土状況をみると、第5層、第4層で確認できた種がヤベオオツノジカである点は興味深い。ただ、本遺跡では調査面積も狭いためか全体に動物骨の出土量も少なく、第4層の段階がこうした種に限定されるかどうかは明確ではない。なお、観音堂洞窟遺跡のL層準である第22層の石鏃については、形態的に馬渡岩陰遺跡の第4層に類似することが指摘されている（藤田・川越・潮見1976）。こうした点や、観音堂洞窟遺跡の更新世から完新世の動物の出土状況からみると、馬渡岩陰遺跡4層の段階では、観音堂洞窟遺跡L層準でみたような動物も狩猟されていた可能性も想定しておいた方が良いであろう。そのうえで、この段階で、絶滅種のヤベオオツノジカも狩猟されていたことを示す点で、馬渡岩陰遺跡第4層の事例は重要かと思われる。

なお、洞窟・岩陰遺跡以外の開地遺跡の探索は、当地域における狩猟活動の内容を考えるうえでも、これからの調査の課題のひとつである。

（2）漁撈活動

帝釈峡遺跡群の調査では、発掘した土を篩により水洗選別をおこない、微細な遺物をも回収する調査方法が定着してきている。そして、松井らの研究によって、帝釈弘法滝洞窟遺跡（広島県神石高原町）において、魚骨の同定がおこなわれ（松井・宮路・中越2000、藤田・宮路・松井2002、石丸2004b）、捕獲された魚種なども明らかになってきた（第3表）。弘法滝洞窟遺跡の調査は、最深部では第15層を一部調査した状態で、都合により調査を中断している。魚骨は、草創期〜早期の第14層以上から検出されている。草創期から早期に捕獲された魚種としては、ウナギ、ニゴイ、コイ科、ギギ、サケ科などが認められる。また、両生類では、オオサンショウウオも認められ、遺跡は帝釈川本流に面して立地していることもあり、早くから河川での漁撈がおこなわれていたとみられる。また、弘法滝洞窟遺跡のすぐ下流の部分は、淵となっており、漁撈のうえでも好立地になっていたと思われる。

漁撈具については、石錘を使った網漁のほか、釣漁、刺突漁がおこなわれていたと考えられる。石錘については、弘法滝洞窟遺跡では、第13層から3点の打ち欠き石錘が出土している（第5図m）（中越・槇林・三ツ木1996）のが現状で最古の例であり、早期黄島式押型文土器期から草創期〜早期の資料と考えられる。遅くともこの段階には、河川で網漁がおこなわれていたものと想定され

第3表　帝釈弘法滝洞窟遺跡の層位別出土種名（●は比較的出土量が多い）（藤田・宮路・松井2002による）

地区	層位	時期	甲殻類 モクズガニ	硬骨魚類 サケ科	ウナギ	オイカワ	ヒガイ	カマツカ	ニゴイ	コイ科	ギギ	ナマズ	両生類 カエル類	オオサンショウウオ	爬虫類 スッポン	バタグールガメ科	ヘビ科	鳥類 アオサギに近似	タカ科	ハヤブサ科	キジ	ヤマドリ
B/C区	崩落土									○					○	○						
E-3区	東壁崩落土				○					○						○						
E-3東壁	崩落土				○																	
E-4区	1層				○																	
F-2区	?									○			○									
F-2区	13層	縄文早期			○					○	○					○	○				○	
F-2区	13層灰層	縄文早期															○					
F-2区	14層	縄文草創期～早期							○	○							○					
F-3区	南壁壁面清掃				○																	
F-3南壁	壁面清掃																○					
G-3区	1-3層	縄文後期以降		○	?	●				○			○	○					○	○		○
G-3区	3層	縄文後期	●			●				○		○					●					
G-3区	3-4層	縄文中期・後期				●	○	○	●	●	○											
G-3区	4層	縄文中期・後期				○																
G-3区	5層	縄文前期				○			○	○												
G-3区	5-6-7-8層	縄文前期																				
G-3区	6層	縄文前期																				
G-3区	8層	縄文前期	○																			
G-3区	10層	縄文早期後葉			○					○												
G-3区	12層	縄文早期			○	○				○					○	●	○					
G-3区	14層上面	縄文草創期～早期															○					
G-5区東壁	崩落土												○				○					

る。草創期～早期段階の第14層では、魚骨は確認されているものの今のところ石錘はまだ確認されていない。弘法滝洞窟遺跡では、遺跡の利用開始期については未確認であるが、現在の調査部分からみると早い段階から漁撈がおこなわれていることを示しているとみられ、今後の調査により、漁具、魚骨の検出をもとに漁撈活動がどの程度まで遡るのかを確認していけるものと思われる。

　釣針については、帝釈観音堂洞窟遺跡の第17層から鹿角製品が出土しており、早期終末繊維土器期の資料である（第5図1）。長さ5cmと比較的大型の釣針である（広島大学文学部帝釈峡遺跡群発掘調査室1982、石丸2004a）。

　また、観音堂洞窟遺跡では、骨製、鹿角製、エイ尾棘製の刺突具が出土しており（第5図k）、一部は針の可能性はあるが、漁撈具と指摘されている（石丸2004a）。早期押型文土器期以降に認められる。石丸は、釣針の出土は僅かなこともあり、刺突漁の方がより盛んにおこなわれていた可能性を考えている。

　そして、河川での貝類の採集も早い段階からおこなわれている。馬渡岩陰遺跡では、第4層からカワシンジュガイが出土しており（第5図c）、煮沸して食用にされたものと考えられている。

また、第3層下半以上ではカワニナも認められるようになる。同様の変化は、遺跡群の他の遺跡でも認められ、観音堂洞窟遺跡では、カワシンジュガイは第22層から認められるが、カワニナは第19層中層以上で認められるようになる。帝釈峡遺跡群では、全体的傾向として、採集貝類は、カワシンジュガイから始まり、その後、カワニナの採集・食用も始まり（藤田・川越・潮見1976）、多様さを増していると考えられる。なお、豊松堂面洞窟遺跡（広島県神石高原町）では、縄文時代早期終末繊維土器期の第10層貝層は、カワニナを中心とした貝類が10～25cmの厚さで純貝層を形成しており（中越1980ほか）、遺跡によっては貝類が集中して採集、消費されていることがわかる。

　なお、カワニナ貝殻の成長軸に沿った酸素同位体測定により、カワニナ採集時期を推定する、注目される研究成果が最近発表された（狩野・鈴木・堀2008）。帝釈弘法滝洞窟遺跡出土カワニナ遺物で分析がおこなわれている。まだ分析例は限られるが、たとえば第12層早期の1点の分析試料では、12月20日頃の採集とする推定結果となっている。

(3) 植物質食料の利用

　帝釈峡遺跡群では、骨、貝類の遺存には恵まれているが、植物遺体などについては今のところ確認はされていない。草創期～早期について、植物質食料の加工具とみられる磨石・敲石の出土をみると、早期黄島式期には出土例が認められ、弘法滝洞窟遺跡などで出土している（第5図n）（中越・槙林・幸泉・三田1997ほか）。なお、馬渡岩陰遺跡では、磨石・敲石は、第3層以上で出土している。

4　山間地・帝釈峡遺跡群への物資の流入

(1) 帝釈峡遺跡群における海産貝類

　帝釈峡遺跡群では、貝製品などの海産貝類が出土し、沿岸部との関係を示す資料として注目されている。馬渡岩陰遺跡では、海産貝類は、第2層以上の早期終末～前期の段階で出土している（稲葉・河瀬1979、潮見1999）が、観音堂洞窟遺跡では第21層の草創期の段階でアワビが出土しており（藤田・川越・潮見1976）、遅くともこの頃から海産貝類の搬入がおこなわれていることがわかる。また、弘法滝洞窟遺跡では、黄島式押型文土器に先行する草創期～早期の条痕文土器に伴ってクチベニ、ハイガイの穿孔品、黄島式押型文土器に伴ってタカラガイ、イボキサゴ、ツノガイを加工した貝製品が出土している（中越・槙林・幸泉・三田1997、中越・佐々木・内山1998、潮見1999ほか）。山間地域でも、このように海産貝類の貝製品が装身具等に使われていたと考えられる。

(2) 帝釈峡遺跡群における石器石材利用

　次に石器石材などの利用状況から、草創期から早期の帝釈峡遺跡群への物資の流入状況について検討してみたい。帝釈峡遺跡群の石器石材利用については、筆者が観音堂洞窟遺跡における時

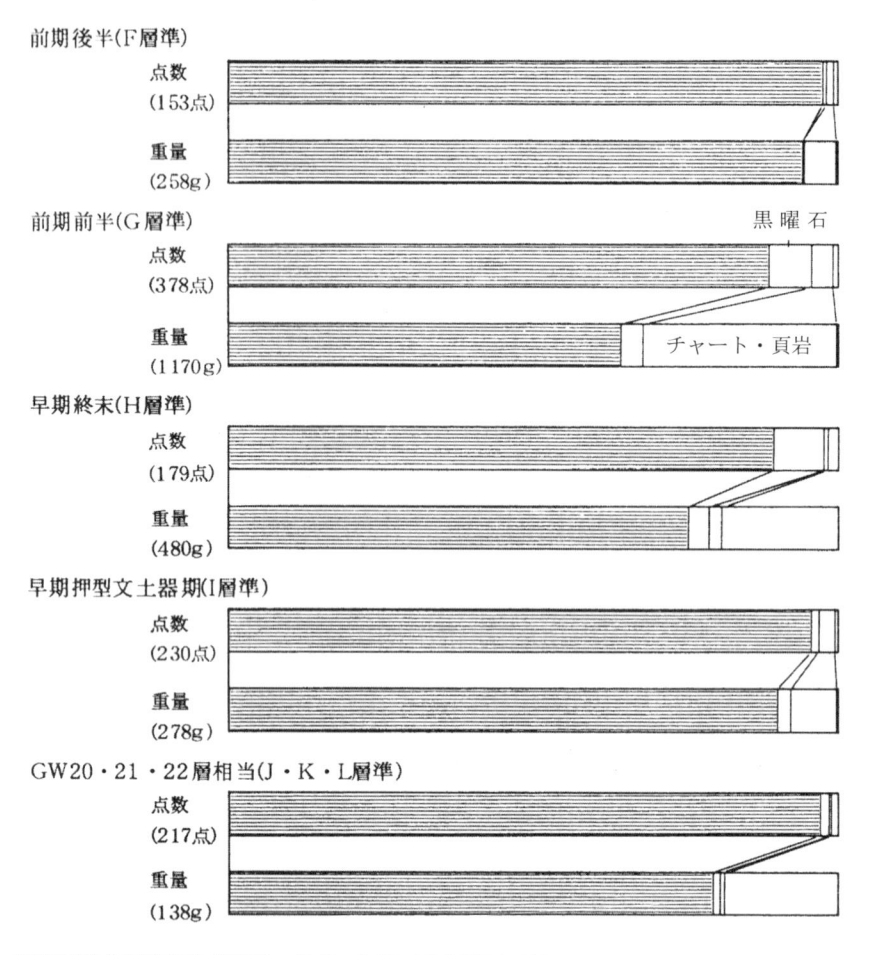

第3図　帝釈観音堂洞窟遺跡草創期～前期の打製石器類使用石材（広島大学文学研究科考古学研究室所蔵資料
　　　竹広2003による）　グラフのトーン部はサヌカイト・安山岩の割合を示す

期ごとの利用状況を検討しているが（竹広2003）、第3図に草創期から前期後半までの利用状況を示した。また、石器類については藁科らにより蛍光X線分析による産地推定がおこなわれており、遺跡群で主要な石材であるサヌカイト・安山岩は金山産サヌカイトが大半を占めると推定されている（藁科・東村1983・1984）。

観音堂洞窟遺跡でみると、草創期のGW20・21・22層相当段階から石器石材の利用の中心はサヌカイト・安山岩であり、点数で9割前後を占める。こうしたサヌカイト・安山岩の多さは、多少の増減はあるものの縄文時代を通して認められる。また、利用されたサヌカイト・安山岩は、香川産サヌカイトの利用が中心になっていると考えられ、また、石核・剥片類の技術的な検討結果からも、備讃瀬戸を中心とした地域と同様の特徴を示していた（竹広1988）。

なお、瀬戸内海については、早期黄島式期が海進の進行過程にあったと考えられており、草創期～早期の間では、まだ本州と四国が陸続きの段階があったと考えられている（潮見1970）。観音堂洞窟遺跡の草創期～前期の間のサヌカイト・安山岩の利用状況からみると、こうした環境変

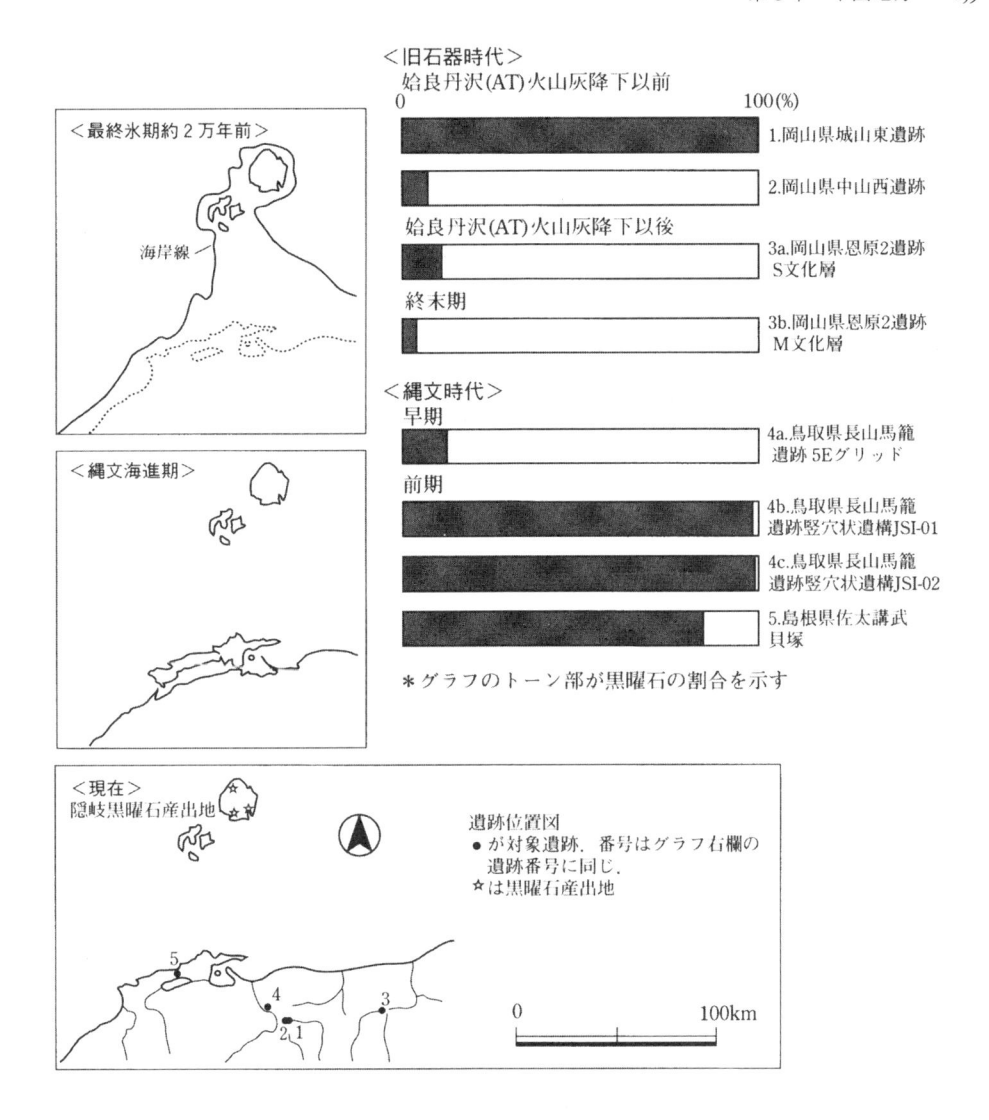

第4図　後期旧石器時代から縄文時代前期の黒曜石利用状況（竹広 2001 による）

化に伴う面での変化は、利用比率には、大きな変化としては現れていないように現状ではみえる。
　また、黒曜石については、僅かではあるが草創期以降認められ、産地については島根県隠岐産黒曜石が主に利用されていると考えられる（藁科・東村 1983・1984）。隠岐産黒曜石については、これまでの研究で縄文海進期以降、日本海沿岸地域を中心に利用が高まることが指摘されている（第4図）（稲田 1992、竹広 2001）。観音堂洞窟遺跡でみると、草創期から早期押型文土器期、および前期後半以降は、黒曜石は1％程度の割合であるが、早期終末繊維土器期は8.4％、前期前半は7.1％と、これらの時期は他の時期に比べ割合が高くなっている。このように縄文海進期の隠岐産黒曜石の利用の高まりは、中国山地山陽側にも連動した動きであり、その始まりは繊維土器期にまで遡るものと考えられる。なお、海進期における黒曜石利用の高まりは、この時期の水域

への進出、水上交通の活発化を反映したものと考えられ、観音堂洞窟遺跡における黒曜石の利用状況からみると、こうした動きは、内陸への物資の動きにも影響を与えているとみられる。サヌカイトに比べると、黒曜石では海進期の変化が明瞭にみえる点の、意味するところが興味深い。

なお、隠岐については、現在までの研究では、最終氷期極相期には本土と陸続きとなり隠岐半島であったと想定されているが、それ以降は島嶼化したものと考えられている（日本第四紀学会編 1987、徳岡・大西・高安・三梨 1990）。観音堂洞窟遺跡の層位的な出土状況からみると、早期押型文土器期以前にも僅かながら黒曜石利用が当地域において認められることからすると、この段階にも、海進期ほどの頻度ではないにしろ本土と隠岐との間で往来がおこなわれていたことを示している。

以上のように石器石材の利用状況からみると、瀬戸内側からの香川産と考えられるサヌカイトの搬入が中心となっており、これに日本海側からの隠岐産黒曜石も少ないながら加わる状況となっており、主に南北方向での石材の動きが認められる。これに対し、中国山地での東西方向の物資の移動を示す遺物等は明確ではない。早期終末に冠山地域産安山岩が利用されたとする推定例が観音堂洞窟遺跡で1例あり（藁科・東村 1983）、そうした動きも考慮されるが、今のところ帝釈峡遺跡群では冠山地域産安山岩の利用は目立たないようである。このように、石材の動きからは、瀬戸内、日本海側との往来あるいは関係を当初からもっていると考えられ、とくに瀬戸内側との関係が目立つようである。

5 おわりに—帝釈峡遺跡群における縄文文化初頭の様相—

帝釈峡遺跡群の縄文文化初頭の様相について、生業の内容などから検討してきた（第5図）。狩猟については、旧石器時代終末とみられる馬渡岩陰遺跡第5層の段階から確認できるが、縄文時代草創期の馬渡岩陰遺跡第4層では狩猟活動に加え水産資源の利用も確認された。そして、草創期〜早期の間でみると、遅くとも早期黄島式期には、狩猟、漁撈、植物質食料採集のためのそれぞれの道具類が整って確認できるようになる。

このように狩猟については内容の差はあれ、馬渡岩陰遺跡第5層を含め、各時期にわたって狩猟具、狩猟獣ともに認められ、前代から継続する生業であることが改めてわかる。水産資源利用については、草創期当初から貝類の採集・食用が認められ、また近年の調査での魚骨の検出により、現在、漁撈も黄島式に先行するというところまでわかってきており、今後どこまで遡及するかを調査により確認していく必要がある。なお、潮見ほかは、馬渡岩陰遺跡第5層では貝類の利用の痕跡が認められないことから、帝釈峡の最古の土器はカワシンジュガイの煮沸に使用することから始まったと想定している（潮見 1976、藤田・川越・潮見 1976）。一方、植物質食料の利用に関する資料は、有機質遺物の遺存条件など遺跡の性格にもよるかも知れないが、利用が推定できるのは他の生業よりは遅れる早期黄島式期であり、その遡源の追究が課題である。

また、草創期〜早期の間の遺跡群の利用のされ方、当地域における生活の内容については、こ

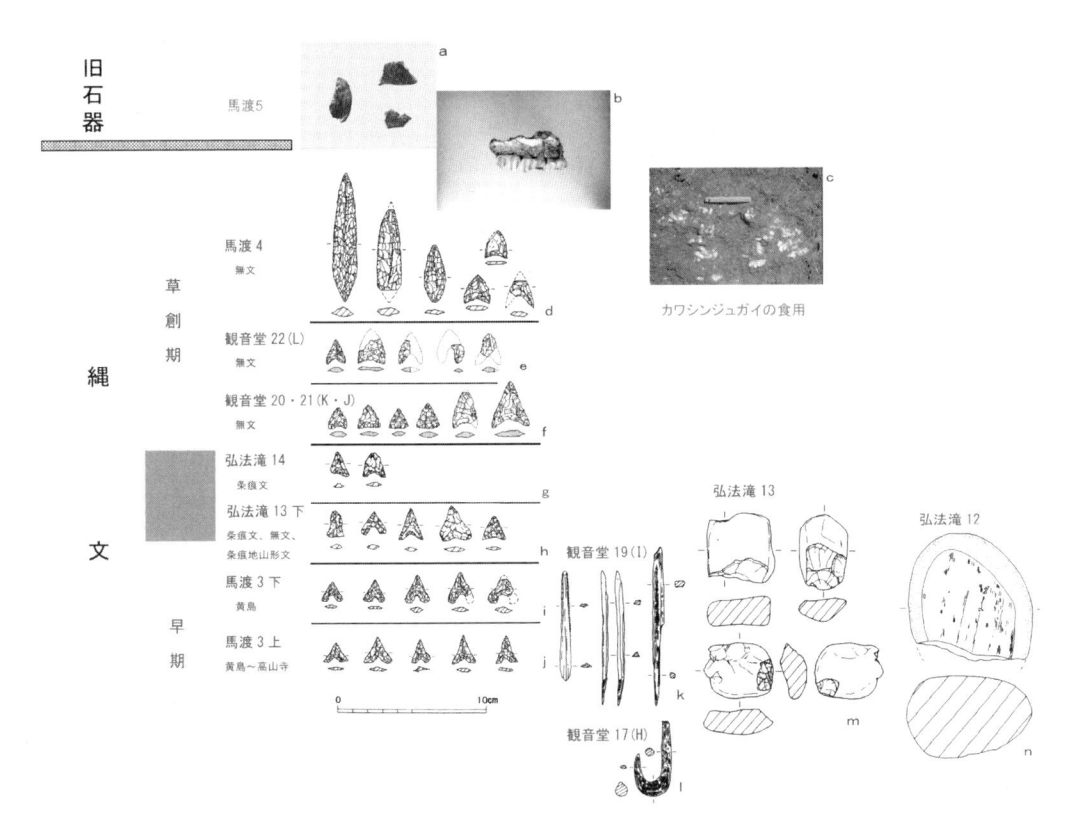

第5図　帝釈峡遺跡群における縄文文化初頭の様相（潮見 1976　中越 1996　潮見・川越・藤田 1976　石丸 2004　中越・槙林・三ツ木 1996　中越・槙林・幸泉・三田 1997　中越・大川 2000 から作成　写真は広島大学文学研究科考古学研究室資料を許可を得て使用）
a 剥片類　d(左半) 有茎尖頭器　槍先形尖頭器　d(右半)〜j 石鏃　b ヤベオオツノジカ上顎骨　c カワシンジュガイ出土状況　k 刺突具　l 釣針　m 石錘　n 磨石・敲石

　れからの研究課題とすべき点が多い。比較的各段階の資料がそろっている観音堂洞窟遺跡で、出土動物骨の最少個体数の推定結果（第1表）をみると、草創期のL〜J層準では、J層準で多少の増加も認められるが、各層準ともに1〜数個体程度であるのに対し、早期のI、H層準では前述した特定の種については10数個体へと増加している。こうした変化は、石器類の出土量からもうかがえ、また、土器についても草創期のL〜J層準では数個体程度の出土である（藤田・川越・潮見 1976）。少なくとも観音堂洞窟遺跡では、草創期〜早期の間で、利用内容あるいは利用期間などに変化があるものと考えられる。そして、観音堂洞窟遺跡で埋葬が確認されているのも早期押型文土器期以降である。

　このような変化は、まずは遺跡群、地域の中で考えていく必要があり、当該期の遺跡の調査研究の継続が必要である。そして、草創期〜早期の洞窟・岩陰遺跡以外の開地遺跡については、遺跡群の範囲内ではまとまった内容の遺跡はまだ明らかではないが、当地域における活動、生活の内容を考えるうえでも、これからの課題のひとつである。

謝辞

帝釈峡遺跡群の調査資料については、写真などの本稿での使用にあたり、広島大学文学研究科帝釈峡遺跡群発掘調査室長古瀬清秀教授にご高配いただいた。お礼申し上げます。本稿の作成にあたっては、科学研究費補助金（基盤研究（B））「瀬戸内―中国山地―日本海地帯のサヌカイトと隠岐産黒曜石利用からみた先史物流の形成」（研究代表者：竹広文明）の一部を使用した。

帝釈峡遺跡群調査の報告・年報

松崎寿和編集代表 1976『帝釈峡遺跡群』亜紀書房

広島大学文学部帝釈峡遺跡群発掘調査室 1978～2001『広島大学文学部帝釈峡遺跡群発掘調査室年報』Ⅰ～XV

広島大学大学院文学研究科帝釈峡遺跡群発掘調査室 2002～2007『広島大学大学院文学研究科帝釈峡遺跡群発掘調査室年報』XVI～XXI

川越哲志・中越利夫編 2004『西日本の石灰岩地帯における環境適応』科学研究費補助金研究成果報告書

引用・参考文献

石田　克 1978「帝釈観音堂洞窟遺跡土器伴出層準出土の大型・中型哺乳動物遺体」『広島大学文学部帝釈峡遺跡群発掘調査室年報』Ⅰ　50-54頁

石丸恵利子 2001「帝釈観音堂洞窟遺跡出土の破砕動物骨の研究―破砕実験データと比較分析―」『広島大学文学部帝釈峡遺跡群発掘調査室年報』XV　91-114頁

石丸恵利子 2004a「帝釈観音堂洞窟遺跡出土の骨角器　その1」『広島大学大学院文学研究科帝釈峡遺跡群発掘調査室年報』XVIII　39-65頁

石丸恵利子 2004b「帝釈弘法滝洞窟遺跡 G-3 区出土の動物遺存体」『広島大学大学院文学研究科帝釈峡遺跡群発掘調査室年報』XVIII　67-97頁

石丸恵利子 2006「上帝釈地域における動物遺存体の様相」『広島大学大学院文学研究科帝釈峡遺跡群発掘調査室年報』XX　49-72頁

稲田孝司 1992「狩りと採集に生きた人びと」『新版古代の日本』第4巻（中国・四国）23-44頁　角川書店

稲葉明彦・河瀬正利 1979「帝釈馬渡岩陰遺跡出土の貝製品」『広島大学文学部帝釈峡遺跡群発掘調査室年報』Ⅱ　35-44頁

狩野彰宏・鈴木将治・堀　真子 2008「カワニナの酸素安定同位体曲線から読み取れること」『広島大学大学院文学研究科帝釈峡遺跡群発掘調査室年報』XXII　47-61頁

川越哲志 1995「帝釈峡遺跡群の ^{14}C 年代（1）」『広島大学文学部帝釈峡遺跡群発掘調査室年報』X　109-117頁

河瀬正利 2007『中国山地の縄文文化・帝釈峡遺跡群』シリーズ「遺跡を学ぶ」036　新泉社

河村善也 1978「帝釈観音堂洞窟遺跡土器伴出層準出土の小型哺乳動物遺体　第1報」『広島大学文学部帝釈峡遺跡群発掘調査室年報』Ⅰ　55-67頁

河村善也 1979「帝釈観音堂洞窟遺跡土器伴出層準出土の小型哺乳動物遺体　第2報」『広島大学文学部帝釈峡遺跡群発掘調査室年報』Ⅱ　45-55頁

河村善也 1984「帝釈観音堂洞窟遺跡出土のシカ遺体の年齢構成」『広島大学文学部帝釈峡遺跡群発掘調査室年報』Ⅶ　87-100 頁

河村善也 1996「帝釈観音堂洞窟遺跡の哺乳動物群から見た最終氷期の古環境」『広島大学文学部帝釈峡遺跡群発掘調査室年報』ⅩⅠ　115-122 頁

河村善也 2005「広島県帝釈峡遺跡群の後期更新世と完新世の哺乳動物群―その特徴と時間的変化および推定される古環境―」『考古論集』81-100 頁　川越哲志先生退官記念事業会

潮見　浩 1970「瀬戸内の夜明け」『古代の日本』第 4 巻（中国・四国）7-22 頁　角川書店

潮見　浩 1976「帝釈馬渡岩陰遺跡の調査」『帝釈峡遺跡群』33-40 頁　亜紀書房

潮見　浩 1999『帝釈峡遺跡群』吉備考古ライブラリィ 3　吉備人出版

高井冬二・長谷川善和 1978「帝釈馬渡岩陰遺跡出土の矢部氏巨角鹿」『広島大学文学部帝釈峡遺跡群発掘調査室年報』Ⅰ　68-71 頁

竹広文明 1988「中国地方縄文時代の剥片石器―その組成・剥片剥離技術―」『考古学研究』第 35 巻第 1 号　61-88 頁

竹広文明 2001「汽水域と人間の利用の歴史」『汽水域の科学―中海・宍道湖を例として―』101-113 頁　たたら書房

竹広文明 2003『サヌカイトと先史社会』溪水社

徳岡隆夫・大西郁夫・高安克已・三梨　昂 1990「中海・宍道湖の地史と環境変化」『地質学論集』第 36 号　15-34 頁

中越利夫 1980「豊松堂面洞窟遺跡（第 11 次）の調査」『広島大学文学部帝釈峡遺跡群発掘調査室年報』Ⅲ　25-38 頁

中越利夫 1996「帝釈馬渡岩陰遺跡」『東城町史』第 1 巻（自然環境考古民俗資料編）13-26 頁　東城町

中越利夫 2001「帝釈峡遺跡群の諸問題」『広島大学文学部帝釈峡遺跡群発掘調査室年報』ⅩⅤ　67-89 頁

中越利夫 2004「帝釈峡遺跡群の地域的様相と特色」『考古論集』309-328 頁　河瀬正利先生退官記念事業会

中越利夫・大川泰広 2000「帝釈弘法滝洞窟遺跡（第 13・14 次）の調査」『広島大学文学部帝釈峡遺跡群発掘調査室年報』ⅩⅣ　35-52 頁

中越利夫・佐々木正治・内山ひろせ 1998「帝釈弘法滝洞窟遺跡（第 12 次）の調査」『広島大学文学部帝釈峡遺跡群発掘調査室年報』ⅩⅢ　19-48 頁

中越利夫・槙林啓介・幸泉満夫・三田敦司 1997「帝釈弘法滝洞窟遺跡（第 11 次）の調査」『広島大学文学部帝釈峡遺跡群発掘調査室年報』ⅩⅡ　18-73 頁

中越利夫・槙林啓介・三ツ木貴代志 1996「帝釈弘法滝洞窟遺跡（第 10 次）の調査」『広島大学文学部帝釈峡遺跡群発掘調査室年報』ⅩⅠ　21-54 頁

永田千織・順田洋一・石貫弘泰 2006「縄文時代久代東山岩陰遺跡の利用法―動物遺存体と土壌分析からの推論―」『広島大学大学院文学研究科帝釈峡遺跡群発掘調査室年報』ⅩⅩ　81-90 頁

日本第四紀学会編 1987『日本第四紀地図』東京大学出版会

野苅家宏・小野慶一 1980「帝釈観音堂洞窟遺跡土器伴出層準出土の両生類・鳥類遺骸」『広島大学文学部帝釈峡遺跡群発掘調査室年報』Ⅲ　75-84 頁

藤田　等・川越哲志・潮見　浩 1976「帝釈観音堂洞窟遺跡の調査」『帝釈峡遺跡群』80-103 頁　亜紀書房

藤田正勝・宮路淳子・松井　章 2002「帝釈弘法滝洞窟遺跡出土の動物遺存体（予報）―1997 ～ 1999 年度調査（その 2）―」『広島大学大学院文学研究科帝釈峡遺跡群発掘調査室年報』ⅩⅥ　53-61 頁

藤野次史 1996「帝釈馬渡岩陰遺跡第5層出土遺物」『東城町史』第1巻（自然環境考古民俗資料編）3-4頁　東城町

松井　章 2004「山地域における生業―内水面漁労をめぐって―」『日本考古学協会 2004 年度広島大会研究発表資料集』95-114 頁

松井　章・宮路淳子・中越利夫 2000「帝釈弘法滝洞窟遺跡出土の動物遺存体（予報）―1997〜1999 年度調査―」『広島大学文学部帝釈峡遺跡群発掘調査室年報』XIV　101-109 頁

松崎寿和 1969『帝釈峡』学生社

藁科哲男・東村武信 1983「帝釈観音堂洞窟遺跡出土のサヌカイト、黒曜石遺物の産地推定」『広島大学文学部帝釈峡遺跡群発掘調査室年報』VI　67-82 頁

藁科哲男・東村武信 1984「帝釈峡遺跡群出土のサヌカイト、黒曜石遺物の産地推定」『広島大学文学部帝釈峡遺跡群発掘調査室年報』VII　113-140 頁

第9章　四国地方 ―旧石器時代終末から縄文時代草創期の石器生産を中心に―

多　田　　仁

1　旧石器時代終末

(1) 四国の細石刃文化

　四国における細石刃文化関連の遺跡は、現在では29カ所が知られている。地域別では備讃瀬戸が15カ所、西南四国が7カ所、吉野川流域が1カ所、高知平野が2カ所、芸予諸島から伊予灘にかけて4カ所が確認されている (第1図)。

　このように見かけ上の遺跡分布は備讃瀬戸と西南四国に集中し、その他の地域では僅かに確認される程度である。また、備讃瀬戸では集中的に当該期の遺跡が確認されているばかりでなく遺物の確認点数も非常に多く、管見では細石刃が約1200点、細石核が約440点であった。四国全域で確認されている細石刃が約1500点、細石核が約560点であるから、細石刃と細石核ともに約8割が備讃瀬戸で確認されたことになる。

　また、備讃瀬戸における遺跡発見の多くが1980年代に入ってからで、瀬戸大橋建設などの大規模な工事による事前調査がその契機であった。これに伴って細石刃・細石核の研究も報告書の刊行ごとに積み重ねられ、鎌木義昌氏の研究以来 (鎌木1965ほか)、四国でもまとまった研究成果が残されることになった。主な研究事例では小野昭氏による細石核のⅠ・Ⅱ類分類案 (小野1979)、藤好史郎氏による細石核のA・B系統案 (藤好1980)、渡部明夫氏による羽佐島技法の提唱 (渡部1982)、西村尋文氏による第Ⅰ～Ⅳ類細石核の設定 (西村1983)、森格也氏による瀬戸内型細石刃核と花見山型細石刃核の設定などがある (森1995・1996)。これら諸研究はその後の調査研究にも影響しており、四国の細石刃文化研究は備讃瀬戸から発信されたといっても過言ではない状況をつくりあげた。いずれにしろ、鎌木氏などの先学によって備讃瀬戸での調査が早くから実践され、関連する研究基盤が根付いていた影響であろうか、ここでの発見・報告・論考は比較的スムーズに展開したようである。

　一方、備讃瀬戸以外ではその発見から約10年以上の時を経て、開発に伴う発見事例が増加することになる。また、地域の研究者による踏査の成果も大きく貢献していることを忘れてはならないだろう (木村1995・2003ほか)。

　こうした一連の調査研究から、ここ近年で大まかに細石刃文化の様相が把握されつつある。とくに四国における細石刃生産技術については、羽佐島技法、野岳・休場技法、船野技法、湧別技

法の4者が存在し、それぞれが四国において偏った分布域を形成していた可能性を示唆できるまでになった（多田2003aほか）。たとえば羽佐島技法は備讃瀬戸を中心とした東部瀬戸内の周辺で、船野技法は西南四国から高知平野にかけての太平洋沿岸で、野岳・休場技法は四国一帯で散漫に、湧別技法は現在のところ備讃瀬戸の羽佐島遺跡のみで知られているという状況である。また、石材については各地域で産出するものが主体となっており、備讃瀬戸ではハリ質安山岩、西南四国では頁岩、高知平野ではチャートがそれぞれ主体的に用いられている。

　以上のように、四国地方における細石刃生産技術をみたとき、各地域によってその技法や使用石材などの差を認めることができる。ここで概略的に四国の細石刃生産技術についてその様相を述べるとするならば、備讃瀬戸では羽佐島技法が卓越し、石材利用はハリ質安山岩が約9割程を占めており、非常に斉一性の高い様相を示していること。そして、西南四国から高知平野にかけての太平洋沿岸一帯は船野技法が卓越し、石材利用の状況は西南四国で頁岩、高知平野でチャートといったように大まかに二分されている。こうした様相を概観するならば、四国の細石刃文化段階は南北の二極化とも呼ぶべき状態であったと判断できよう。

（2）羽佐島技法とハリ質安山岩

　備讃瀬戸では羽佐島技法と呼ばれる細石刃生産技術が発展・継承されてきた（多田2001、渡部1982）。これは素材となる剥片の小口側に作業面を設定するもので、古くは板状細石核などの呼称が与えられていたものである。さらに筆者は、羽佐島技法による細石核を打面の作出法によって細分し、剥片の分割面を打面として打面調整をおこなわないものを羽佐島Ⅰ型細石核、作業面側からの打面調整をおこなうものを羽佐島Ⅱ型細石核、打面部に横位方向から細かな打面調整を加える、いわゆる横打調整が伴うものを羽佐島Ⅲ型細石核とした（多田2001）。

　また、これら羽佐島技法のバリエイションについては、石材利用に若干の差を見出すことができる。筆者が以前におこなった検討では、備讃瀬戸における細石刃文化遺跡の場合はハリ質安山岩の利用が多いものの、羽佐島Ⅰ型細石核ではハリ質安山岩とサヌカイトの利用がほぼ同比率の遺跡を見出すことができる。その反面、羽佐島Ⅱ型細石核と羽佐島Ⅲ型細石核では約9割以上がハリ質安山岩を用いており、こうした石材利用の組成から、羽佐島Ⅰ型細石核とサヌカイトの結びつきを想定した（多田2001）。

　このサヌカイトは周知のとおり、備讃瀬戸では後期旧石器時代後半期から弥生時代にかけて通時的に多用されている石器石材である。このことから、羽佐島Ⅰ型細石核におけるサヌカイト利用の状況は、一面では先行する後期旧石器時代の石材使用を部分的に踏襲しているとも考えられよう。つまり、石材利用の面から考えれば、羽佐島Ⅰ型細石核は羽佐島技法における3型式のなかではもっとも古い段階であると位置づけることもできる。さらにいえば、備讃瀬戸では細石刃文化段階になって、突如としてハリ質安山岩を多用する石材利用に取って代わったわけではなく、細石刃文化段階の初期では先行する時期のサヌカイト利用がまだ部分的に残存していたのであろう。また、竹広文明氏は細石刃文化段階におけるハリ質安山岩の利用増を述べているが、先行す

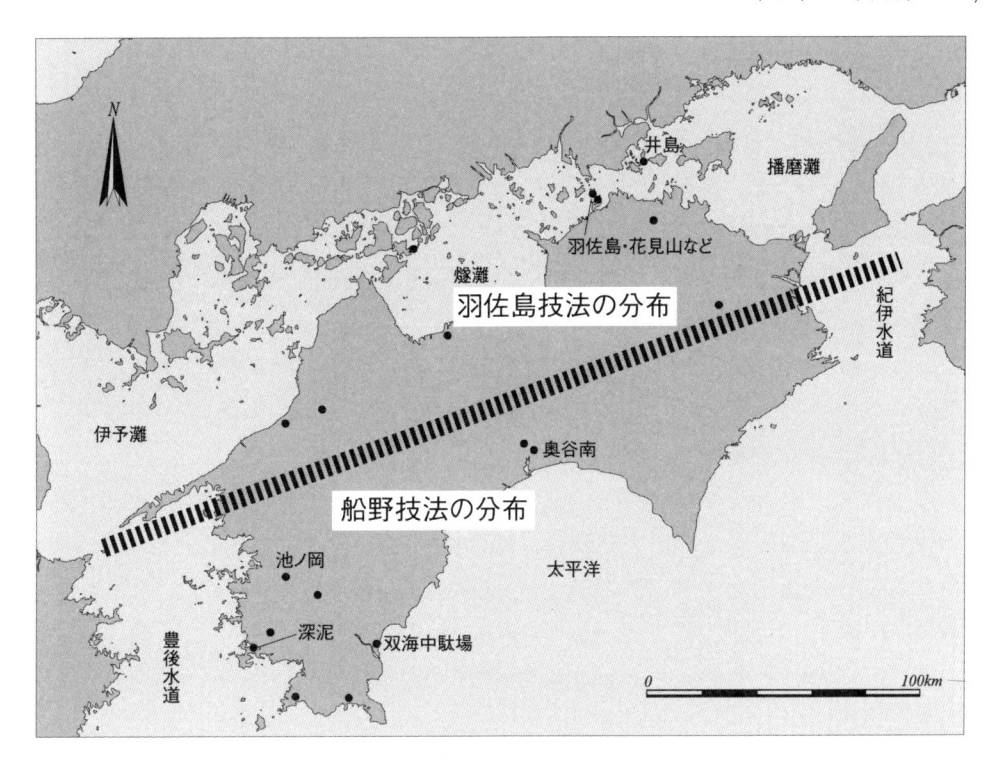

第 1 図　細石刃・細石核の分布

るナイフ形石器文化段階ですでにハリ質安山岩の利用を確認できることから、この石材利用は細石刃文化段階以前にあったことを指摘している（竹広 2003）。つまり、ハリ質安山岩利用の素地は細石刃文化段階以前に築かれていたと考えることもできるが、羽佐島技法の中でも古相となる羽佐島Ⅰ型細石核のサヌカイト利用をみる限りでは、急激な石材利用の変化と呼ぶより、漸次移行したと想定した方がよいだろう。

　こうした細石刃文化段階になってからの石材利用の変化は、備讃瀬戸の旧石器時代から弥生時代の石材利用の中では一時的な現象にすぎないかもしれないし、細石刃といった器種の生産に適応するための一手段であったかもしれない。見方を変えればサヌカイトの伝統的利用は消滅したわけではなく、細石刃文化段階に並行するサヌカイト製の尖頭器が存在していることからも（竹広 2003、多田 2002、藤野 2004）、ハリ質安山岩とサヌカイトの併用がなされていたと理解するべきであろう。また、細石刃文化段階に至るまでの備讃瀬戸をふり返ったとき、後期旧石器時代後半期では西方遺跡で黒曜石や流紋岩の利用が知られており（大山・藤好 1985）、サヌカイトが伝統的に多用されてきたとはいえ、各々の石器製作に伴う使用石材の差は認められるようだ。

　さて、備讃瀬戸で卓越した羽佐島技法については、その類例を周辺地域で確認することができる（多田 2003b）。まず、西瀬戸内の山口県宇部台地遺跡群では長桝遺跡第 1 地点、南方遺跡、藤尾遺跡などで、遺跡によって点数比は異なるが全体の約 1 ～ 4 割が羽佐島技法による細石核であ

る（山口県旧石器文化研究会 1985・1988・1991）。さらに、北部九州では福岡県戸原遺跡と門田遺跡で、羽佐島技法による細石核が点数比で約2～5割含まれている（井上 1977・1978、木下 1979、平ノ内 1989）。また、東九州でも大分県上下田遺跡と松山遺跡、宮崎県岩土原遺跡で、羽佐島技法による細石核を認めることができる（鈴木 1973、橘 1981・1983・1990・1991）。これらの遺跡では点数比で約1～5割の比率で認められている。東の近畿地方に目を向ければ、類似するものが兵庫県まるやま遺跡や奈良県桜ケ丘1遺跡などでも確認されている（松浦 2003）。各地域での使用石材についてみると、北部九州では黒曜石、東九州では流紋岩、近畿地方ではサヌカイトといったように在地産出のものが多用されている。こうした周辺地域における羽佐島技法の石材利用をみたとき、備讃瀬戸ではサヌカイトからハリ質安山岩に大きく変化することに対し、周辺地域では先行する時期の石材利用と大きな隔たりは認められないようである。

　さらにここで、羽佐島技法の成立について若干の私案を述べておきたい。繰り返すが羽佐島技法は素材に板状の剥片を用いて小口を細石刃剥離作業面に設定する技術である。この手法や残核形態をみると、備讃瀬戸とその周辺に存在した細石刃文化段階に先行する縦長剥片石核、とくに備讃瀬戸型石刃技法（佐藤 1987）との類似性は看過できないであろう。さらにいえば、羽佐島技法の特徴である石材小口の利用は、先行するであろう備讃瀬戸型石刃技法との強い共通性を示しているともいえる。こうした共通性を重視して羽佐島技法の出自を先行石器群に求める場合、具体的な型式学的論証が必要となるばかりでなく、備讃瀬戸型石刃技法によって生産される石器の様相も把握したうえで、本地域における石器群の変遷を説明することが課題となろう。現状では素材の小口利用という視点で、備讃瀬戸型石刃技法と羽佐島技法の共通点を抽出できよう。

(3) 船野技法の伝播と拡散

　主に東九州において密な分布を占める船野技法は、四国でもその足跡を認めることができる。とくに西南四国における船野技法の卓越性は、やはり東九州との接点を積極的に考えるべきであろう。西南四国で確認された事例としては、愛媛県池ノ岡遺跡A地点、深泥遺跡、高知県双海中駄場遺跡などがあり、すべて在地産出の頁岩が使用されている（木村 1995・2003、多田 1995ほか）。この地域では7カ所の細石刃文化関連の遺跡が確認されているが、このうち4カ所の遺跡で船野技法が確認されており、残る3カ所の遺跡では野岳・休場技法や羽佐島技法が確認されている（多田 2003a）。さらに東方の高知平野に立地する高知県奥谷南遺跡でも、船野技法の痕跡を認めることができ（松村・山本 2001）、船野技法が四国の太平洋沿岸一帯に分布する状況を想定できるようになった。また、船野技法は九州だけでなく南関東でも確認例が知られており、四国での船野技法の確認例も考え合わせれば、九州から関東までの太平洋沿岸に広く分布することを想定できるだろう。

　ここで池ノ岡遺跡A地点、深泥遺跡、双海中駄場遺跡のことについて触れておきたい（第2図）。これら遺跡では船野技法による細石核の他に、刃部磨製石斧や尖頭器などが採集されており（木村 2003、多田 2000ほか）、さらに池ノ岡遺跡では単剥離打面を大きく残す特徴的なスクレイパーも

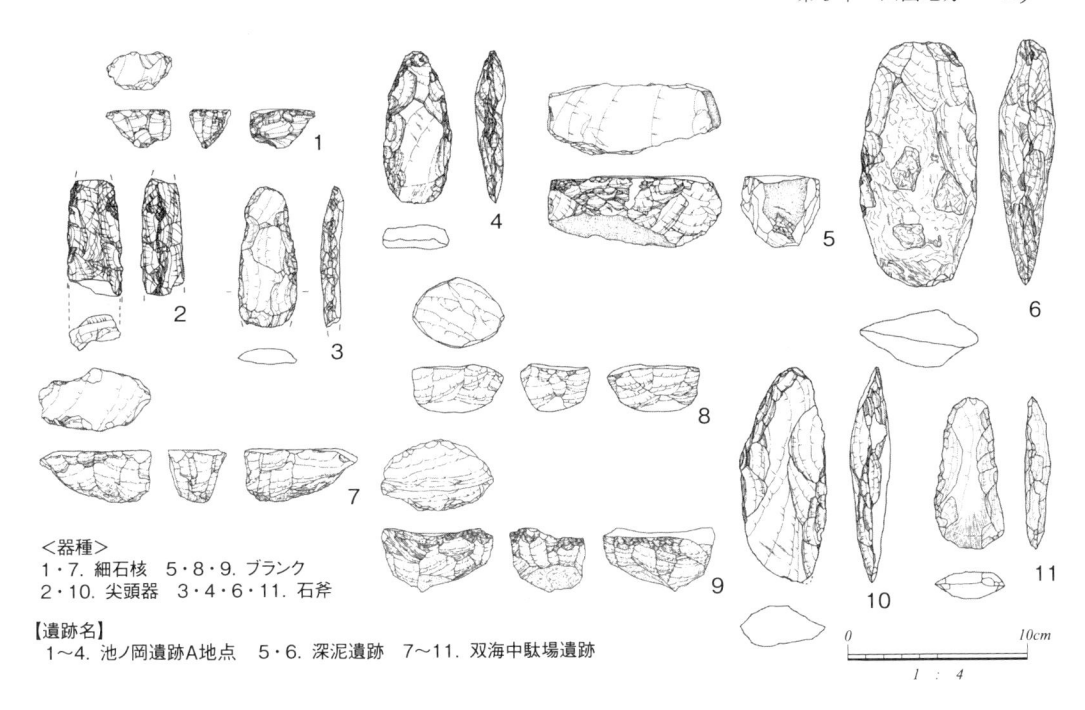

<器種>
1・7. 細石核 5・8・9. ブランク
2・10. 尖頭器 3・4・6・11. 石斧

【遺跡名】
1~4. 池ノ岡遺跡A地点 5・6. 深泥遺跡 7~11. 双海中駄場遺跡

第2図　西南四国の船野技法とその関連遺物 (木村 2003　多田 1995)

採集されている（木村1995）。こうしたスクレイパーの形態については、同様なものが大分県上下田遺跡や松山遺跡で出土しており、船野技法を含む石器群に伴う場合が多いことで知られている（橘1981・1990ほか）。つまり、西南四国の3遺跡で確認された船野型細石核と石斧、それにスクレイパーの存在は、東九州における船野技法が伴う石器群の様相に近似したものと考えてもよいだろう。これは同時に細石刃文化段階において、東九州と西南四国が同様な石器装備であったことになり、石斧やスクレイパーなどの類似性からも両地域の密接な関連を示唆できるようである。このような石器群の類似性からは、両地域における旧石器時代終末の階梯も酷似したものであったことを想定できるだろう。

ここで近年の興味深い事例を紹介しておきたい。それは備讃瀬戸における船野型細石核の発見例である（多田2007）。この細石核はサヌカイト製のもので、国分台から約10km南の香川県音谷池遺跡から採集されたものである。この地域における細石刃・細石核にはハリ質安山岩が多用されており、細石刃生産技術は羽佐島技法が主体となっていることは先述したが、こうした地域状況にあっては特異な事例といえるだろう。しかし、ここで注意しておきたいのは、この船野型細石核がサヌカイト製であるということである。くり返すが備讃瀬戸では約9割の細石刃・細石核がハリ質安山岩を用いており、この地域で僅かに確認される船野技法による細石核すべてについても、やはりハリ質安山岩製である。これも先述したが、細石刃・細石核における石材利用は、サヌカイトからハリ質安山岩へと緩やかに変化しており、音谷池遺跡の船野型細石核がサヌカイト製であるということは、石材利用の点からは古い段階に残されたとも考えられるだろう。この

推論が成り立つならば、船野技法は細石刃文化段階でも比較的早い段階で備讃瀬戸に伝播したことになる。備讃瀬戸に到達した船野技法が東西のいずれから波及したものかを判断するのは難しいが、現状では南関東で比較的新相になって船野技法の存在が認められることや、九州では細石刃文化段階の古相ですでに認められていることから（多田2000）、この時間差を考えれば九州からの伝播・波及を考えた方が自然であろう。

（4）細石刃文化の尖頭器と石斧

　四国における細石刃文化段階の尖頭器と石斧は、局地的ではあるが四国でその存在を示唆できる遺跡がある。まず尖頭器についてみると、筆者が四国2群として位置づけたものがある（多田2002）。これは四国における尖頭器について、四国1群から4群までに区分した考えであるが、このうち四国2群とは細石刃文化後半に位置づけたもので、大小の両面加工によるものが主体となる一群である。具体的には香川県国分台遺跡群、羽佐島遺跡南丘陵、愛媛県池ノ岡遺跡A地点、高知県下益野B遺跡など、四国の各地でこの段階に比定できる尖頭器が確認されている。尖頭器の様相をみると、一遺跡の組成では法量が大小の組成となるのが一般的であるが、概して大形のものが多くなるようである。本体の調整加工は両面加工が主体となるが、周縁加工や片面加工のものも含まれるようである。

　ちなみに四国2群に先行する四国1群は概して小形なものが組成する一群で、長幅比が3：1になるものが多いようである。調整加工は四国2群と同じく両面加工を主体としながら、周縁・片面加工も含まれている。現状では香川県羽佐島遺跡北丘陵、同県雄山古墳群などで確認され、四国の北東部以外では確認できていない。これら尖頭器石器群は、概して小形であることや長幅比等から判断して、細石刃文化段階に先行して存在していたことが考えられよう（多田2002）。

　さて、四国において四国2群尖頭器と細石刃石器群の共伴が考古学的調査で確認された事例はなく、両者の共時性が積極的に述べられていることも少ない。しかし、羽佐島遺跡南丘陵や先に述べた池ノ岡遺跡A地点や双海中駄場遺跡では、細石刃石器群との共伴を示唆できる現象が確認できている。とくに池ノ岡遺跡A地点における船野型細石核との関連は、後述する石斧との関係もふまえれば、東九州における船野技法が伴う石器群との共通性も指摘できるであろう。また、周辺の細石刃文化段階における尖頭器については、大分県上下田遺跡や長崎県福井洞穴Ⅳ層で、土器を伴わず細石刃と尖頭器の共伴が確認できており（橘1981・1983、鎌木・芹沢1965）、細石刃と尖頭器の共伴は四国においても考慮しておく必要があるだろう。

　ここで石材利用について触れておく。繰り返し述べているように、備讃瀬戸における細石刃・細石核の利用石材は、古相ではサヌカイト利用が認められているものの、香川県北部で産出するハリ質安山岩が主体となっている。しかし、羽佐島遺跡南丘陵の細石刃文化段階に帰属すると考えられる四国2群尖頭器には、サヌカイトが主体的に使用されている。これとは逆に、西南四国の細石核とこれに伴うと考えられる尖頭器は、ともに在地産出の頁岩が使用されており、利用石材の差は認められない。こうした石材利用の差については現段階で明確な説明を持ち合わせてい

ないが、備讃瀬戸における細石刃生産の開始によって持ち込まれたハリ質安山岩の利用は、当地で培われてきたサヌカイトの伝統的利用を崩壊させるものではなかったようである。

さらに、細石刃文化段階における尖頭器とともに特徴的な遺物として、石斧の存在を考えておく必要があるだろう。筆者は四国における旧石器時代終末から縄文時代草創期の石斧について整理したことがあり、短冊形を古相に、長方形と撥形を新相に考えたことがある（多田2000）。代表的な遺跡をあげるならば、細石刃文化段階では池ノ岡遺跡A地点や大奈路遺跡、縄文時代草創期では高知県笹平遺跡や十川駄場崎遺跡などが位置づけられると考えている。先にも船野型細石核と尖頭器の共伴が考えられることを述べたが、石斧が伴う可能性を考慮すれば、東九州と類似した石器組成を示していることになる。また、尖頭器は確認されていないものの、深泥遺跡でも船野型細石核のブランクと石斧が採集されている。さらに、双海中駄場遺跡でも船野型細石核、尖頭器、石斧が採集されている。このように西南四国では船野型細石核と尖頭器や石斧などが共伴する可能性を示唆でき、この段階については、東九州と同じ階梯であったことが考えられるだろう。

また、西南四国では細石刃文化段階に石斧が製作・使用されている一方で、瀬戸内側では細石刃文化段階から縄文時代草創期に至るまで石斧の存在が認められていない。このことは船野技法の希薄さが大きく関係しているのであろう。確かに備讃瀬戸においても船野型細石核の存在は僅かではあるが確認されており、ここでも石斧の存在を可能性として考えてよいのかもしれない。しかし、備讃瀬戸における大規模なサヌカイト原産地を背景とした尖頭器の大量生産や、ハリ質安山岩による羽佐島技法を主とした細石刃生産基盤などが根づいていたことを考えれば、船野技法が東九州の石器組成を保った状態で伝播されたという保証もないだろう。この論証にはより詳細な遺物の確認作業も必要であるが、瀬戸内における石斧の希少さは今後も注意しておきたい現象である。

2　縄文時代草創期

（1）福井技法の波及

備讃瀬戸で継承された羽佐島技法は、打面の作出法によって3つの細石核に細分される。ひとつは剥片の分割面を打面として打面調整をおこなわない羽佐島I型細石核があり、石材利用からは細石刃文化段階の古い時期に位置づけられるものである。次に比較的新しい段階と考えられる羽佐島II型細石核があり、これは作業面側からの打面調整が伴うものである。そして、もうひとつのバリエイションとして、打面部に横位方向からの細かな打面調整、いわゆる横打調整が伴う羽佐島III型細石核があり、これについては横打調整を伴うことから筆者は福井技法との関連を考えてきた（多田2001）。この場合、長崎県福井洞穴や泉福寺洞穴などのように、土器との共伴が論証できるのかということになるが、現状では備讃瀬戸でそうした事例は認められていない。そこで筆者は、打面調整によって残される横長削片・縦長削片の数量的な分析をおこなったとこ

ろ、泉福寺洞穴の豆粒文土器文化層（10層段階）に類似することを考えた（多田2003b）。しかし、四国において福井技法の存在を議論する場合、土器が明確に伴っていない事実が議論の展開を妨げることにつながっているようだ。確かに四国における隆起線文土器は、愛媛県上黒岩岩陰遺跡のように有舌尖頭器との結びつきが強調されるのは周知のことで、四国の草創期土器は有舌尖頭器の使用・製作とともに開始されたと考えることも可能だろう。しかし、古くは鎌木義昌氏が香川県井島遺跡や岡山県鷲羽山遺跡で設定した井島Ⅱ型細石核について、いち早く福井洞穴2・3層の細石核に比定していること（鎌木1956・1957・1965）、さらに間壁葭子氏、小野昭氏、西村尋文氏も福井洞穴における細石核との共通性を述べているなど（小野1979、西村1983、間壁1968）、備讃瀬戸における一部の細石核と福井技法との関連について、古くから先学たちが考えてきた経緯を読み取ることができる。

　以上のように、福井技法との関連が示唆されながらも、福井技法が波及する過程で残した詳細な現象面が議論されることはなかったのが事実である。この議論を深めるには、まず、備讃瀬戸における福井技法の影響を整理しておくことが必要であろう。そこで、以前にまとめた羽佐島Ⅲ型細石核の様相について、ここで簡単に振り返っておきたい。

　備讃瀬戸における羽佐島Ⅲ型細石核は、羽佐島遺跡、花見山遺跡、大浦遺跡などで確認できる（秋山ほか1984、西村ほか1989）。各遺跡における羽佐島Ⅲ型細石核の点数比をみると、羽佐島遺跡が9.8％、花見山遺跡が27.7％、大浦遺跡が5.1％となり、石材は羽佐島遺跡では90％、花見山遺跡では98％、大浦遺跡では100％がハリ質安山岩製である（多田2004）。3遺跡の様相から判断すれば、羽佐島Ⅲ型細石核は花見山遺跡で3割程度が認められるものの、他の遺跡では1割にも満たない。また、石材はハリ質安山岩を主体としている。

　ここで注意したいのは、上記の3遺跡における組成の差であろう。前述したように羽佐島Ⅲ型細石核の点数比をみると、花見山遺跡で約3割を占めているにもかかわらず、他の2遺跡では1割に満たない。この状況だけをみれば、福井技法の影響そのものは比較的短時間で、しかも限定された場所で認められたことも考慮しなければならないだろう。さらに、福井技法が備讃瀬戸へ到達した時間的な位置づけについては、以前に筆者がおこなった検討では泉福寺洞穴における豆粒文土器段階と考えられ、福井技法の存続時間の中でも比較的古い段階であった可能性を示唆できるだろう（多田2003b）。

　以上のように、備讃瀬戸における羽佐島Ⅲ型細石核の存在は、福井技法を備讃瀬戸の集団が受け入れた結果として評価でき、さらに、花見山遺跡における横長・縦長削片の様相からは、九州で福井技法が導入されてから比較的早い時間での受容であったと考えられた。そして、こうした受容の迅速さは、やはり土器の存在が大きく関わったであろうことを想起できる。北部九州で黒曜石を多用した福井技法とハリ質安山岩を多用した羽佐島技法は、使用石材がともにガラス質石材であったことも、両者の接触を容易にしたのではないだろうか。

　ちなみに羽佐島技法の類例は、備讃瀬戸以外の地域でも確認することができる（多田2004）。細石核の点数比でみれば、西瀬戸内における宇部台地遺跡群の山口県南方遺跡や岩上遺跡では1

割未満、北部九州の福岡県戸原遺跡や吉武遺跡群第9次調査、門田遺跡では約2～4割、東九州の大分県松山遺跡、上下田遺跡、宮崎県岩土原遺跡では1割未満または4割程度含まれているようだ（多田2004）。このことは羽佐島技法が九州縁辺部までに波及したことを示す現象であり、先学によって指摘されていた福井技法の変異は（木下1984）、羽佐島技法の影響も一因であったのではないだろうか。

こうした備讃瀬戸における福井技法の影響は、すでに当地で継承されていた羽佐島技法と融合し、羽佐島III型細石核というかたちで残される結果となった。そして、土器の製作・使用とも密接な関連を持っていた福井技法は、備讃瀬戸における縄文時代的な生活様式の始まりを加速させたであろうし、それ自体も九州と似通ったものであった可能性も指摘できるだろう。

(2) 北の有舌尖頭器と南の石斧

四国において有舌尖頭器が確認された遺跡は、現在のところ約70ヵ所を数えることができ、その多くが瀬戸内海沿岸で確認されている。そして、縄文時代草創期の石斧は四国で約20ヵ所を数え、そのほとんどが西南四国に分布している。つまり、これら両者の石器は四国において分布の偏りが認められていることがわかる（第3図）。注意点として、先にも述べたように石斧については旧石器時代に含まれるものが確認できるため、縄文時代草創期に帰属する石斧は全体の約半数であることをことわっておきたい。

まず、各石器の分布を詳細にみると、有舌尖頭器は徳島県吉野川流域と備讃瀬戸に密な地点分布を形成しており、さらに、香川県から愛媛県にかけての瀬戸内に面した地域で帯状に分布している。現状では香川県東部の播磨灘に面した地域と愛媛県西部の佐田岬半島には認められていないようである。また、瀬戸内海に面した地域に密な分布を形成するとはいえ、四国の南部にも数ヵ所の遺跡がある。代表的な遺跡としては高知県不動が岩屋遺跡や宮地遺跡などがあり、石材には在地産出のチャートなどがあるほか、もっとも南で確認された宮地遺跡ではサヌカイトが利用されていることも興味深い。

石斧は四万十川流域から豊後水道の南部に面した地域で多く確認されている。分布上の北限は上黒岩岩陰遺跡や椎ノ木駄場などで、現状で考えるかぎり、これ以北の石斧の分布は考えにくい状況である。さらにいえば、分布範囲も有舌尖頭器に比べて非常に狭い範囲の分布域を形成していることがわかる。ここで周辺地域である中国地方の状況をみても、瀬戸内側では岡山・広島・山口県で各1例ずつが知られているのみで、多くは山陰から中国山地にかけて分布域を形成しているようだ。やはり、今後の類例増加を見越したとしても、瀬戸内周辺に石斧の密な分布域が形成されることは考えにくいだろう。

以上のような分布的偏りの一因として、ここでは九州との関係を考えるべきであろう。先にも述べたように、西南四国では旧石器時代終末の細石刃文化段階から石斧が存在していることがある。そして、これら石斧は東・南九州で卓越した船野技法とも強い関連を示すようであり、旧石器時代終末から縄文時代草創期の階梯についても、西南四国と東・南九州が共通していることも

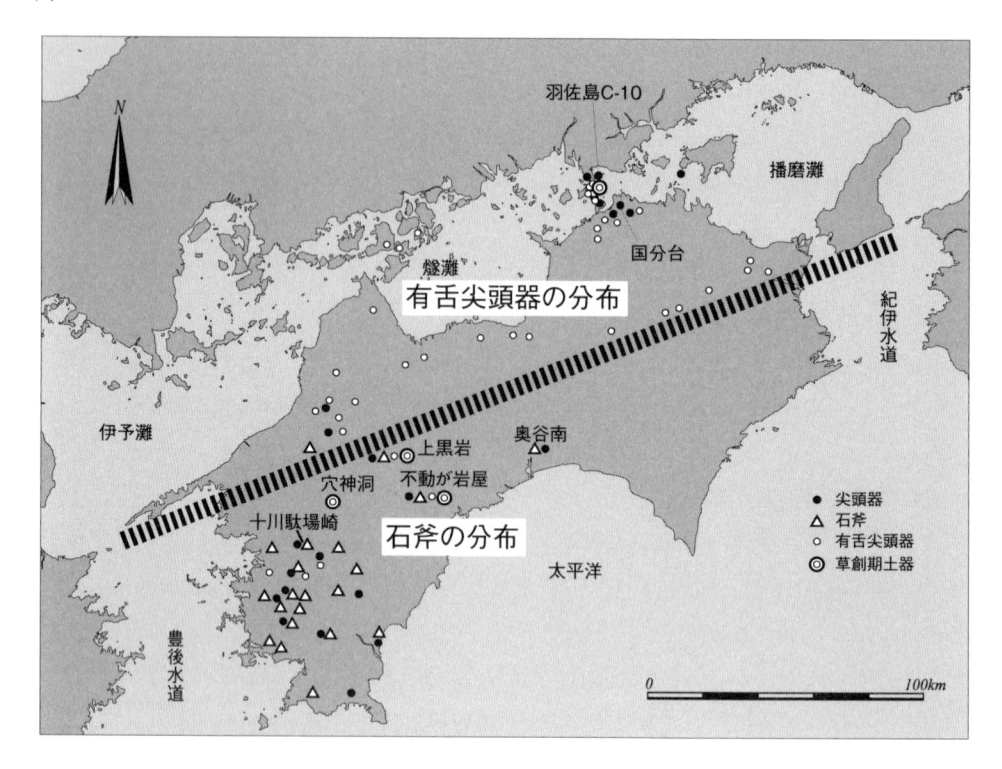

第3図　尖頭器・石斧・有舌尖頭器・土器の分布

考えられる。このことを考慮すれば東・南九州と同じく、西南四国においても石斧が旧石器時代終末から縄文時代草創期に存在しても不自然ではないだろう。つまり、西南四国は四国の北部・東部とは異なる階梯を経ていたことになり、有舌尖頭器と石斧における分布の二極化は、そうした地域性が表面化した結果であろう。

　ここで有舌尖頭器における東西の形態差を指摘しておきたい。四国における有舌尖頭器の形態を比較してみると、長身で基部に返しをもつものは吉野川流域や備讃瀬戸から愛媛県東部の瀬戸内の東部に多く、短身で板状舌部となるものは愛媛県中・西部の瀬戸内の西部で多く確認できる（多田1997ほか）。また、使用石材をみても瀬戸内東部で確認されるものはサヌカイトが多用されており、瀬戸内西部では赤色珪質岩やチャートなどが用いられている。ここで周辺地域の状況をみると、四国の東側である近畿地方における有舌尖頭器の形態は、本体の調整が斜状並行剥離となる長身で返しをもつ基部となるものが多いようである（西口1991）。そして、四国の西側に接する北部九州のものは、短身で板状舌部のものが目立つ（高橋1990）。このような有舌尖頭器における形態の東西差は、その周辺と似通った状況を示していると考えられよう。

(3) 草創期土器と石器

　本地域における縄文時代草創期の縄文土器については、密な分布を示すなどの現象は看取され

ない。ここでは各地での調査事例をあげておきたい。

　まず、備讃瀬戸では羽佐島遺跡C10-1南東ピットで無文土器が確認されている（秋山ほか1984）。この土器は筆者の提唱する四国3群に比定される尖頭器とともに出土したもので、さらにはナイフ形石器なども同時に出土しており、遺構の残存状況についての疑問が持たれるだろうが、ここでは草創期の所産として積極的に評価しておきたい。なお、現段階では四国でもっとも古い段階の縄文土器である可能性をもっている。簡単に遺物の状況をみると、この遺構から出土した無文土器については82点出土したことが報告されている。このうちの1点が報告に図示されているが、実測図から判断すれば無文で方角状の口縁端部となり、比較的薄手なものであろう。尖頭器はサヌカイト製で長身なもので、本体には並行剥離が残されている。

　高知県十川駄場崎遺跡3次調査では、6層から長身で並行剥離を伴う尖頭器が出土しており、この上位である5層下部から無文土器が、さらに上位の5層上部から「豆粒文」土器が確認されている（岡木・山本1989）。発掘調査での判断からは、6層尖頭器、5層下部無文土器、5層上部「豆粒文土器」の序列で新旧関係が考えられるが、層位的解釈に対して疑問視する向きもある（前田1996）。本稿では調査で得られた層位的出土の成果を重視しておくが、6層出土の尖頭器と5層下部の無文土器は同時期である可能性も残されていよう。また、十川駄場崎遺跡5次調査でも1区7層から無文土器が、そして、同区9層からは隆起線文土器が出土しているが、2点ともに小破片で不明な点は多い。

　愛媛県穴神洞第1文化層では、微隆起線文土器と楔形石器の出土が知られている（長井2004）。ここで確認された微隆起線文土器は、口縁部から胴部にかけて7条の隆起線文が施されたものである。さらにこれと比定できるものとして、土器の出土は確認されていないが、愛媛県中津川洞穴第2文化層がある。ここではチャート製の剥片類や楔形石器などがあり、筆者は以前に、これらの組成について普遍的なものであるかは疑問が残るとしながらも、西南四国の草創期における一様相としてとらえたことがあった（多田1997）。周辺で他に類例をあげることはできないが、類似する現象として南九州で位置づけられている「掃除山段階」の存在があるだろう（宮田1996）。この掃除山段階とは細石刃の消滅後に楔形石器を特徴的に備えた一群で、これらには隆帯文土器が伴うようである。時期的にも穴神洞や中津川洞穴に近いもので、遠隔地との比較ではあるが今後も注意しておきたい現象であろう。

　愛媛県上黒岩岩陰遺跡では、有舌尖頭器などが伴う隆起線文土器の出土がよく知られている（江坂・西田1967）。なかでも9層からは隆起線文土器に豆粒文が添付されたものや、無文土器なども認められているようである（山崎2004）。また、隆起線文土器には1条、2条、垂下、斜行などのさまざまなバリエイションが認められるようである。

　高知県不動が岩屋遺跡では1条の隆起線文が確認できる土器の出土がある（岡本・片岡1967・1969）。また、ここでは未撹乱の遺物包含層が確認されていないため、伴うとされている有舌尖頭器や尖頭器などとの共伴関係は不明な点が多い。

　以上のように、草創期に属する土器と関連するであろう遺物について簡単に触れてみた。現段

階で四国地方における草創期土器には、尖頭器、有舌尖頭器、楔形石器が組成しており、これらは時間差をもっていることも仮定できる。たとえば先述したように、羽佐島遺跡C10-1南東ピット出土の四国3群に位置づけられる尖頭器の存在や、十川駄場崎遺跡でも無文土器と3群に比定できる尖頭器の共伴が考えられ、尖頭器だけをみれば有舌尖頭器に先行していると考えることもできる（多田2002）。そして、このように土器に伴う石器組成から考えれば、隆起線文土器より古い段階に無文土器が存在したことを考えることもできよう。

3　縄文時代早期

（1）無文土器と押型文土器

　四国における縄文時代早期の遺跡は約120カ所を数えることができる（第4図、兵頭2006）。四国での遺跡分布をみると西部で密な分布を確認でき、北部では希薄な状況にある。県別にみた場合には香川県4カ所、徳島県13カ所となり（兵頭2006）、四国の北部では全遺跡の約1割しか確認されていないことになる。このような遺跡分布の状況からみれば、四国における当該期の調査研究は偏った成果が反映されていることも危惧されるが、現状での限界を考慮しながらも精力的に研究を進めている動きも多い。本節では主な研究成果について振り返り、今後の研究方針を探っ

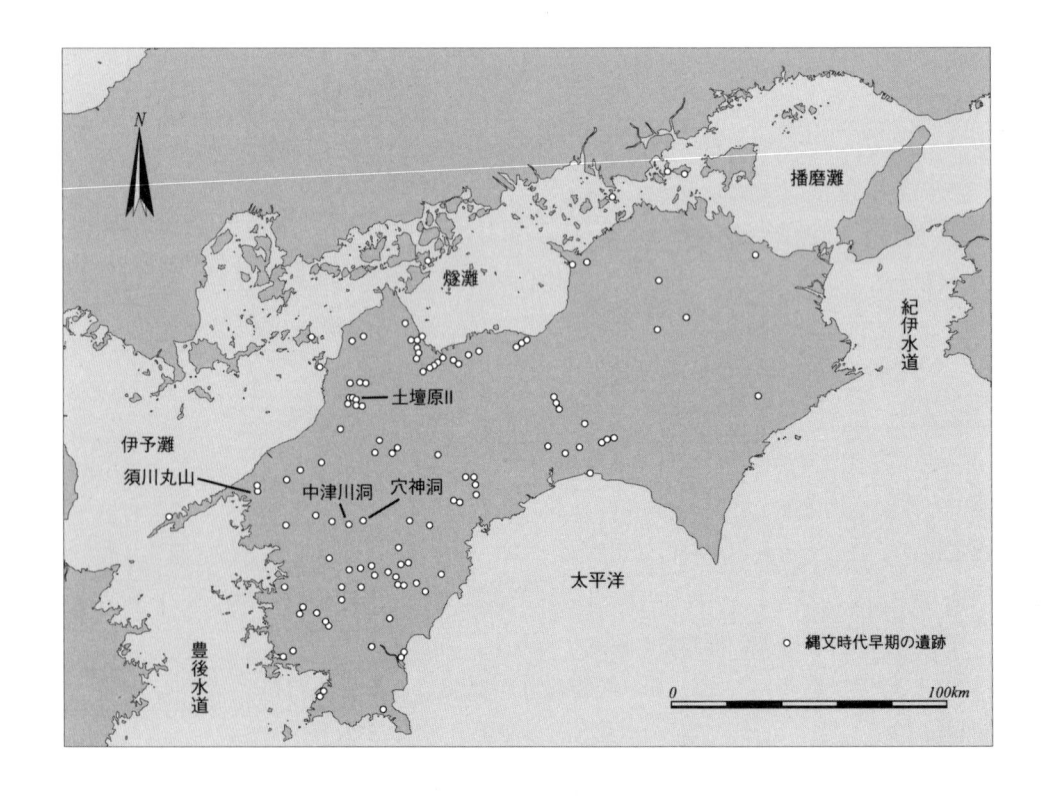

第4図　縄文時代早期の遺跡分布（兵頭2006を改変）

てみたい。

　まず、四国における縄文時代早期土器の研究課題に、無文土器と押型文土器の編年に関する問題があげられよう。各方面から諸研究は進められているが（中四国縄文研究会 2006）、定まった成果に落ち着くまでにはもう少し時間を必要とするようだ。但し、四国内での現象面だけをとらえてみると、無文土器単純組成の遺跡をあげれば、愛媛県須川丸山遺跡第Ⅵ層段階（多田・兵頭 2003）、穴神洞第 2 文化層（長井 2004）、中津川洞第 3 文化層（長井 2004）、土壇原Ⅱ遺跡（長井 1986）などがあり、これらを早期前葉に位置づける論考も提示されている（長井 1986・2004、兵頭 2006）。このうち押型文土器との関係が層位的に論証された事例としては穴神洞があり、ここでは 6 層出土の無文土器を含む堆積層（第 2 文化層）の上位である 4 層から押型文土器を含む堆積層（第 3 文化層）が確認されている。また、西南四国の四万十川中流域では十川駄場崎遺跡の 5 次にわたる調査成果と周辺の状況から、隆起線文から無文・条痕文、さらに押型文へと変化する土器の変遷が考えられている（前田 1996）。この類例から判断すれば、早期の無文土器単純層が確認される遺跡は四国の西部に偏る傾向があるようだ。周辺では九州における早期の無文土器について各論が提示されているが、このうち水ノ江和同氏は北部九州から中国・四国地域の西部を含めた広い範囲で、押型文土器に先行する無文土器群の存在が普遍的な状況であったとしている（水ノ江 1998）。そうすると、現状の四国西部における無文土器の密な分布は九州との関連で論証される可能性が生じることになり、縄文時代早期の四国西部と九州は同じ階梯を経ていたことが考えられることになる。前述しているように細石刃文化段階からその動きは考えられることから、四国西部は常に九州の動向と関連していたことが想定できよう。

(2) 早期の石器

　縄文時代早期における四国の石器組成について簡単に述べておきたい。遺跡数の少ない香川県では実態を確認するのが困難であるが、近年に調査が実施された香川県本村中遺跡では、チャート・姫島産黒曜石製の剥片などがあるほか、石鏃やトロトロ石器等が確認されているようである（小野 2003）。同じく早期段階の遺跡数が少ない徳島県でも、単独で確認されるチャート製のトロトロ石器や、鍬形鏃などの報告がある（氏家ほか 2003）。特徴的なのは在地産出のチャートを多用していることで、旧石器時代からの石材利用を踏襲した可能性を示唆している。

　高知県では石鏃や石匙、磨製石斧などの石器類が早期になって定着し、縄文的な石器構成がほぼ完成しているとされている（山崎 2003）。また、愛媛県南部から高知県西部の西南四国では、早期になってからの楔形石器の増加はよく知られていることである（森田 1997）。個別に遺跡をみると、飼古屋岩陰遺跡では押型文土器とともに約 300 点の石鏃が出土しているが、その多くがサヌカイト製である。この他にはチャートや姫島産黒曜石も利用されているようである（宅間・森田 1983）。

　愛媛県では早期に石鏃の確認数が増加すること、トロトロ石器や凹石の出現、石材利用には時期差や地域差も認められることが考えられている（多田 2003）。個別に遺跡をみると、穴神洞

第2文化層の石器では脚部を深く抉り、全体形が正三角形に近い鍬形鏃に類似した石鏃が1点あり、これにはサヌカイトが使用されている。また、チャート製の尖頭状石器も1点出土している。さらに中津川洞第3文化層の石器では、緩やかに基部を抉るチャート製の石鏃1点があるほか、チャート製の剥片石器類が目立つようである。

以上のように、必ずしも良好な資料が数多くあるわけではないが、ここにあげた資料をみるかぎり、山崎真治氏が述べる早期の高知で始まった縄文時代的な石器装備は、四国各地でも同様な現象として考えられそうである。

ここで縄文時代早期の石材利用について、重要と思われることに関して触れておきたい。それは遺跡の立地と石材原産地のことである。たとえば、高知県ナシヶ森遺跡や愛媛県常定寺遺跡のように石器石材を産地する丘陵地に石器製作跡が残されていることや、愛媛県犬除遺跡や高知県十川駄場崎遺跡のように、石器石材となる頁岩を大量に産出する河川周辺に遺跡が立地するなど、縄文時代早期になって石材原産地の周辺に遺跡が残されるようになる。石材原産地周辺を占有する、あるいは長期的に滞在する生活形態が存在した可能性を示すものであろうか。

さらに石材利用については、縄文時代早期の特徴的な現象として姫島産黒曜石の使用が開始されたことをあげておきたい。古くは木村剛朗氏が四万十川流域の遺跡を検証し、早期から前期にかけて姫島産黒曜石が多用されることを述べており（木村1987・1995ほか）、橘昌信氏も西南四国の石材利用を検証する中で、縄文時代早期中頃からその流通が始まったことを結論づけている（橘2002）。また、筆者も姫島産黒曜石の利用については、愛媛県内における縄文時代の石材利用を整理したうえで、縄文時代早期に西南四国でその利用が開始され、前期になって定着する事を考えた（多田2003）。姫島産黒曜石の利用は、縄文時代における石器の様相すべてを大きく変化させたわけではないが、これまで以上に東西交流が活発となったことは想像に難くないだろう。

引用・参考文献

氏家敏之ほか2003「徳島県の縄文石器」『中四国地域における縄文時代石器の実相』1-14頁　中四国縄文研究会

小野秀幸2003「香川県の縄文時代石器の様相について」『中四国地域における縄文時代石器の実相』1-24頁　中四国縄文研究会

鎌木義昌1965「西日本の細石刃文化」『歴史教育』13-3　104-111頁　日本書院

木村剛朗1987『四万十川流域の縄文文化研究』幡多埋文研

木村剛朗1995『四国西南沿海部の先史文化　旧石器・縄文時代』幡多埋文研

木村剛朗2003『南四国の後期旧石器文化研究』幡多埋文研

竹広文明2003『サヌカイトと先史社会』渓水社

多田　仁1997「愛媛の有舌尖頭器」『愛媛考古学』14　62-75頁　愛媛県考古学会

多田　仁2000「四国地方中・西部における旧石器時代終末から縄文時代草創期の石斧」『紀要愛媛』創刊号　1-30頁　（財）愛媛県埋蔵文化財調査センター

多田　仁2001「羽佐島技法の再評価」『旧石器考古学』62　39-50頁　旧石器文化談話会

多田　仁 2002「四国の尖頭器」『四国とその周辺の考古学』67-80 頁　犬飼徹夫先生古稀記念論文集刊行会
多田　仁 2003a「四国・瀬戸内地域の細石刃文化」『シンポジウム　日本の細石刃文化 I』291-320 頁　八ヶ岳旧石器研究グループ
多田　仁 2003b「瀬戸内とその周辺における細石刃文化の一様相」『古代文化』55-8　16-27 頁　古代学協会
多田　仁 2003c「愛媛県における縄文時代の石器―草創期・早期・前期―」『第 14 回中国四国縄文研究会発表資料』1-14 頁　中国四国縄文研究会
多田　仁 2004「福井技法と集団関係」『中・四国地方旧石器文化の地域性と集団関係』259-268 頁　中・四国旧石器文化談話会
多田　仁 2007「香川県音谷池遺跡の船野型細石核」『紀要愛媛』7　1-5 頁　（財）愛媛県埋蔵文化財調査センター
西村尋文 1983「中部瀬戸内地域における細石刃生産技術の検討」『旧石器考古学』26　75-102 頁　旧石器文化談話会
兵頭　勲 2006「北四国地域における早期土器研究の現状と課題」『第 17 回中四国縄文研究会　早期研究の現状と課題　前葉を中心に』1-17 頁　中四国縄文研究会
藤野次史 2004『日本列島の槍先形尖頭器』同成社
森　格也 1995「備讃瀬戸地域における楔形細石刃核の再検討」『研究紀要』III　1-18 頁　（財）香川県埋蔵文化財調査センター
森田尚宏 1997「高知県の縄文時代の石器」『倉田芳郎先生古稀記念　生産の考古学』45-52 頁　同成社
山崎真治 2003「高知県の縄文時代石器の実相」『中四国地域における縄文時代石器の実相』1-119 頁　中四国縄文研究会
渡部明夫 1982「IV　羽佐島遺跡の遺物整理」『瀬戸大橋建設に伴う埋蔵文化財調査概報（V）』313-339 頁　香川県教育委員会

＊参考文献は四国内の主要なものに限り、調査報告書などは割愛させていただいた。

第10章 列島西端における縄文文化成立期の様相

杉原 敏之

はじめに

　列島の西端に位置する九州島は、火山活動や海面変動等、更新世以来の環境変化に大きな影響を受けてきた。その中でも、更新世から完新世への移行期には、気候変動やそれに起因した海面上昇、植生の変化等、九州島の自然環境に大きな変化があったことがわかっている。また同時に、道具の生産や消費、行動領域や居住形態等、人類文化にも変動が生じたことも確かである。

　九州地方における縄文文化の起源は、福井洞穴の調査以降、細石刃石器群と始原土器の関係として理解されてきた。だが、列島縄文文化における「細石刃石器群残存」の問題を含め、必ずしも文化動態における両者の関係が明らかにされている訳ではない。また、学史的課題である、「神子柴文化」に代表される、槍先形尖頭器や石斧の動向についても、九州島内で一様ではない。さらに、細石刃から石鏃への転換、あるいは草創期から早期への接続の問題は、層位的事例に乏しく、一括資料を見出し難い地域的現状から、いまなお不透明な状況が続いている。本来なら、このような諸要素の総体として、縄文文化成立の画期を検討する必要がある。

　ここでは、更新世末から完新世における石器群や遺跡構造の検討から、九州地方北部における縄文文化の成立過程を素描したい。

1　細石刃石器群の出現

　九州の細石刃文化では、長崎県茶園遺跡V層細石刃石器群が、最古期に位置づけられる（川道編1998）。遺跡は、東シナ海上の五島列島に位置しており、石器群が層位的に出土している。このうちV層細石刃石器群には、細石刃422点、細石刃核28点、ブランク、打面再生や作業面再生剥片、スクレイパー、ドリル、彫器、楔形石器等があり、総点数は1900点を超える。また、細石刃核は大きく2型式に分類される（川道編1998・2005他）。急傾斜打面をもつ扁平形で、背面に自然面を残す「茶園型」や側縁調整を施す「位牌塔型」、作業面と打面の長さが等しい「野岳・休場型」とに分れるが、各型式の時間的前後関係は見出し難い。さらに熊本県河原第3遺跡第6文化層でも、細石刃核は3類に分類されている。このうち、礫や分割礫素材で、打面再生を繰り返しながら細石刃剥離をおこなう「素材依拠型」の細石刃技術が「野岳・休場I型」として、初

第 10 章　列島西端における縄文文化成立期の様相　181

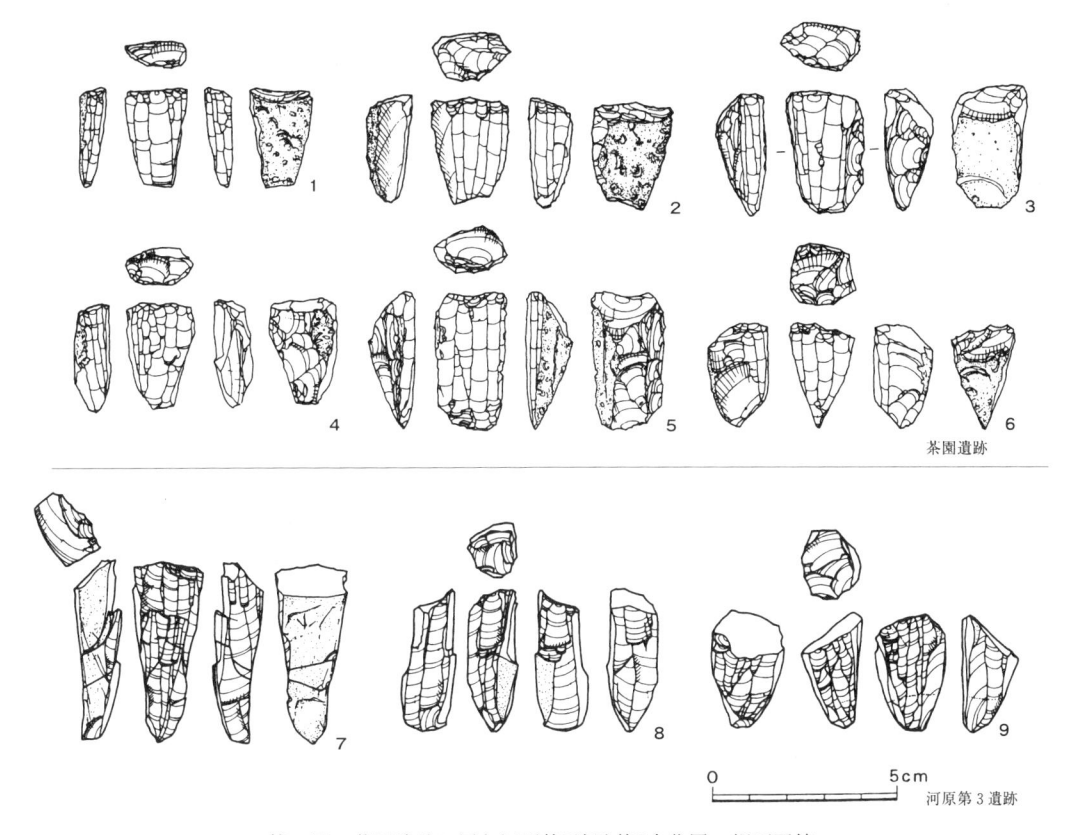

第1図　茶園遺跡Ⅴ層と河原第3遺跡第6文化層の細石刃核

期細石刃石器群に位置づけられている（芝2007a）。これらは、従来認識されてきた野岳型の範疇で理解される（第1図）。

　このような茶園遺跡Ⅴ層、河原第3遺跡第6文化層細石刃石器群に見られるような、野岳型を主体とする細石刃技術は、長崎県野岳遺跡、福岡県野黒坂遺跡、大分県亀石山遺跡、鹿児島県西丸尾遺跡等、西北九州から南九州に分布している。

　西北九州では、細石刃石器群の出自を、ナイフ形石器文化終末期の小型石刃技術からの技術進化と考える意見もあるが（下川・萩原1997）、現時点で「自生説」を裏づける資料はない。むしろ、九州地方西半に点在する分布状況から、西北九州を窓口として、渡来してきた石器技術と考えられる。対岸となる朝鮮半島では、楔形や船形細石刃核、石刃技法が認められ、東北アジアとの関わりが強いが、脊梁山脈西南側では、細石刃核形態は多様化し、組成も単純である。これら半島の状況からも推測されるように、野岳型の起源を大陸に求める意見は多い（小畑1987、加藤2000、杉原2003b、川道2005他）。14C炭素年代測定によれば、茶園遺跡Ⅴ層は15450 ± 190BP（Beta-107730）（川道編1998）、河原第3遺跡Ⅵ層では、14660 ± 70BP（Beta-135259）（芝・小畑編2007）の数値がある。これらのデータから、九州地方における細石刃石器群の出現は、15000年前頃と考えられる。

　九州地方北部の細石刃石器群は、西北九州の五島列島から北松浦半島、東松浦半島から福岡平

野、島原半島、筑後川流域から阿蘇外輪、東九州の大野川流域などに分布している（第2図）。北松浦半島では、溶岩台地を基層とする丘陵や台地上、浸蝕された開析谷付近の斜面際に遺跡は立地している。同様の地質形成は、晩氷期以降に島嶼化した五島列島や東松浦半島の上場台地などにも見られ、遺跡立地としては大差ない。長崎県城ヶ岳平子遺跡、野岳遺跡、佐賀県竹木場前田遺跡、石ヶ元下道遺跡等がある。ただし北松浦半島では、泉福寺洞穴や福井洞穴等、砂岩壁の浸蝕や風化によって形成された岩陰・洞穴利用の遺跡がある。一方、島原半島では、百花台遺跡や小ヶ倉A遺跡のように、雲仙岳北麓の標高200〜300mの火山性扇状地の台地上に立地している。

福岡平野では、河川中流域の尾根状となる低丘陵上に遺跡は点在するが、上流域では門田遺跡のように開析谷をもつ台地上に立地している。また筑後川上流域では、周囲が山塊で浸蝕の大き

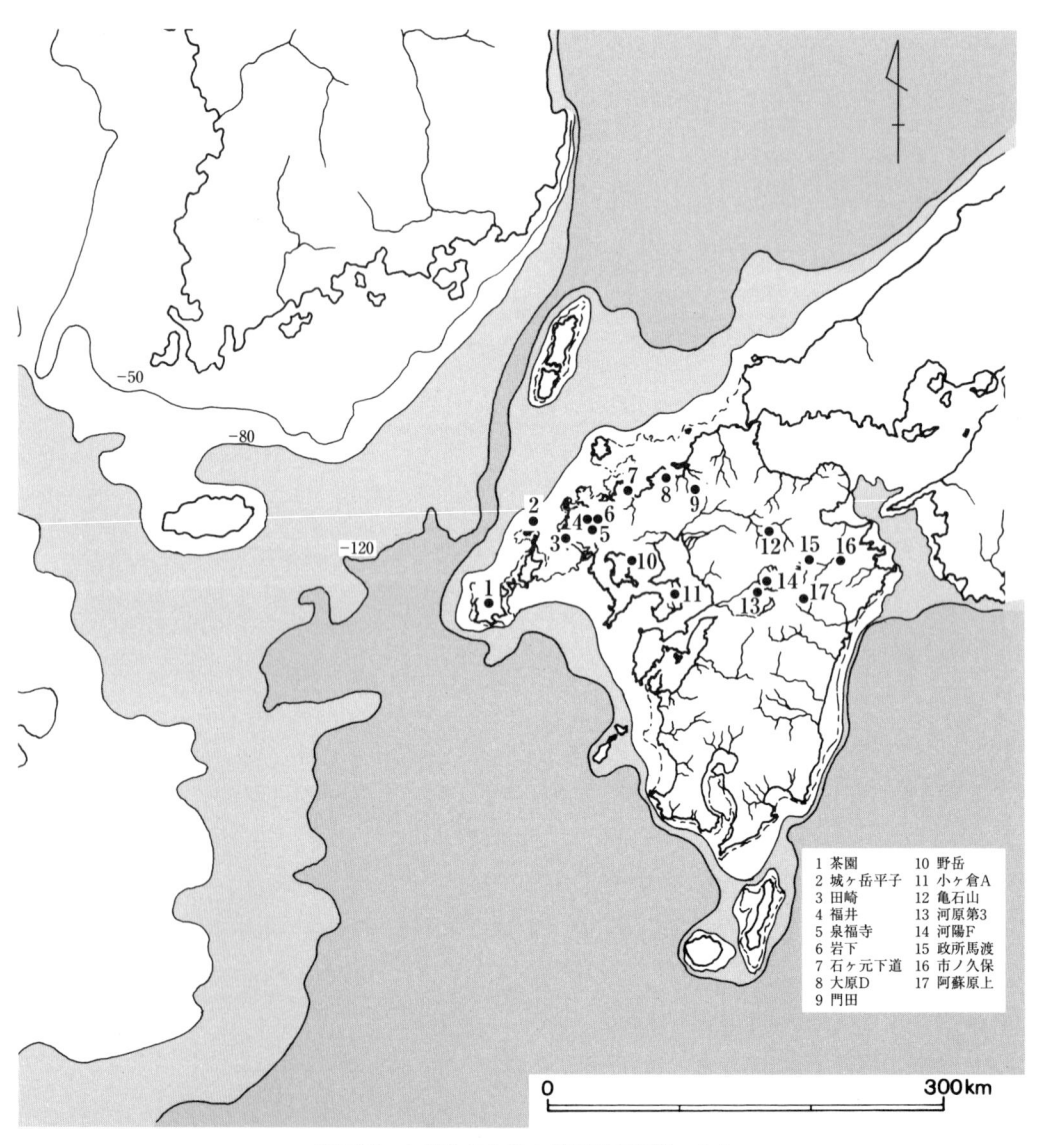

1 茶園	10 野岳
2 城ヶ岳平子	11 小ヶ倉A
3 田崎	12 亀石山
4 福井	13 河原第3
5 泉福寺	14 河陽F
6 岩下	15 政所馬渡
7 石ヶ元下道	16 市ノ久保
8 大原D	17 阿蘇原上
9 門田	

第2図　九州地方北部の細石刃石器群の分布

い谷部が形成される標高800mの台地上に遺跡は立地しており、大坪遺跡、平草遺跡、亀石山遺跡等がある。さらに、大野川流域では、上下田、松山、市ノ久保遺跡等のように本・支流上に発達した河岸段丘や台地上に遺跡は立地している。

2 細石刃石器群と始原土器

(1) 洞穴遺跡の調査成果

　九州地方北部では、土器出現期以降の細石刃石器群として西海技法・楔形細石刃核（福井型）が位置づけられる。この細石刃石器群と土器の関係を考えることができるのが、層位的出土例をもつ洞穴遺跡である。福井洞穴、泉福寺洞穴等があげられる。

　泉福寺洞穴では、10層から5層までの間に細石刃石器群と土器の共伴が確認されている（麻生編1984）。このうち、10c層下部より出土した豆粒文土器は、九州地方では最古段階に位置づけられる。口縁部や胴部に豆粒文を垂下させながら貼付し、口唇部が内傾して胴部に張りをもつ砲弾形の器形となる。そして10c層上部では、摘み出された隆線文が3条に横走する隆起線文土器が、隆線文・豆粒文併用土器と共に出現する。さらに9層の隆起線文土器は、垂下隆線文や斜行隆線文等を併用し、8層では、斜行・幾何隆線文の割合が増える。この10c層上部から9～8層における豆粒文と隆起線文の併用やその推移は、遺跡内における両者の型式的連続性と理解される。

　6層で爪形文土器に変わる。縦位の綾杉状、ヘラ状工具による細長い線状やハの字形の爪形文がある。そして、5層は押引文土器となり、口縁部に1条や胴部に2条に垂下する刺突文、口縁部に1条の楕円形の刺突文や口唇部に刻目をもつものなどがある。6・5層の爪形文、押引文土器は、どちらも刺突施文を基本としており、施文法からみれば型式的連続性がある。

　このような土器型式の変遷に対して、泉福寺洞穴の細石刃核にも層位的変化が認められる（第3図）。11層は長軸削片剥離だが、10層には両端部に作業面をもつ10層類型（13・14）が、8層には両面調整した稜柱状のブランクの小口より細石刃剥離をおこなう8層類型（2・3）があり、6・5層におけるブランクの平面短冊化による削片の長軸剥離傾向などがある。この状況から、10c層の豆粒文土器から9層の隆起線文土器への推移と8層における隆線文の多様性などは、細石刃核の型式推移とほぼ対応関係にあると言える。さらに6・5層における爪形文、押引文などの刺突施文を主体とする土器群と、細石刃核ブランク形態や剥離技術の変化も対応している。また、この6層より槍先形尖頭器が認められる。

　泉福寺洞穴では、11層から7層までは砂層が続き、6・5層ではシルト質の土層となり、6層と7層とは不整合となる（川道2005）。砂層が寒冷期、シルト質土層が温暖期にあたるとされ、前者が隆起線文土器、後者が爪形文・押引文土器にそれぞれ対応している。このような状況からも、泉福寺洞穴における土器群と石器群の推移は何らかの対応関係にあると考えられる。

184

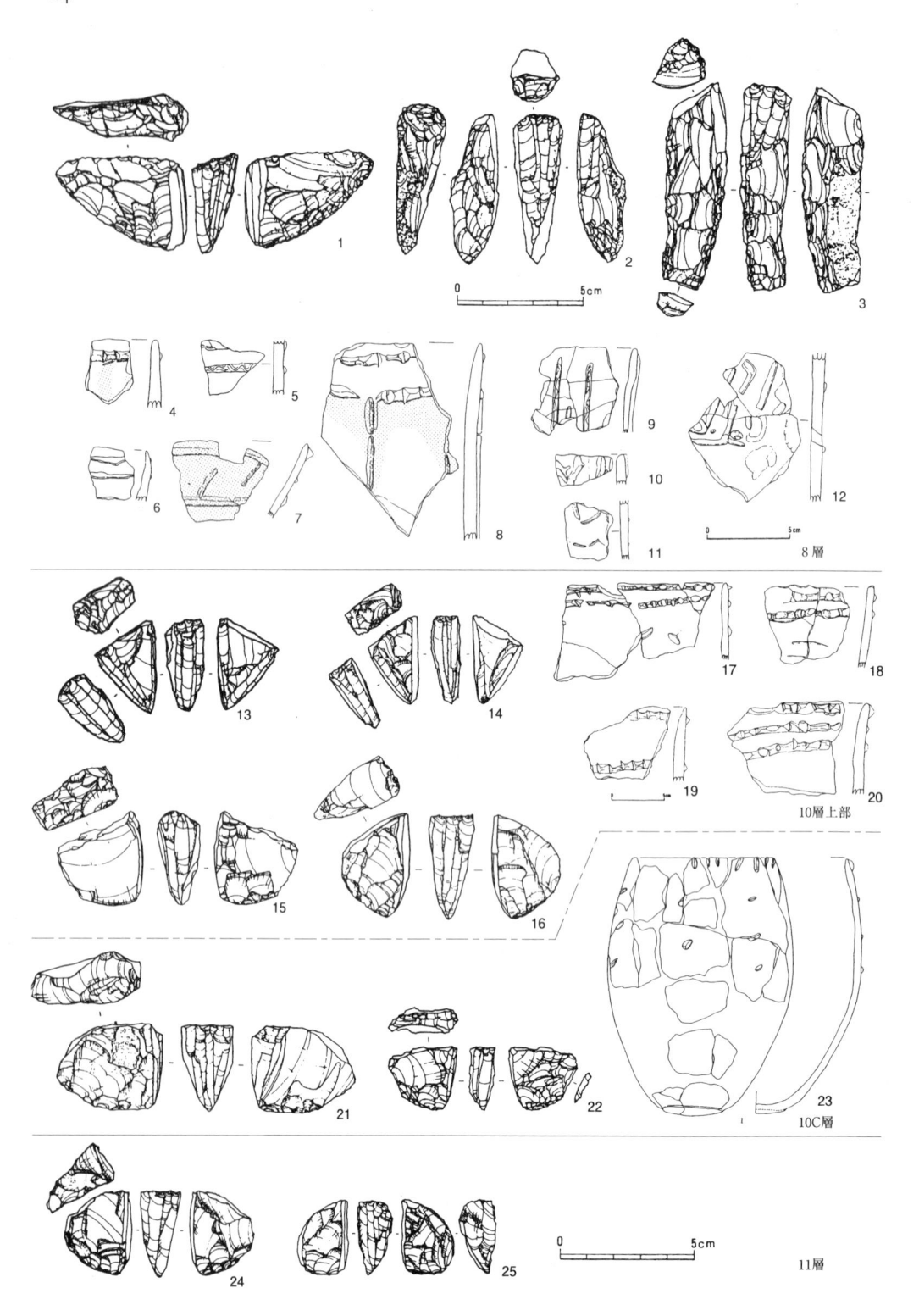

8層

10層上部

10C層

11層

第3図　泉福寺洞穴の細石刃核と土器

（2）爪形文土器の出現と画期

　開地遺跡における細石刃石器群と土器の共伴は、熊本県河陽F遺跡、高畑乙ノ原遺跡、長崎県小ヶ倉A遺跡、大分県馬所馬渡遺跡等に事例がある。二次堆積だが、門田遺跡でも本来は共伴すると考えられる。

　門田遺跡の爪形文土器は、深鉢形とサラダボウル状の浅鉢形に復元されている（木下 1979）（第4図）。爪形文は口唇部下位から底部まで横帯状に施文される。ヒト生体によるもので、指頭圧痕を明瞭に残している。出土細石刃核は、半船底形や分割礫をブランクとしたものが主体となる。さらに、河陽F遺跡の爪形文土器は深鉢状に復元される。ヒト生体による指頭圧痕は門田遺跡に類似するが、口唇部には棒状工具による菱形角柱状の刺突文が施文される。細石刃のみの出土で細石刃核型式は不明である。

　小ヶ倉A遺跡では、押引文土器と細石刃石器群が共伴する（辻田・竹中 2003）。やや開き気味となる口縁の口唇部にはヘラ状の工具による刻目が、口唇部下位には二叉に分かれた工具による刺突文が施文される。細石刃核は、礫面を残す板状の素材や粗いブランクより長軸スポールを剥離している。

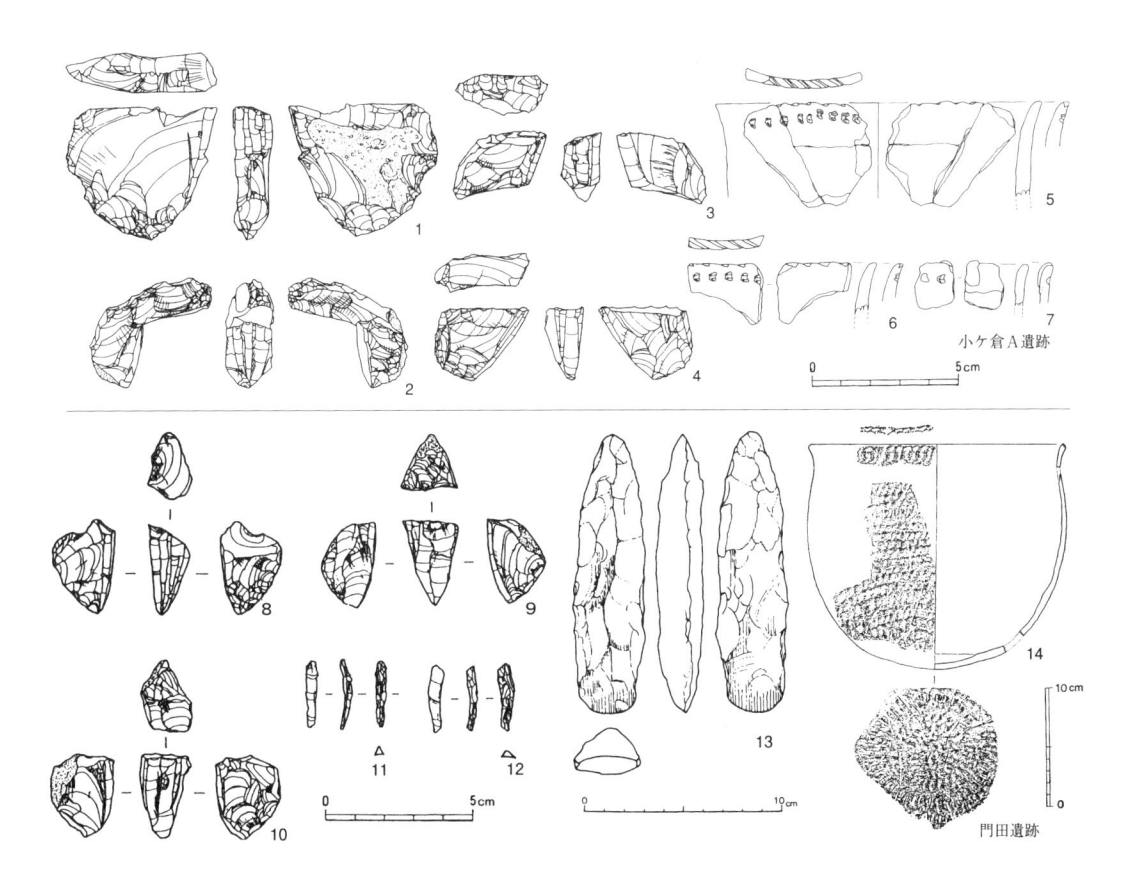

第4図　小ヶ倉A遺跡と門田遺跡の細石刃石器群と土器

ところで、五島列島の城ヶ岳平子遺跡や茶園遺跡では、押引による沈線文土器が細石刃石器群と共伴している（下川・立平1983）。口縁部に沈線文を押し引いて横走させ、「隆線文」を起こす施文方法の特徴がある。この他にも茶園遺跡では無文土器が出土している。いずれも暗褐色に焼成された色調や砂粒を含む胎土等、多くの共通する特徴がある。城ヶ岳平子遺跡の細石刃核型式等から爪形文土器以降に比定される。

このように、西北九州における福井・泉福寺洞穴以外の開地遺跡では、豆粒文土器や隆起線文土器等はほとんど確認されていない。多くは、爪形文・押引文土器段階の資料が中心となる。また、泉福寺洞穴や福井洞穴では、隆起線文土器と爪形文土器は時間的前後関係をもつことがわかっている。ただし、「貼付」と「刺突」という施文方法からみる限り両者に型式的連続性はない。この爪形文土器段階は、泉福寺洞穴や門田遺跡等にみられるように、細石刃石器群に槍先形尖頭器や石斧が組成する石器群の画期にあたる。とくに泉福寺洞穴では、寒冷期となる7層以下の砂層に対し、温暖期となる6層のシルト質土層の間は不整合であり、6層・爪形文土器段階は縄文草創期の自然環境のうえからも大きな画期と理解される。東九州では、黒色土前後に出土層準をもち、楔形細石刃核が主体となる大分県エゴノクチ遺跡、政所馬渡遺跡もこの時期以降に比定される。

(3) 始原土器をめぐる問題

九州地方南部でも、細石刃石器群と共伴する土器は幾つかある。鹿児島県加治屋園遺跡では、口唇部に沈線文と粘土紐を貼付した「小波状浮文土器」が、横井竹ノ山遺跡では、無文土器がそれぞれ出土している。さらに桐木遺跡Ⅹ層では、細石刃や隆起線文土器が出土しているが、土器は2〜5条の隆線文を貼付する薄手の一群である。

鹿児島県上場遺跡2層では、細石刃石器群と比較的薄手の爪形文土器が共伴しており、福井洞穴Ⅱ層との関連が指摘されている（池水1967他）。さらに熊本県白鳥平B遺跡では、Ⅳb層上部〜Ⅳa層下部にかけて爪形文土器、細石刃、石鏃が出土しているが、爪形文土器は厚手で、口唇部下位を中心に施文し、摘み上げや施文による隆起部をもつ。このほか、宮崎県阿蘇原上遺跡Ⅷ〜Ⅹ層では、細石刃石器群、石鏃等と共に爪形文土器が出土している。深鉢形で口唇部に工具による刻目をもつが、口唇部下位の施文はまばらであり、薄手と厚手とに細別される。他に無文土器、横走あるいは垂下する加飾隆線文が貼付される隆帯文土器などがある。

これらの事例を細石刃核型式からみた場合、加治園遺跡では船野型の他に楔形細石刃核の影響を受けた細石刃核がある。横井竹ノ山遺跡でも細石刃の一部に西海技法の影響が認められる。さらに阿蘇原上遺跡では、船野型に類するものの他、ブランクへの下縁調整や打面部を側方横打調整する楔形細石刃核の影響を受けたものがある。このように地域的な型式変化の大きい南九州の土器共伴の細石刃核をみた場合、いずれも楔形細石刃核の影響を受けていることがわかる。よって、隆帯文土器以前に位置づけられる加治屋園遺跡等の土器群が、必ずしも特化した存在とは言えず、細石刃核からみた場合、泉福寺洞穴10層〜7層並行段階と考えたほうが序列としても矛

盾が少ない。

さらに、松本茂が指摘するように「隆帯文上爪形施文土器」（「南九州型」爪形文土器）が細石刃と共伴しない事実を考慮すれば、「南九州型」爪形文土器については、隆帯文土器出現以降の時間的位置が考えられる。そのため、宮田栄二が指摘するように白鳥平Ｂ遺跡例を除き細石刃が伴わない点は重要である（宮田 2002）。少なくとも、「南九州型」爪形文土器が、西北九州に見られる爪形文土器の直接の起源とするには再検討を要する。

3 九州における「神子柴文化」

(1) 九州の細石刃文化と「神子柴文化」

「続細石器文化」（岡本 1979）と称された九州地方において、横田義章は「神子柴型石斧」を取りあげ、福岡県門田遺跡の事例等から細石刃文化に貫入する神子柴文化の要素を予測した（横田 1981）。その後、大分県市ノ久保遺跡等の調査等から、栗島義明や綿貫俊一は、船野型細石刃核、槍先形尖頭器、石斧の検討により、神子柴文化並行段階を設定し、九州地方の縄文時代開始期を列島の枠組みに位置づけた（栗島 1991・2000、綿貫 1992）。しかし、九州島の東西で共伴細石刃核や石器組成、各器種の技術形態等に差異が認められ、「神子柴文化」を単純に理解出来ない状況がある（岡本 1999、川道 2002・2005）。

九州における「神子柴文化」と細石刃文化を考えていくうえで、議論となるのが船野型細石刃核である。この宮崎県船野遺跡を指標とする船野型細石刃核は、槍先形尖頭器や石斧等、「神子柴文化」資料との共伴から、神子柴文化並行期の細石刃石器群として評価されてきた（栗島

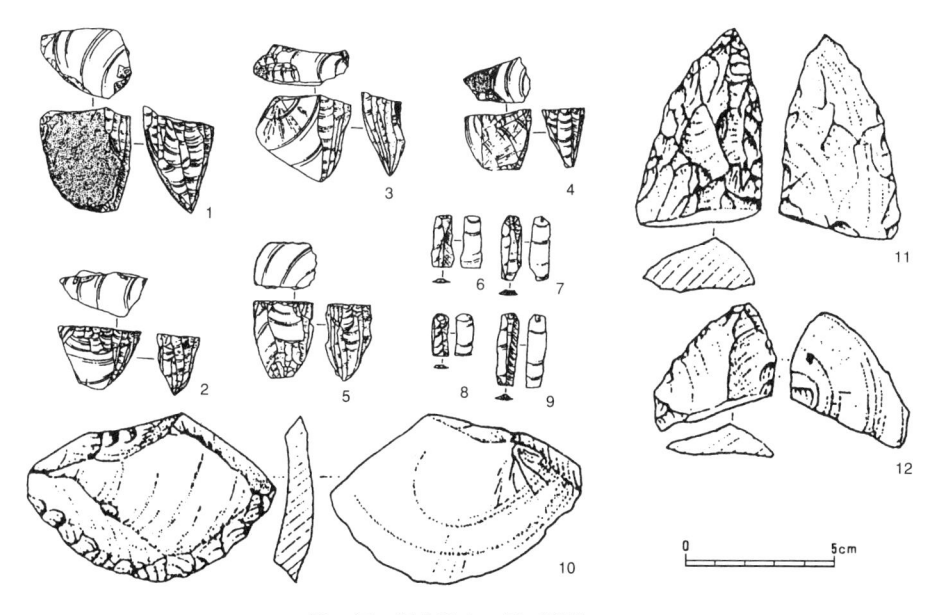

第５図　福井洞穴Ⅳ層石器群

1991、綿貫1992他)。その代表的な遺跡として、福井洞穴Ⅳ層、大野川流域の市ノ久保遺跡等があげられている(第5図)。どちらの船野型も厚手の分割剥片を素材とする点は共通する。ただし、福井洞穴Ⅳ層例は、黒耀石製で側面調整以外の石核調整は不明瞭だが、流紋岩を使用した大野川流域の事例は下縁・背縁調整は入念である。前者は佐賀県竹木場前田遺跡、長崎県重篭遺跡、福岡県有田遺跡178地点等、西北九州の黒耀石石材圏を中心に、後者は、大野川流域を中心にそれぞれ分布している。この他にも、船野遺跡第2地点に見られるような正面観U字や逆台形を呈する船野型が、南九州の宮崎平野や鹿児島地域を中心とした太平洋沿岸地域に分布している。

このような各型式分布から、九州の船野型が一系統で時間的に限定されると考えるより、各地域における出現過程は一様でなく、複数時期に及ぶものと考えられる。たとえば、高知県奥谷南遺跡に見られるような船野型と野岳型の共存例等から、チャートや流紋岩などの石材環境下で野岳型の細石刃技術の中から一部の船野型が発案された可能性も考慮すべきであろう(杉原2003a)。

(2) 槍先形尖頭器の展開

九州地方では、細石刃石器群出現以降の槍先形尖頭器には、細石刃石器群と共伴関係を示すものや、単独出土、原産地で大量生産されるものがある。西北九州に事例が多い(第6図上)。

福井洞穴Ⅳ層例は、周辺で産出するサヌカイト(松浦玄武岩)を使用し、素材を活かした片面調整の幅広木葉形である。尖頭器製作の痕跡を明瞭に残し、石器群として独立している。共伴する船野型細石刃核型式から、旧石器時代終末から縄文草創期に比定される。一方、茶園遺跡Ⅳ層例は、両面調整を基本とし、尖頭部の作出が明瞭で表裏面に比較的大きな調整剥離面を残す中・小型の柳葉形が中心である。石斧、石鏃と共伴するが、製作痕跡は認められない。

さらに泉福寺洞穴5層・押引文土器文化層では、両側縁部が直線的に調整され基部に僅かな抉りが入る小型槍先形尖頭器が出現する。ほぼ同時期の資料として、長崎県田崎遺跡の黒耀石製槍先形尖頭器がある。細石刃や石鏃に共伴し、丁寧な平坦剥離や細調整をおこない、丸みをもちながらも鋭い尖頭部から並行する側縁、「平基」の基部となる。細石刃石器群共伴の尖頭器としては、もっとも新しい時期に位置づけられる。このほか、上下田遺跡では細身に仕上げた槍先形尖頭器の折損品が、阿蘇原上遺跡では爪形文土器に伴い胴部下半に最大幅をもつ槍先形尖頭器が、帖地遺跡では、薩摩火山灰下位より両面調整の木葉形槍先形尖頭器などがそれぞれ出土している。

ところで、多久地域のサヌカイト石材を使用した大型槍先形尖頭器には、木葉形、「緩やかな圭頭形」、「圭頭形」がある。各地域で単独、あるいは埋納状態(デポ)で出土する例が多い。鹿児島県園田遺跡では、2カ所の埋納遺構より分割された状態で、大型槍先形尖頭器等が9点出土している(田平・野平編2004)。尖頭器は、成形後に器面へ研磨を施しながら稜を磨き落として細調整をおこなっている。他に熊本県柿原遺跡、宮崎県辰之元遺跡例があるが、宮崎県上猪ノ原遺跡では、折損した「圭頭形」尖頭器と隆帯文土器・「南九州型」爪形文土器との共伴例がある(松本2003b)。

九州地方では、尖頭器の器面を研磨する技術は草創期初頭では不明であり、岩下洞穴Ⅳ層、松

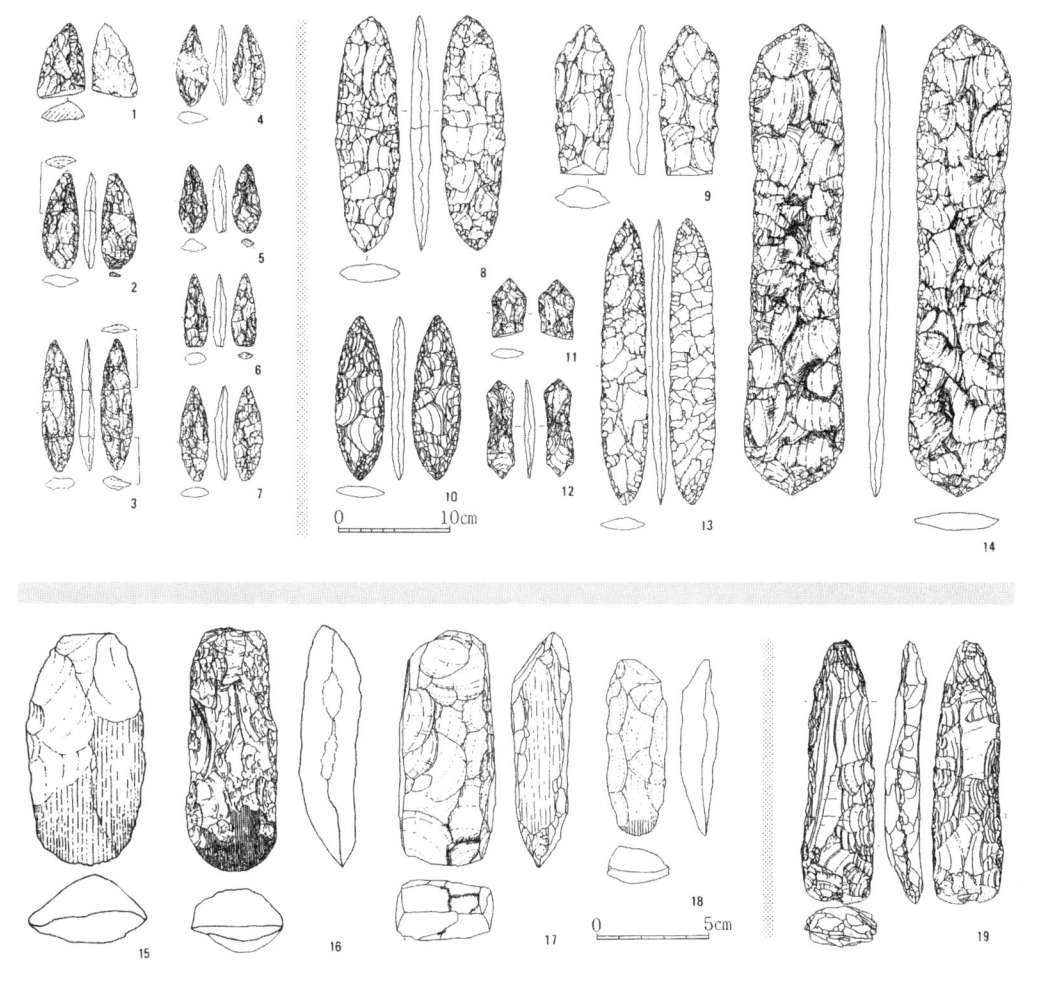

第6図　九州の槍先形尖頭器と「神子柴型石斧」（1 福井Ⅳ層　2〜7 茶園Ⅳ層　8・9 多久茶園原　10 帖地　11・12 山王　13 柿原　14 辰之元　15 門田　16 山の前　17・18 茶園Ⅳ層　19 市ノ久保）

木田遺跡、元岡遺跡群第3次調査等、類例をみる限り早期前半に盛行する（辻田2003他）。さらに「圭頭形」に見られる斜状平行剥離に近い調整技術は、早期前半の小型槍先形尖頭器との技術的連続性が認められる。多久市山王遺跡では、同じ調整技術をもつ小型槍先形尖頭器と小型「圭頭形」尖頭器が出土している。このような状況から、多久産槍先形尖頭器の時間的下限は早期前半頃に求められる。

その上限については、明確な事例がない。現状で確かなことは、西北九州の槍先形尖頭器は、福井洞穴Ⅳ層と茶園遺跡Ⅳ層の間に隆起線文土器段階の「不在」を挟んで早期前半まで継続することである。その流れが分断されるとは考え難く、むしろ細石刃生産に特化する隆起線文土器段階での「不在」期が、尖頭器の大量生産の開始期と重なる可能性がある。福井洞穴Ⅳ層における細石刃と槍先形尖頭器の共存は、その起点ともみられる。現段階では、多久地域での大型槍先形尖頭器製作の開始期は、隆起線文〜爪形文土器段階を時間的上限と考えておきたい（杉原2004a）。

(3) 石斧の地域性

　細石刃石器群に共伴する石斧は、初期段階より認められ、各地域における形態や出現時期は異なる。形態上、いわゆる「神子柴型」石斧に類する資料としてみれば、西北九州、東九州に事例が多い（横田1981、杉原2004b）（第6図下）。

　西北九州では、茶園遺跡Ⅳ層で楔形細石刃核と共伴している。背面が高い両刃の丸鑿状で、刃部が内湾する技術的特徴がある。門田遺跡例も同様の技術的特徴があり、玄武岩石材を使用する点でも共通する。この他、多久地域の山王遺跡等にも事例がある。このような石斧は、楔形細石刃核と同じく、五島列島・北松浦半島から福岡平野を中心に分布している。いずれも爪形文土器段階以降に位置づけられる。

　東九州では、市ノ久保遺跡で船野型細石刃核と共伴しており、草創期初頭に位置づけられている（綿貫1992・1999）。この市ノ久保遺跡例は、表裏に素材面を残す平面台形状で、刃部を直線的に仕上げる。さらに、福岡県金居塚遺跡に見られるような平坦剥離に近く偏平に仕上げるものがある。金居塚遺跡例については、西瀬戸内地域の事例と形態的に類似するが（多田2000）、近畿以東との関係でみた場合、形態的差異が大きく、時間的にも下る可能性がある。また、神子柴遺跡本来の石斧をみた場合、側縁から背面への剥離によって背高となる加工形態や刃部からの縦方向剥離等の技術的特徴がある。とくに刃部から側縁部が平面台形状となる形を強く意識していることがわかる。現時点で、東九州に直接系譜が追える資料はない。

　このような九州地方北〜東部の状況に対し、南九州では様相が異なる。西丸尾遺跡では、初期細石刃石器群・野岳型段階に礫形態を利用し端部を研磨した石斧が見られる。さらに次段階となる加栗山遺跡30ユニットでは、側縁方向から成形し表裏面を研磨する例が、榎崎B遺跡では敲打整形をおこなう例などがある。これらは、後出する丸ノミ形石斧の成立を考えるうえで重要である。他に細石刃石器群、槍先形尖頭器とともに出土した帖地遺跡Ⅻ層例は刃縁部からの縦方向剥離をおこない、背面を研磨している。「神子柴型」の技術的要素を満たしているが、やはり形態として同列に扱うことはできないであろう。

4　狩猟具の転換

(1) 細石刃の終焉と石鏃の出現

　九州地方では、細石刃石器群の終焉については不明な点が多い。西北九州では、泉福寺洞穴5層・押引文土器文化層で認められた細石刃石器群が4層・条痕文土器文化層には存在せず、石鏃石器群が主体となる。この間に植刃槍（細石刃）から石鏃への狩猟具の交換が果たされたと理解される。一方、南九州では、加栗山遺跡や横井竹ノ山遺跡の事例から、細石刃石器群に僅かに石鏃が共伴する状況がある。そして、隆帯文土器段階の掃除山遺跡や栫ノ原遺跡では、すでに細石刃は消滅し、石鏃石器群が主体となる。これらの石器群は、薩摩火山灰（P-14、約11500年前）直下に位置

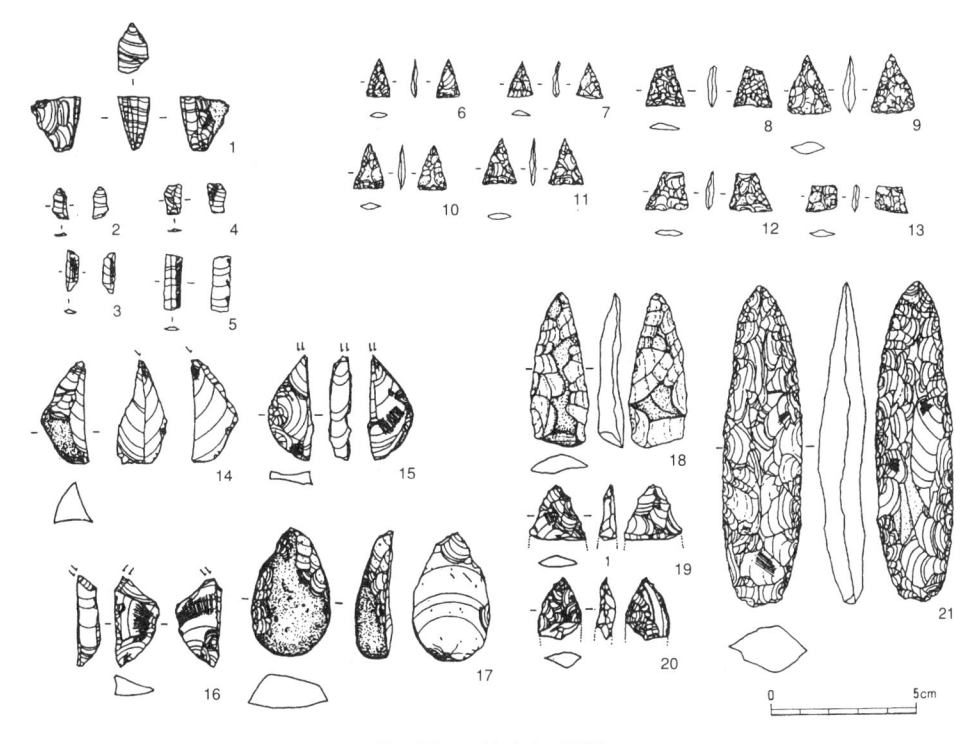

第 10 章　列島西端における縄文文化成立期の様相　191

第7図　田崎遺跡石器群

づけられることから、南九州では、薩摩火山灰層下で細石刃石器群から石鏃石器群へ転換していることがわかる。

　西北九州の小ヶ倉A遺跡では、Ⅳa層・押引文土器文化層における土壌の14C炭素年代測定から 12390 ± 50BP（Beta-179001）（暦年代：交点 cal BC12380）の数値が、大原D遺跡群14区では、SC003下位の楔形細石刃核と石鏃が出土した包含層最下で、11270 ± 60BP（暦年代：交点 cal BC11220）（Beta-150255）、11190 ± 40BP（Beta-151737）の数値がある。このような状況から、西北九州では、細石刃石器群の終焉を 12000～11000BP の間に考えることができる。

　出現期石鏃の事例は、茶園遺跡、田崎遺跡等にある。茶園遺跡Ⅳ層出土の完形品は、正三角形の僅かな凹基で両基端が鋭く尖る。また田崎遺跡では、径2.5mのブロック内より、細石刃核1点、細石刃13点、石鏃25点が出土している（田川編1981）（第7図上）。石鏃は遺跡内で製作されており、二等辺三角形の平基や側縁が丸みをもちながら基端が鋭く尖るものがある。

　石鏃の形態については、茶園遺跡や加栗山遺跡に見られるような両基端が尖る正三角形の平基で長さが2cm前後に収まる点は、西北九州、南九州で共通している。また、田崎遺跡の二等辺三角形の平基や凹基となるものは、長さ1.5cm前後、幅1.0cm前後のものが多く、形態的に条痕文土器段階の石鏃との関連もうかがえる。また、田崎例では調整剥離面が大きい特徴があるが、これは尖頭器の調整技術との関連も視野に入れる必要がある。

　西北九州では、茶園遺跡Ⅳ層石器群中の石鏃が現時点でもっとも古く、細石刃石器群、槍先形

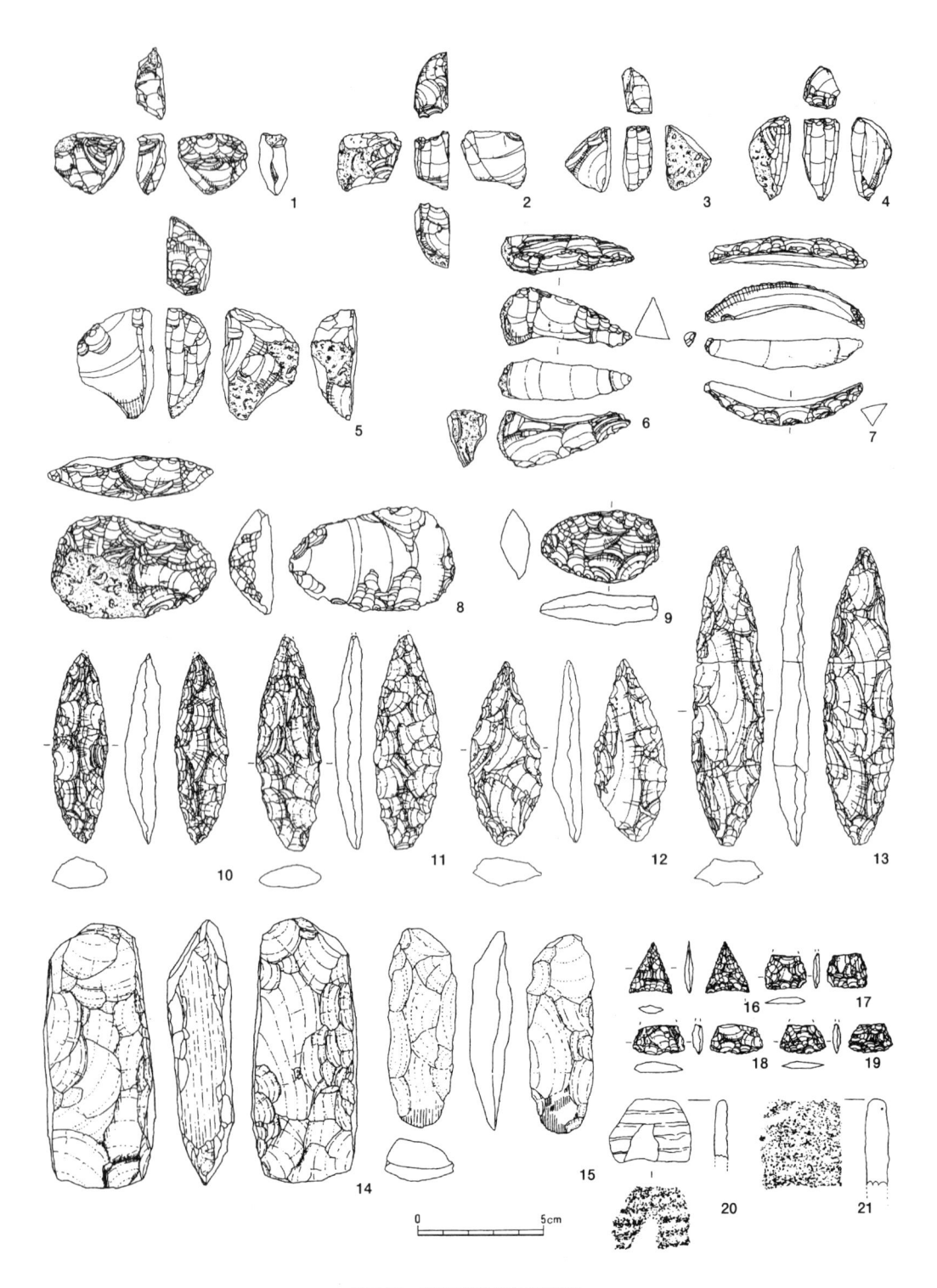

第8図 茶園遺跡Ⅳ層石器群

第10章　列島西端における縄文文化成立期の様相　193

尖頭器群、石斧等と共伴する(第8図)。狩猟具としてみた場合、細石刃783点、槍先形尖頭器18点、石鏃4点で石鏃の比率は1%未満となる。さらに南九州の加栗山遺跡XI層でも、検出された38ブロックのうち4ブロックで細石刃石器群に共伴する石鏃がある。ほとんどが1点の単独出土であり、29ユニットのみ2点出土している。硬質頁岩、チャート、黒耀石製等を使用するが、遺跡内で製作された痕跡はなく、完成品で持ち込まれている。

　以上のように、出現期石鏃の遺跡内での在り方は、細石刃石器群に僅かに認められる形が一般的である。そして、長崎県田崎遺跡のように、1点の細石刃核と数点の細石刃、槍先形尖頭器に対して石鏃が20点以上出土する状況がある。これらの事例をみる限り、細石刃から石鏃への転換は、九州地方のすべての遺跡で短期間に完全に入れ替わるのではなく、ある時間幅の中で漸移的に推移すると考えられる。その理由として、狩猟活動の季節的サイクルや対象獣等による道具の選択も考えられ、その間に細石刃石器群と石鏃石器群の並存は十分想定される。

(2) 石鏃石器群の展開

　細石刃消滅後の西北九州では、層位的事例から、泉福寺洞穴4層・条痕文土器文化層、岩下洞穴IX層等の石鏃石器群が比較的古い資料として理解されてきた。このうち泉福寺洞穴4層の石鏃は、長胴に近い二等辺三角形となり、平基や僅かな凹基となる（第9図）。また、厚手で幅広の剥片を素材とするエンドスクレイパーや磨石・敲石等が組成する。条痕文土器は、内外面貝殻条痕

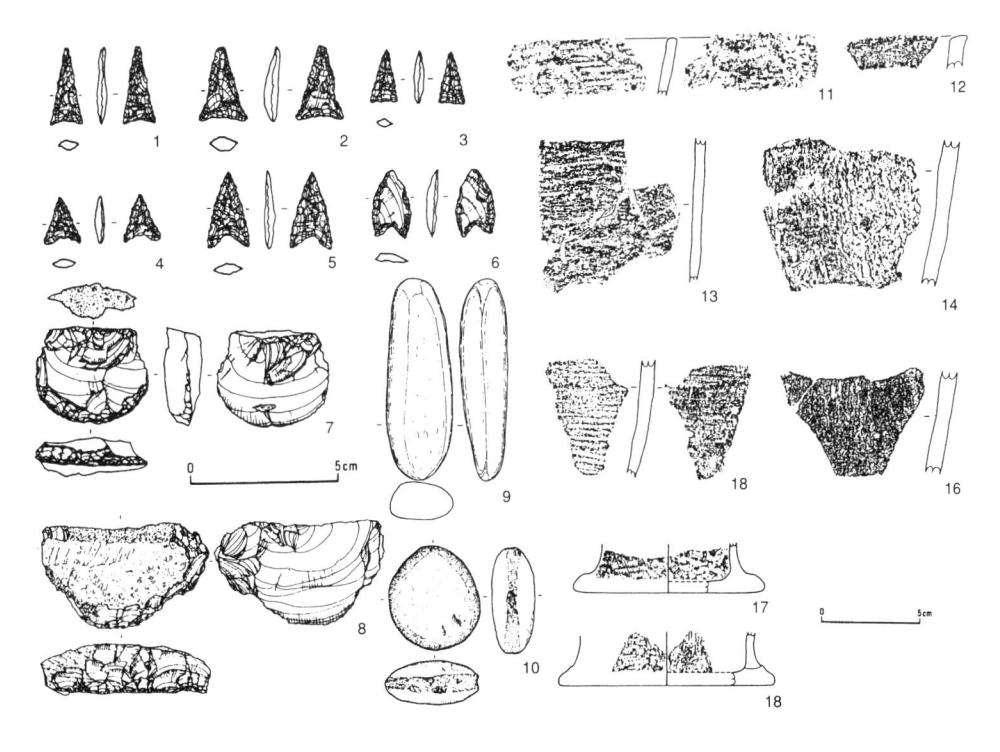

第9図　泉福寺洞穴4層石器群と土器

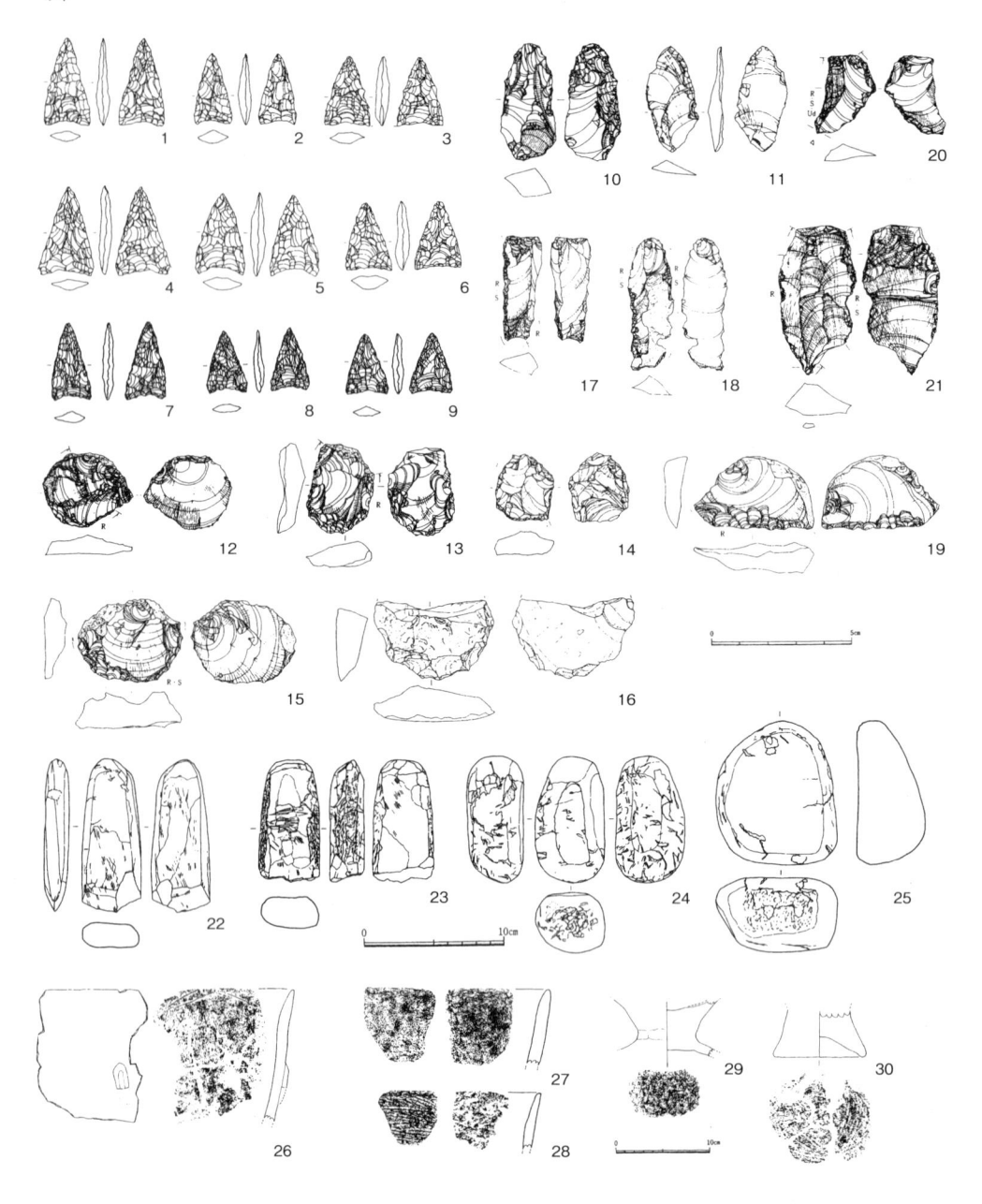

第10図　大原 D 遺跡群 14 区 III 層石器群と土器

文であり、不明瞭な施文が多い。また底部が外側に張り出す特徴的な器形もある。

　福岡平野西の早良平野や糸島半島周辺では、この時期の石鏃石器群が検出されている。大原 D 遺跡群 14 区では、I 層が撚糸文、II・III 層が無文・条痕文土器群であり、石鏃、スクレイパー、磨石が出土している（池田編 2003）（第10図）。石鏃の出土点数は 600 点を超える。黒耀石製が全体の 87％を占め、平基の二等辺三角形や凹基で僅かに両基端が尖るものが中心となる。

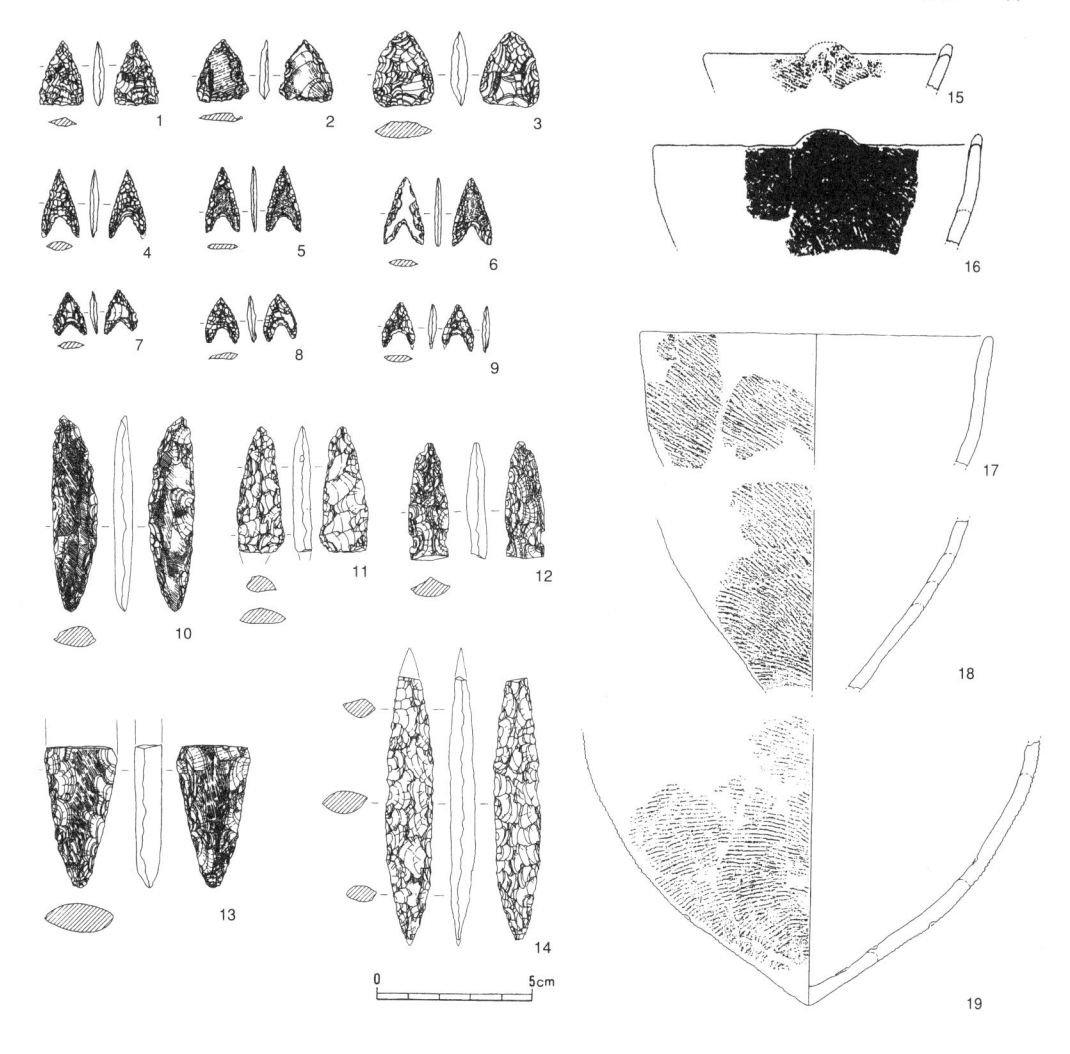

第11図　松木田遺跡石器群と土器

　さらに松木田遺跡では、撚糸文土器単純層から石鏃、槍先形尖頭器、スクレイパー等が出土している（米倉編2001）（第11図）。石鏃は、137点出土しており、二等辺三角形の平基、基端が尖る長脚鏃、逆ハート形などがあり、割合として長脚鏃が多く59％となる。また、各型式を超えて表裏に研磨が見られる。研磨技術は、サヌカイト製槍先形尖頭器にも見られる（辻田・竹中2003）。この他、元岡遺跡群第3次調査では、集石、炉穴（連結土坑）等と共に、撚糸文、刺突文、条痕文土器、石鏃、槍先形尖頭器、磨石、石皿等が出土している（菅波編2004）。石鏃は324点出土しており、細身の二等辺三角形となる平基、長脚で基端が尖り研磨が認められるものもある。

　これら石鏃石器群のうち、大原D遺跡群14区Ⅲ層の無文・条痕文土器段階資料は、比較的まとまりをもつ一群である。石鏃形態は、大型の二等辺三角形を基本とし、直線的な側縁で平基となるもの、側縁に丸みをもちながら僅かな凹基となって両基端が尖るものが中心となる。終末

期細石刃石器群段階からの型式的連続性が認められ、黒耀石石材への依存度も高い。そして、撚糸文土器段階で、松木田遺跡や元岡遺跡群第3次調査例のような長脚鏃が出現し、器面への研磨が見られるようになる。よって、石鏃出現後の技術型式的な大きな画期は、松木田遺跡にみられるような長脚鏃の出現と研磨技術の盛行にある。さらに石器組成からみた場合、大原D遺跡群、泉福寺洞穴4層、岩下洞穴Ⅸ層等、無文・条痕文土器段階には幅広剥片素材のスクレイパー、磨石・敲石等と数点の槍先形尖頭器があり、この時期の大きな特徴と言える。

5 遺跡構造の変動

(1) 初期細石刃石器群

初期細石刃文化の茶園遺跡Ⅴ層では、1900点を超える遺物が出土しており、配石炉や土坑をもつ径5～6mのブロックがふたつ認められる。このうち配石炉をもつブロックでは、細石刃核18点の他に、ブランク、作業面・打面再生剥片等が認められ、細石刃生産がおこなわれている。石器群には主要器種が揃っており、配石炉と併せて拠点的な生活空間が想定される（川道編 1998）。

さらに河原第3遺跡第6文化層では、出土総点数は2400点を超える。細石刃核23点、細石刃1360点の他、僅かな加工具類で細石刃生産を中心としている。3つのブロックのうち、ほぼ全容のわかる石器集中1は東西6m、南北10mの規模をもち、ブロック内や周縁部に礫群がある（第12図）。腰岳産黒耀石による多量の細石刃生産と高い使用頻度に対し、桑ノ木津留産黒耀石の低使用というコントラストがある。西北九州産石材を獲得した集団による阿蘇山麓でのシカ猟による狩猟特化型の遺跡とされ、南九州産石材獲得を含めた、シカの南下にあわせての長距離移動モデルが想定されている（芝 2007b）。

これに対して、上場台地の菅牟田黒龍遺跡では、細石刃核1点、スクレイパー1点、細石刃70点が、径4～5mの2ブロックに点在している。このような、1・2点の細石刃核と少量の細石刃生産をおこない、径数mのブロックを1～2カ所程度形成する小規模な遺跡は、福岡平野、上場台地周辺に点在している。立地や規模をみる限り、ナイフ形石器群との差異を見出し難い。また、この時期の限られた生活遺構である配石炉については、ナイフ形石器文化以来の系譜の中で理解される（小畑 2000）。

このようにみると、西北九州の初期細石刃文化期の遺跡形成には、大量生産と消費がおこなわれた拠点的な遺跡と小規模な消費遺跡のふたつがあることがわかる。とくに、ナイフ形石器文化期に西北九州産黒耀石が原石・石核段階で搬入されなかった地域における細石刃の大量生産と消費がおこなわれている点に特徴がある。この遺跡形成の差異は、ナイフ形石器文化期以来の石材消費を前提とした行動類型のうえに、細石刃という新たな石器技術の導入が引き起した広域狩猟活動の結果と考えられる。

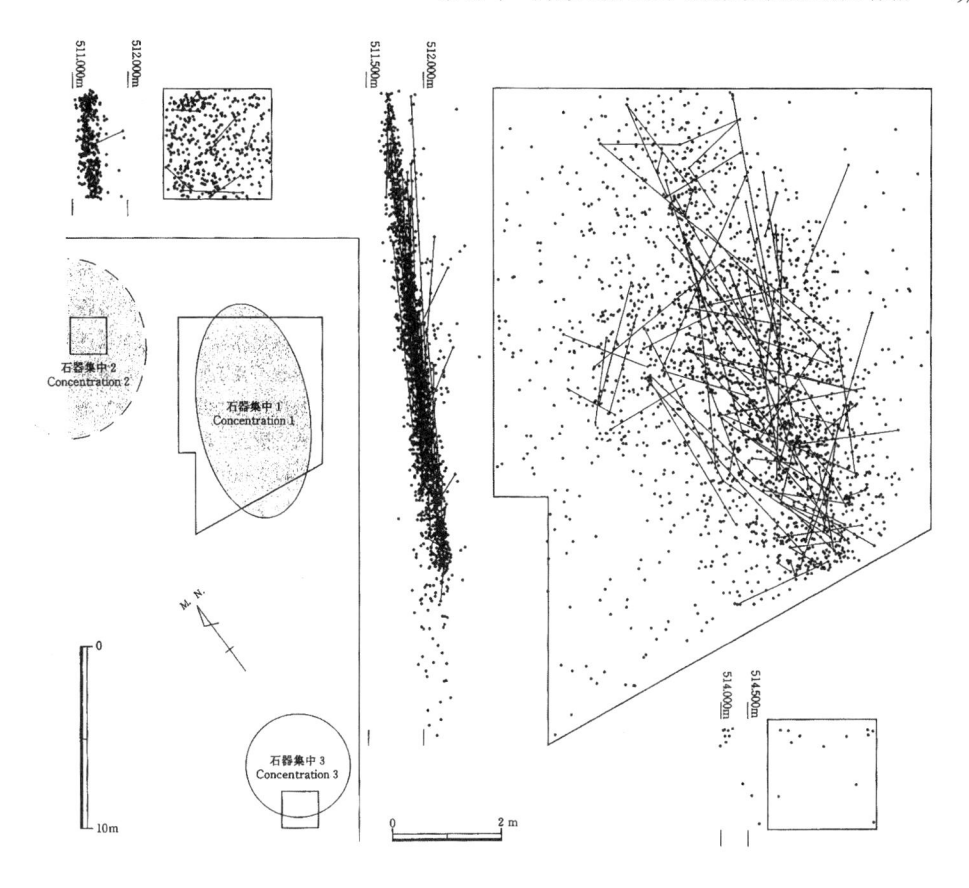

第 10 章　列島西端における縄文文化成立期の様相　197

第12図　河原第3遺跡6文化層石器群分布

(2) 土器出現期の細石刃石器群

　西北九州では、土器出現期に洞穴利用が本格化する。泉福寺洞穴は、100㎡未満程度の規模だが、長期に亘る洞穴利用と多量の石器製作の痕跡が残されている（第13図）。土器不在の第11層では、遺物総点数738点のうち、細石刃51点、楔形細石刃核15点となる。第2・3洞を中心に雨だれライン外に径1m程度の3つのブロックを形成し、開地遺跡との共通性が指摘されている（萩原2002）。しかし、10層になると第2・3洞を中心として雨だれラインの内外で遺物が出土し、総点数15812点のうち、細石刃3098点、細石刃核307点と、11層に比べ急激に増加する。このような傾向は9～7層・隆起線文土器文化層でも見られる。細石刃剥離のあらゆる工程が認められ、複数の細石刃核を使用して細石刃生産を継続的におこなったと考えられている（田中1992）。また10層以降、焼土等が見られるが、9層では配石炉等の生活遺構をはじめ、焼土、炭化物も認められる。

　隆起線文土器段階の開地遺跡の状況は不明だが、この時期前後に比定される市ノ久保遺跡では、細石刃約1000点、細石刃核約120点、石斧3点等、多量の遺物が出土している（栗田1988）。さらに爪形文土器段階の茶園遺跡Ⅳ層では、細石刃や細石刃核、槍先形尖頭器、石斧等、2600点

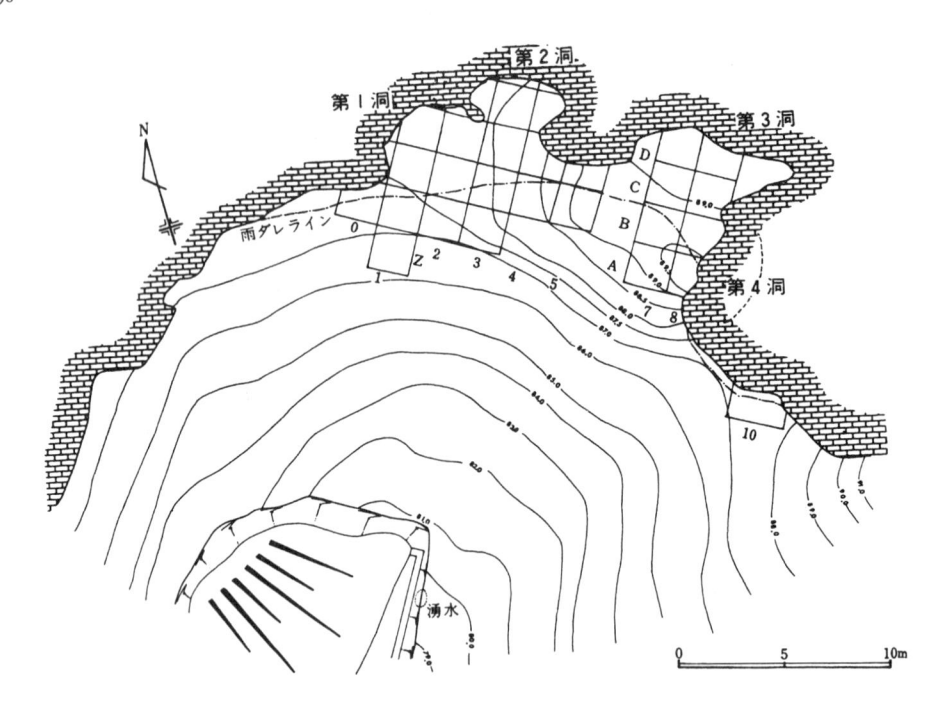

第13図　泉福寺洞穴と調査区

を超える遺物が出土している。ブロックが3つ確認されており、径8×6mの楕円状に広がっている。また門田遺跡でも、径9m程度の楕円状のブロックに細石刃192点、半船底形の細石刃核5点、削片、打面再生剥片等が出土している。二次堆積資料の細石刃133点、細石刃核114点等を併せて考えれば、本来は大規模な遺跡であった可能性が高い。

　遺跡規模の大小に関わらず、楔形細石刃核主体の遺跡では、石ヶ元下道遺跡等に見られるように、細石刃81点、細石刃核9点と、野岳型に比べて細石刃核の保有量が増える。また、黒曜石原産地から距離をおいた遺跡では、筑紫平野の金山遺跡のように在地産石材を多用する細石刃石器群がある（小畑・杉原1996）。初期細石刃文化に比べて、明らかに石材の獲得・消費行動に変化が生じている。

　以上のように、土器出現期以降の細石刃石器群をみた場合、洞穴遺跡では、細石刃核保有量を含めた細石刃生産が増加している。とくに細石刃剥離工程の多様性や炉跡や焼土、石組遺構等から、限られた空間ではあるが、断続、継続的に利用されたことがわかる。これは開地遺跡における、石器分布に見られる遺跡規模の拡大とも対応しており、居住地の長期的利用と関係があると考えられる（吉留2003）。そして、初期細石刃石器群と比較した場合、遺跡規模に限らず、細石刃核保有量の増加や在地産石材の多用が指摘でき、ある程度の長期的滞在を前提とした石材消費の結果と理解される。

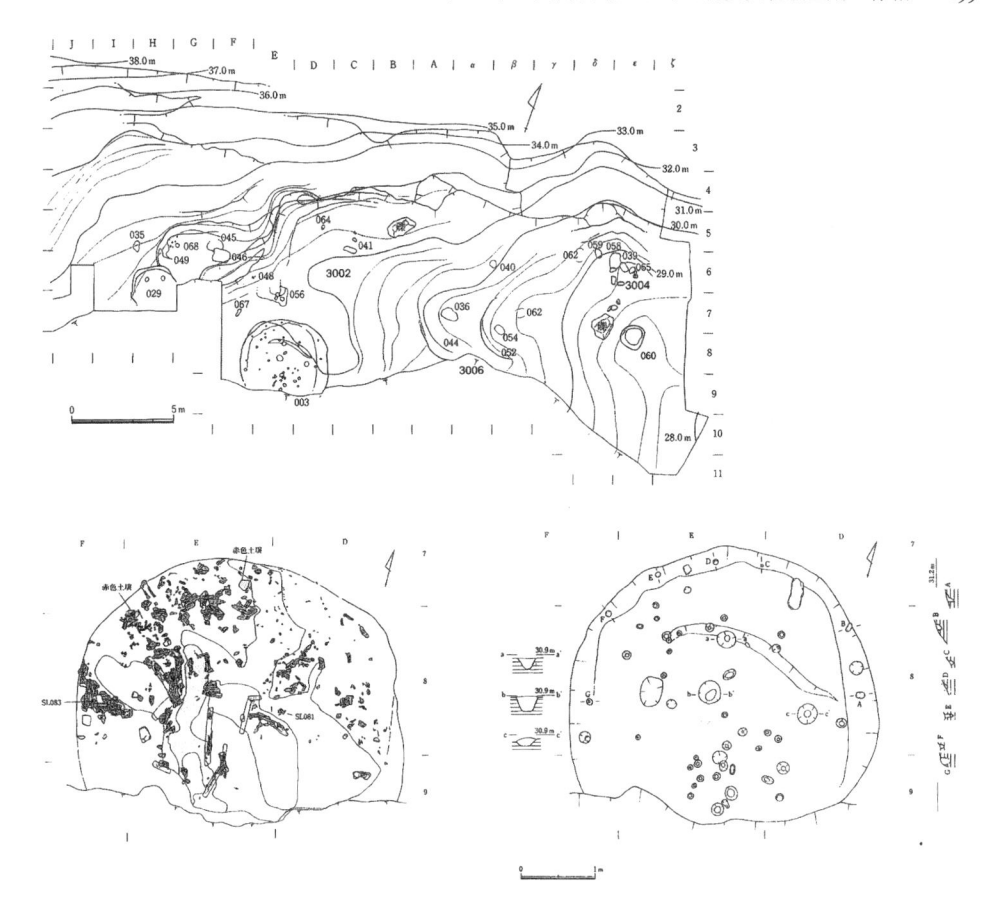

第 10 章　列島西端における縄文文化成立期の様相　199

第14図　大原D遺跡群14区と焼失住居SC003

(3) 石鏃石器群

　石鏃石器群が主体の泉福寺洞穴4層・条痕文土器文化層では、下層の細石刃文化層で確認されていた配石炉から、多少大きい礫を使用した集石が生活遺構の主体となる。この他にも、土坑、焼土や炭化物を含む炉址等が見られる。このような遺構の内容は3層・押型文土器文化層でも変わらない。さらに、岩下洞穴IX層では、洞穴内の中央の炉跡周辺にはスクレイパーが、東側には石鏃が出土している。細石刃石器群段階よりも、洞穴内の空間利用が明確に意識されている（川道2002）。

　条痕文土器段階前後の開地遺跡として、福岡県柏原F遺跡や大原D遺跡群14区がある。柏原F遺跡は、標高65〜80mの段丘上に立地するが、遺構は浸蝕によって抉られた崖下の窪地に形成されており、洞穴、岩陰遺跡との共通性が指摘されている（山崎編1987）。

　大原D遺跡群14区も、浸蝕崖下の標高30〜35m前後の段丘面に立地しており、II・III層（無文・条痕文）から竪穴住居、土坑、集石等が確認されている。II層では、一辺3mを超える方形の竪穴住居や径2.9mの円形住居などが検出されているが、SC014住居は、3.2×3.6mの方形で、

住居内には 5 〜 20cm 大の礫があり、炭化物が広がっている。さらにⅢ層では、4.3 m 程度の円形となる竪穴住居 SC003 が確認されている（第 14 図）。壁際にピットが巡り、床面上から炭化物や焼土が出土しており焼失家屋と考えられる。住居内からは、石鏃 49 点をはじめ、スクレイパー、磨石、石核等 1200 点の遺物が出土しているが、他に石鏃の集積が 3 カ所ある。14C 炭素年代測定から 10880 ± 110BP（Gak-20568）の数値が得られている。

柏原 F 遺跡、大原 D 遺跡群 14 区など、浸蝕崖の直下に形成される遺構群については、吉留秀敏によって「崖下遺跡」と仮称されている（吉留 2003）。土器出現期以降の細石刃石器群後半段階に西北九州で増加する洞穴・岩陰遺跡との関わりの中で理解され、そのような居住形態の延長に位置づけている。理由として、寒冷や雨水対策のための安定した覆屋の確保をあげている。

以上のように、柏原 F 遺跡や大原 D 遺跡群など、無文、条痕文土器段階における明確な開地遺跡の増加は、岩下洞穴Ⅸ層のように洞穴内の空間利用の変化とも対応している。そして、この頃より、竪穴住居、集石、炉等の縄文的な生活遺構が普遍的に見られるようになる。本格的な定住化の始まりの時期とも理解できる。この時期を草創期終末に位置づけるかは、土器群の詳細な検討を含めて議論の余地がある。ただし、細石刃から石鏃へ狩猟具の交換が完全に果された時期にあたる。狩猟具と遺構の転換期の相関が認められ、草創期後半以降では、大きな画期となることは確かである。

おわりに ―縄文文化成立への諸変動―

九州地方における細石刃石器群の出現は、約 15000 年前、最終氷期最寒冷期から次第に温暖化へ向かう頃にあたる。最寒冷期頃の西北九州は、大陸棚が陸地化して対馬、五島列島が九州と陸続きとなる広大な平原が存在していた。海面低下は、80 〜 100 m 前後と考えられており、現在の中国大陸東の大陸棚も陸化して、九州地方と朝鮮半島とは海峡を挟んだ十数 km の距離となった。堤西牟田遺跡の分析から、長崎地域では、マツ属・ツガ属・クルミ属・ハンノキ属・ブナ属など冷温帯落葉広葉樹林が広がっていたことがわかっている。細石刃石器群出現の頃は、このような環境と大差ないと考えられ、石器群の渡来経路として中国大陸東の広大な平原を介した、南下ルートが想定される。

この 15000 年以降の晩氷期に幾度かの寒冷期と温暖期を繰り返しながら、完新世へ移行する。とくに 13000 年から 11000 年前の七号海進とよばれるイベントにより、海面は上昇し、大陸棚が海面下へ沈んだ（福沢 1999）。この海進によって、西北九州の各地で島嶼化が進むが、平戸島の南東付近は − 70 m でもっとも深く、12000 年前頃には海峡化したと考えられている（川道 2005）。この海面上昇によって、西北九州の集団の行動領域にも大きな変化が生じたことも確かであろう。

泉福寺洞穴 6 層は、下層の寒冷期に対してシルト質で温暖期にあたると考えられている（川道前掲）。この爪形文土器段階には、楔形細石刃核の型式変化が見られ、同様の細石刃核が鹿児島県栃堀遺跡、大分県政所馬渡遺跡等にも広がっている。さらに福岡県門田遺跡、熊本県河陽 F 遺跡、

高畑乙原遺跡等、爪形文土器が九州北部を中心に認められる。また、槍先形尖頭器や石斧が石器群に組成する。気候変動との相関は課題だが、この爪形文土器の出現期は、草創期の文化動態を考えるうえで大きな画期である。

晩氷期の環境変動の中で、グリーンランド氷床コア等の酸素同位体比変動に見られる後氷期直前のヤンガー・ドリアス期と重なる時期、列島内でも同様のイベントが見受けられる地域がある。鳥取県東郷池年縞堆積物の暦年代では約13200～11500年前とされる（福沢1998）。無批判に適用することは避けたいが、先の小ヶ倉A遺跡、大原D遺跡群14区の数値を考慮すれば、押引文土器段階から条痕文土器までの間が、この時期に該当する可能性がある。ただし、この間の土器型式については、いまだ不明な点が多く議論の余地を残している。南九州では、石鏃石器群が主体となる隆帯文土器期の掃除山遺跡等をこの時期に該当させる考えもある（宮田1999）。

西北九州の比較的古い石鏃石器群として、大原D遺跡群14区Ⅲ層、泉福寺洞穴4層等がある。石鏃は二等辺三角形を基本とし、前段階からの技術形態の延長にある。また、特徴的なラウンドスクレイパーをはじめ、磨石・敲石等が組成する。器種や組成をみる限り、南九州の掃除山遺跡と大きな差異はない。比較的近接した時期の所産と考えられる。このような状況から、薩摩火山灰の年代観が課題となるが、九州島南北の縄文文化は、地域的特質が認められるものの、石器技術や文化動態としてとらえる限り、大きな時間差がなく成立した可能性が高いと言える。

引用・参考文献

麻生　優編 1984『泉福寺洞穴の発掘記録』築地書館

池田祐司編 2003『大原D遺跡群4』福岡市埋蔵文化財調査報告書第741集　福岡市教育委員会

池水寛治 1967「鹿児島県出水市上場遺跡」『考古学集刊』第3巻第4号　1-21頁　東京考古学会

稲田孝司 2000「神子柴石器群と縄文時代のはじまり」『九州の細石器文化Ⅲ』43-52頁　九州旧石器文化研究会

織笠　昭 1991「西海技法の研究」『東海大学紀要文学部』54　63-91頁　東海大学文学部

岡本東三 1979「神子柴・長者久保文化について」『研究論集Ⅴ』奈良国立文化財研究所学報第35冊　1-57頁

岡本東三 1999「神子柴文化をめぐる40年の軌跡―移行期をめぐるカオス―」『先史考古学研究』第7号　1-22頁　阿佐ヶ谷先史学研究会

岡本東三 2002「九州島の細石器文化と神子柴文化」『泉福寺洞穴研究編』155-170頁　泉福寺洞穴研究編刊行会

小畑弘己 1987「西南日本の楔形石核とその系譜について」『東アジアの考古と歴史』中　1-29頁　同朋舎

小畑弘己・杉原敏之 1996「金山遺跡の細石刃石器群について」『九州考古学』第71号　77-89頁　九州考古学会

小畑弘己 2000「細石刃文化期の遺構と空間利用―九州の事例から―」『旧石器から縄文へ』22-31頁　日本考古学協会2000年度鹿児島大会資料集　第2集

加藤真二 2000『中国北部の旧石器文化』同成社

鎌木義昌・芹沢長介 1965「長崎県福井岩陰」『考古学集刊』第3巻第1号　1-14頁　東京考古学会

川道　寛編 1998『茶園遺跡』岐宿町文化財調査報告書第 3 集　長崎県岐宿町教育委員会

川道　寛 2002「佐世保の縄文時代」『佐世保市史』通史編　上巻　58-81 頁　佐世保市

川道　寛 2005「日本列島最西端の細石器文化」『地域と文化の考古学 I』明治大学文学部考古学研究室編　125-142 頁　六一書房

木下　修 1976「門田遺跡」『日本の旧石器文化』3　130-147 頁　雄山閣

木下　修 1979「Ⅲ　先土器・縄文草創期の遺物」『山陽新幹線関係埋蔵文化財調査報告』第 11 集　福岡県教育委員会

栗島義明 1991「本ノ木論争―その学史的背景と今日的意義―」『日本考古学協会第 57 回総会研究発表要旨』16-20 頁　日本考古学協会

栗島義明 2000「神子柴文化の拡散と展開―九州地域に於ける草創期初頭の諸問題―」『九州の細石器文化Ⅲ』33-42 頁　九州旧石器文化研究会

栗田勝弘 1988「市ノ久保遺跡」『大分県犬飼地区発掘調査概報』Ⅰ　犬飼町教育委員会

芝康次郎 2007a「九州細石刃石器群の編年的再検討」『古文化談叢』56　1-23 頁　九州古文化研究会

芝康次郎 2007b「非削片系細石刃石器群における行動論的考察―河原第 3 遺跡の分析から―」『阿蘇における旧石器文化の研究』255-277 頁　熊本大学考古学研究室

芝康次郎・小畑弘己編 2007『阿蘇における旧石器文化の研究』熊本大学文学部考古学研究室研究報告　第 2 集　熊本大学考古学研究室

下川達彌・立平　進 1983『城ヶ岳平子遺跡―第 1 次調査概報―』長崎県立美術博物館

下川達彌・萩原博文 1997「細石刃石器群の出現・展開と泉福寺洞穴」『人間・遺跡・遺物―麻生先生退官記念論集―』63-89 頁　発掘者談話会

菅波正人編 2004『元岡・桑原遺跡群 3』福岡市埋蔵文化財調査報告書第 829 集　福岡市教育委員会

杉原敏之 2000「九州における「神子柴文化」」『九州の細石器文化Ⅲ』19-26 頁　九州旧石器文化研究会

杉原敏之 2003a「九州島の様相―石器群と土器出現期―」『季刊考古学』83 号　46-50 頁　雄山閣

杉原敏之 2003b「九州北部地域の細石刃文化」『日本の細石刃文化 I』321-367 頁　八ヶ岳旧石器研究グループ

杉原敏之 2004a「多久産尖頭器の編年的再検討」『Stone Sources』No4　37-40 頁　石器原産地研究会

杉原敏之 2004b「九州の様相―縄文時代草創期における狩猟具の動向と地域性―」『中・四国地方旧石器文化の地域性と集団関係』中・四国旧石器文化談話会 20 周年記念シンポジウム論集　213-224 頁　中・四国旧石器文化談話会

杉原敏之 2007「九州縄文文化成立期の諸相」『考古学』Ⅴ　73-90 頁

田川　肇編 1981「田崎遺跡」『長崎県埋蔵文化財調査集報Ⅳ』長崎県文化財調査報告書第 55 集　長崎県教育委員会

多田　仁 2000「四国地方中・西部における旧石器時代終末から縄文時代草創期の石斧」『紀要愛媛』創刊号　1-30 頁　（財）愛媛県埋蔵文化財センター

橘昌　信 1979「九州地方の細石器文化」『駿台史学』第 49 号　133-151 頁　駿台史学会

田中英司 1992「もうひとつの製作工程―泉福寺洞穴の細石器―」『人間・遺跡・遺物』2　59 − 73 頁　発掘者談話会

田平祐一郎・野平祐樹編 2004『園田遺跡・大園遺跡』中種子町文化財発掘調査報告書（8）　中種子町教育委員会

辻田直人 2003「長崎県における槍先形尖頭器の出現と消滅」『九州旧石器』第7号 17-26頁 九州旧石器文化研究会

辻田直人・竹中哲朗 2003「長崎県国見町における縄文時代草創期遺跡の調査―小ヶ倉A遺跡の遺跡範囲確認調査から―」『西海考古』第5号 63-96頁 西海考古同人会

萩原博文 2001「縄文草創期の細石刃石器群」『日本考古学』第12号 1-19頁 日本考古学協会

萩原博文 2002「土器出現期における生活面の区分と出土遺物の特徴」『泉福寺洞穴研究編』73-89頁 泉福寺洞穴研究編刊行会

福沢仁之 1998「氷河期以降の気候の年々変動を読む」『科学』Vol.68 No.4 353-360頁 岩波書店

福沢仁之 1999「第2部地球科学篇 第1章 地形環境―過去2万年前の気候変動との関連で―」『考古学と自然科学④ 考古学と年代測定学・地球科学』164-179頁 同成社

松本 茂 2003a「東南部九州地域の細石刃石器群」『日本の細石刃文化Ⅰ』368-414頁 八ヶ岳旧石器研究グループ

松本 茂 2003b「宮崎県における槍先形尖頭器の出現と消滅」『九州旧石器』第7号 55-67頁 九州旧石器文化研究会

宮田栄二 1996「南九州における細石刃文化終末期の様相」『考古学の諸相』961-978頁 坂詰秀一先生還暦記念会

宮田栄二 1999「南九州縄文草創期の生業構造―石器組成及び遺構からの視点―」『鹿児島考古』151-172頁 鹿児島県考古学会

宮田栄二 2002「上場遺跡の縄文時代草創期の問題点」『シンポジウム上場遺跡2002』発表要旨 12-16頁

山崎純男編 1987『柏原遺跡群Ⅳ』福岡市文化財調査報告書第158集 福岡市教育委員会

横田義章 1981「いわゆる「神子柴型石斧」の資料」『研究論集』7 51-58頁 九州歴史資料館

吉留秀敏 2003「遺跡分布から分かること―九州の事例から―」『旧石器人の活動を探る』401-411頁 大阪市学芸委員等共同研究「朝鮮半島学術調査団」旧石器シンポジュウム実行委員会

米倉秀己編 2001『松木田遺跡群2』福岡市埋蔵文化財調査報告書第686集 福岡市教育委員会

綿貫俊一 1992「長者久保・神子柴文化並行段階の九州」『古文化談叢』27 1-33頁 九州古文化研究会

綿貫俊一 1999「細石刃が欠落した九州の長者久保・神子柴文化並行期の提唱」『おおいた考古』12 1-20頁 大分県考古学会

おわりに

　更新世から完新世に至る環境変動は、グローバルスケールの変化であり、世界中の人類文化社会の一大構造変動を惹起した。伝統的な文化史考古学では、この変化は遊動型狩猟採集民社会である旧石器文化から、農耕・土器・定住等を指標とする新石器文化へと向かう人類史上の発展段階的変化として一律に理解されてきたが、近代考古学揺籃の地であるヨーロッパとその民族文明の起源地と目された中東を離れた地域での考古学的調査が進展し理解が進むと、この図式の維持は次第に難しくなった。それでも当初は、この発展段階論の図式に現実の多様性をすり合わせる努力が続けられたが、今日では図式そのものの維持はもはや困難となった。

　確かに、気候環境に代表される更新世／完新世移行期変動は世界規模で共通しているように見えるが、人類が適応の対象とした自然資源の構造は、気候だけではなく、山地・丘陵・平野・河川・降水量・海流等の地理的・地形的なマクロレベルに始まり、植生・土壌・堆積・岩石・鉱物といったミクロな環境によって規定されているため、一様ではない。さらに資源構造の中心となる肝心の動植物相自体も、人間集団同様上記の多様な地域生態系に条件付けられた地域の歴史的・進化的プロセスによって形成されている。したがって、寒冷な氷期から温暖な完新世への移行という大枠の環境条件は共有するものの、その表現型は、各地で実に多様であった。

　とくに、四季の季節的変化が出現した温帯地域では、おおむね遊動社会から定住社会への移行を示すが、季節変化に乏しいその南北では画期は不明瞭なものとなった。氷原や森林ツンドラ等の厳しい生態系が支配するシベリア等の北方域では、気候変動の影響はより深刻で、定着的な居住形態の継続的な採用自体がより困難である。また東南アジアのような熱帯の森林地帯では、更新世から完新世への環境変化が不明瞭か漸進的なため、ホアビニアンに代表されるように、物質文化に反映された生活技術の変化に乏しい。温帯においても、砂漠等の乾燥地域およびその周辺地帯では、北方域同様環境変動の効果は大きく、牧畜が本格化する時期以前の居住や活動の痕跡に乏しいことが多い。さらに温帯森林地域の定住化のプロセスも、各地で相当に異なることが判明しつつある。

　したがって、更新世／完新世移行期変動を確認可能な地域は、意外に限定されている可能性が高い。

　本書では、日本列島におけるこのプロセスを「縄文化の構造変動」と呼び、その具体相を論じたが、日本列島という狭い地域内でも、北海道／東北日本／西南日本といった各地で異なる具体が展開されてきたことが理解された。世界の考古学的現状からみると、日本列島ほどの調査密度と資料の蓄積が見られる地域は決して多くはないが、それでも多様な移行のプロセスが存在していたはずであることは容易に想像されよう。

かつて「縄文化」のプロセスは、周辺大陸・島嶼部から異文化集団が次々と渡来し重層化することで形成されたとする固定的なイメージの中で語られてきたが、コトはそんなに単純ではない。列島に居住していた旧石器時代人の主体的行為が、「縄文化の構造変動」をもたらした真の起因である。

　今後の「縄文化」論では、蓄積された考古学資料を解きほぐし読み解き、構造変動の社会的要因とプロセスの具体的な解明を目指すべきであろう。

　本書は、日本学術振興会科学研究費補助金平成17〜20年度基盤研究(B)「日本列島北部の更新世／完新世移行期における居住形態と文化形成に関する研究」（研究代表者　佐藤宏之）の成果の一部である。

佐藤宏之

執筆者紹介

安斎正人（あんざい・まさひと）
　　1945 年生まれ
　　東北芸術工科大学東北文化研究センター　教授
　　本書担当
　　　　「第 4 章　過剰デザインの石槍」
　　主要著書・論文
　　　　『前期旧石器再発掘』同成社　2007 年
　　　　『人と社会の生態考古学』柏書房　2007 年
　　　　『理論考古学入門』柏書房　2004 年

池谷信之（いけや・のぶゆき）
　　1959 年生まれ
　　沼津市文化財センター
　　本書担当
　　　　「第 6 章　東海地方―集団管理から世帯管理へ―」
　　主要著書・論文
　　　　『黒潮を渡った黒曜石―見高段間遺跡―』新泉社　2005 年
　　　　「環中部高地南東域における黒曜石流通と原産地開発」『黒耀石文化研究』4　2006 年
　　　　「遺跡内における黒曜石製石器の原産地別分布について―沼津市土手上遺跡 BBV 層の原
　　　　　　産地推定から―」『静岡県考古学研究』26　1994 年

佐藤宏之（さとう・ひろゆき）
　　編者紹介を参照
　　本書担当
　　　　「序論　縄文化の構造変動―更新世から完新世へ―」
　　　　「おわりに」

佐藤雅一（さとう・まさいち）
　　1959 年生まれ
　　津南町教育委員会
　　本書担当
　　　　「第 5 章　信濃川流域における縄文化の素描」

主要著書・論文
「杉久保系石器群研究の視点」『新潟考古』15　2004年
「新潟県における土偶研究の視点」『新潟考古』14　2003年
「遺跡の立地と集団の動き」『季刊考古学』83　2003年

杉原敏之（すぎはら・としゆき）
1968年生まれ
九州歴史資料館
本書担当
「第10章　列島西端における縄文文化成立期の様相」
主要著書・論文
「九州縄文文化成立期の諸相」『考古学』V　2007年
「列島西端における角錐状石器の出現」『地域と文化の考古学Ｉ』六一書房　2005年
「九州北部地域の細石刃文化」『日本の細石器文化』Ｉ　八ヶ岳旧石器グループ　2003年

竹広文明（たけひろ・ふみあき）
1960年生まれ
広島大学大学院文学研究科　准教授
本書担当
「第8章　中国地方―帝釈峡遺跡群からみた縄文文化初頭の変動―」
主要著書・論文
『サヌカイトと先史社会』渓水社　2003年
「汽水域と人間の利用の歴史」『汽水域の科学―中海・宍道湖を例として―』たたら書房　2001年
「中国地方縄文時代の剥片石器―その組成・剥片剥離技術―」『考古学研究』第35巻第1号　1988年

多田　仁（ただ・じん）
1967年生まれ
財団法人愛媛県埋蔵文化財調査センター
本書担当
「第9章　四国地方―旧石器時代終末から縄文時代草創期の石器生産を中心に―」
主要著書・論文
「福井技法と集団関係」『中・四国地方旧石器文化の地域性と集団関係』中・四国旧石器文化談話会　2004年

「瀬戸内とその周辺における細石刃文化の一様相―羽佐島技法の類例―」『古代文化』55-8　財団法人古代学協会　2003年

「羽佐島技法の再評価」『旧石器考古学』62　旧石器文化談話会　2001年

辻誠一郎（つじ・せいいちろう）

　　1953年生まれ

　　東京大学大学院新領域創成科学研究科　教授

　　本書担当

　　　「第1章　更新世から完新世へ―環境変動と生態系の構造変動―」

　　主要著書・論文

　　　「地球時代の環境史」『環境史研究の課題』吉川弘文館　2004年

　　　「南軽井沢地域の浅間火山テフラ層序と編年―環境・災害史研究の基礎として」『国立歴史民俗博物館研究報告』第118集　2004年

　　　『海をわたった華花』歴史民俗博物館振興会　2004年

富永勝也（とみなが・かつや）

　　1971年生まれ

　　財団法人北海道埋蔵文化財センター

　　本書担当

　　　「第3章　縄文時代早期の北海道」

　　主要著書・論文

　　　「中野B遺跡の貝殻文土器群再考」『縄文時代早期中葉土器群の再検討』海峡土器編年研究会　2006年

　　　「縄文早期文化」『北海道考古学』第40輯　北海道考古学会　2004年

　　　「縄文早期貝殻文土器群の展開」『海峡と北の考古学―文化の接点を探る―』資料集Ⅰ・テーマ1：旧石器から縄文へ　日本考古学協会1999年度釧路大会実行委員会　1999年

光石鳴巳（みついし・なるみ）

　　1967年生まれ

　　奈良県立橿原考古学研究所

　　本書担当

　　　「第7章　近畿地方における縄文化の様相」

　　主要著書・論文

　　　『馬見二ノ谷遺跡』奈良県立橿原考古学研究所　2006年

　　　「上黒岩岩陰遺跡とその出土遺物についての覚書―国立歴史民俗博物館所蔵資料の紹介を

中心に―」『古代文化』第57巻第11号　2005年

「湧別技法と集団関係」『中・四国地方旧石器文化の地域性と集団関係』中・四国旧石器文化談話会　2004年

山原敏朗（やまはら・としあき）
　　1963年生まれ
　　帯広市教育委員会
　　本書担当
　　　「第2章　更新世末期の北海道と完新世初頭の北海道東部」
　　主要著書・論文
　　　「テンネル・暁式土器群を有する石器文化の成立と展開をめぐる一理解」『考古論集』川越哲志先生還暦記念論集　2005年
　　　「石器変形論からみた周縁加工左刃彫器群の形態認識について」『古代文化』第55巻第4号　2003年

編者略歴

佐藤宏之（さとう・ひろゆき）

1956年　宮城県仙台市生まれ
1982年　東京大学文学部考古学専修課程卒業　（財）東京都埋蔵文化財センター調査員
1994年　法政大学大学院人文科学研究科博士課程修了　博士（文学）取得
1997年　東京大学大学院人文社会系研究科付属常呂実習施設助教授
1999年　東京大学大学院新領域創成科学研究科（環境学）助教授
2003年　東京大学大学院人文社会系研究科（考古学）助教授
現　在　東京大学大学院人文社会系研究科（考古学）教授

主要編著書

『日本旧石器文化の構造と進化』柏書房　1992年
『ロシア狩猟文化誌』慶友社　1998年(編著)
『北方狩猟民の民族考古学』北海道出版企画センター　2000年
『東京の環境を考える』朝倉書店　2002年(共編著)
『後牟田遺跡』川南町教育委員会　2002年(共編著)
『小国マタギ』農文協　2004年(編著)
『ロシア極東の民族考古学』六一書房　2005年(共編著)
『食糧獲得社会の考古学』朝倉書店　2005年(編著)
『旧石器時代の地域編年的研究』同成社　2006年(共編著)
『ゼミナール旧石器考古学』同成社　2007年(編著)

縄文化の構造変動

2008年9月1日　初版発行

編　者　佐藤　宏之

発行者　八木　環一

発行所　株式会社　六一書房　http://www.book61.co.jp
〒101-0051　東京都千代田区神田神保町2-2-22
電話 03-5213-6161　FAX 03-5213-6160　振替 00160-7-35346

印　刷　有限会社　平電子印刷所

ISBN978-4-947743-67-1 C3021　©Hiroyuki Sato 2008　Printed in Japan